首都師範大學國別區域研究院
Institute of Global and Area Studies
Capital Normal University

SOUTHEAST EUROPEAN STUDIES

VOL. 4

巴尔干研究

(第四辑)

梁占军 / 主编

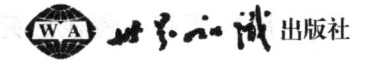

世界知识出版社

图书在版编目（CIP）数据

巴尔干研究. 第四辑 / 梁占军主编. --北京：世界知识出版社，2024.12

ISBN 978-7-5012-6734-7

Ⅰ.①巴… Ⅱ.①梁… ②李… Ⅲ.①巴尔干半岛—历史—研究 Ⅳ.①K540.7

中国国家版本馆 CIP 数据核字（2024）第 024281 号

责任编辑	狄安略　华子然
责任出版	赵　玥
责任校对	陈可望

书　　名	巴尔干研究（第四辑） Baergan Yanjiu（Disiji）
主　　编	梁占军
出版发行	世界知识出版社
地址邮编	北京市东城区干面胡同 51 号（100010）
网　　址	www.ishizhi.cn
电　　话	010-65233645（市场部）
经　　销	新华书店
印　　刷	北京盛通印刷股份有限公司
开本印张	720 毫米×1020 毫米　1/16　16⅞印张
字　　数	310 千字
版次印次	2024 年 12 月第一版　2024 年 12 月第一次印刷
标准书号	ISBN 978-7-5012-6734-7
定　　价	80.00 元

版权所有　侵权必究

《巴尔干研究》

主办单位：首都师范大学国别区域研究院

主　编：梁占军

副主编：李建军

学术顾问（以姓氏首字母为序）：
　　刘新成　马细谱　钱乘旦　武　寅　徐　蓝

编委会（以姓氏首字母为序）：
　　高　歌　柯　静　孔凡君　梁占军　刘文明
　　刘作奎　朱晓中　张　丽　赵　刚
　　［卢森堡］弗洛里安·比伯（Florian Bieber）
　　［塞尔维亚］柳博德拉格·迪米奇（Ljubodrag Dimić）
　　［保加利亚］伊万·伊尔切夫（Ivan llchev）
　　［克罗地亚］特夫尔特科·亚科维纳（Tvrtko Jakovina）
　　［保加利亚］亚历山大·科斯托夫（Alexandre Kostov）
　　［斯洛文尼亚］博若·雷佩（Božo Repe）

特约编辑：［克罗地亚］左立明（Zvonimir Stopić）

编　辑：杨　东

目　录

"构建中塞命运共同体" 专题

中塞共建命运共同体的历史动因与未来发展 …………………… 于洪君 / 002
合作共赢、万里为邻的中塞友谊 …………………………………… 马细谱 / 011
互信互助：构建新时代中塞命运共同体的基石 ………………… 梁占军 / 017

现实热点

"难产"中的塞尔维亚"人民为国运动"：目的和推迟原因 …… 李建军 / 024
从"民族性"到"民族"——前南斯拉夫地区 narodnost 语义刍议
……………………………………………………………………… 陈慧稚 / 036
西巴尔干的资本流入与区域经济一体化 …………… 张　娟　刘钻石 / 047
西巴尔干路线与移民问题 …………………………………………… 蒋　璐 / 061

历史研究

罗马尼亚、保加利亚与第一次世界大战初期的多布罗加问题（1914—1915）
[罗马尼亚] 乔治·丹尼尔·乌古雷努（George Daniel Ungureanu）撰，
　　　　　　　　　　　　　　　　　　　　　　　　　　　　　王艺儒 译 / 073
历史文化认同与地缘政治：南斯拉夫与苏联建交问题（1918—1940）
……………………………………………………………………… 武　垚 / 101

001

The Bulgarian Army and the Coming to Power of the Communist Party of Yugoslavia: An Analysis Based on Yugoslav Sources

………………［克罗地亚］丹尼尔·祖科维奇（Danijel Jurković）/ 118

从舶来品到本土化的经济模式：南斯拉夫社会主义初期的经济试验（1945—1952）

…［塞尔维亚］亚历山大·拉科尼亚茨（Aleksandar Rakonjac）撰，

涂冰玥 译 / 137

乌斯塔沙与克罗地亚分裂主义运动（1948—1956）………… 杨　东 / 159

文明互鉴

塞尔维亚文学在中国 …………………………………… 邱运华 / 183

中国当代作家的巴尔干旅行写作——以陈丹燕《捕梦之乡》《萨瓦流淌的

方向》为例 ………………………………………… 郑以然 / 197

学术史及研究动态

巴尔干学的发展历程、现状和前景

………………………………［克罗地亚］白伊维（Ivica Bakota）/ 208

新中国成立以来国内学界对阿尔巴尼亚的研究综述 ………… 王艺儒 / 233

中国的西巴尔干研究情况 ……………………………… 马曼露 / 245

学术时讯

首届中塞文化交流论坛在塞尔维亚成功举办

………………………………… 首都师范大学国别区域研究院 / 252

2023 年布拉格第七届"巴尔干之声"国际学术会议综述 ……… 雷乐天 / 256

征稿启事 ………………………………………………… / 264

"构建中塞命运共同体"专题

中塞共建命运共同体的历史动因与未来发展

于洪君

摘要：中国与塞尔维亚的关系已成为构建新时代人类命运共同体的楷模和典范。高度政治互信为两国关系发展提供了强大的政治引领，互利合作奠定了中塞两国命运与共的坚实基础，共同维护国际正义为构建新时代中塞命运共同体注入了新的动力。

关键词：塞尔维亚；中塞关系；中塞命运共同体

作者简介：于洪君，中国人民争取和平与裁军协会副会长，中共中央对外联络部原副部长兼当代世界研究中心主任

位于巴尔干半岛北部的塞尔维亚共和国（以下简称"塞尔维亚"），国土面积8.85万平方千米[①]，2023年统计人口841万[②]，GDP总量691亿欧元。[③]该国主体民族塞尔维亚族属于东斯拉夫人种，大多信仰东正教。中国与塞尔维亚是地理位置相距遥远、历史渊源彼此有别、文化背景迥然不同、社会治理方式和总体发展水平差异甚大的两个国家，但彼此相知无远近、合作如毗邻。冷战结束以来，特别是近10多年以来，中塞两国政治互信不断增进，务实合作全面开展，民心相通持续走强，国际合作卓有成效。与时俱进的中塞关系成为相互尊重、平等相待、真诚合作、共迎挑战、携手打造与时俱进的命运共同体

[①] 包括1999年后脱离塞尔维亚管辖、2008年自行宣布独立的科索沃地区的1.09万平方千米。
[②] 包括科索沃地区的177万人。
[③] "塞尔维亚国家概况"（最近更新时间：2024年10月），中国外交部网站，https：//www.fmprc.gov.cn/web/gjhdq_676201/gj_676203/oz_678770/1206_679642/1206x0_679644/。

的楷模与典范。

一、高度政治互信为两国关系发展提供强大政治引领

塞尔维亚是一个历史悠久但命运多舛的民族。第一次世界大战后，历史上曾经独立兴国的塞尔维亚成为南斯拉夫王国的组成部分。第二次世界大战后，塞尔维亚成为南斯拉夫联邦人民共和国（1963年更名为"南斯拉夫社会主义联邦共和国"，简称"南联邦"）的组成部分。1991年南联邦开始解体后，塞尔维亚又联手黑山成立了南斯拉夫联盟共和国（简称"南联盟"）。2003年，南联盟更名为"塞尔维亚和黑山"。2006年，黑山宣布独立，塞尔维亚再一次独立建国，改国名为"塞尔维亚共和国"。

面对变幻莫测的国际形势和错综复杂的地缘政治变迁，中国始终尊重巴尔干地区各国人民的自主选择。虽然中国驻贝尔格莱德的大使馆几易其名，但保持高层往来、增进政治互信，始终是中国对待包括塞尔维亚在内的巴尔干各族人民的不变选择。因此，早在2002年南联盟时期，时任南联盟总统科什图尼察访华时，双方即已确认，"长期、稳定、全面发展双边关系符合中南两国和两国人民的根本和长远利益，也有利于地区和世界的和平与发展。双方决心共同努力，推动两国关系在新世纪更加全面深入的发展"。[①]

2006年塞尔维亚独立建国后，其政治体制和发展环境发生重大变化，对外关系也变得愈加复杂。中国从维护中塞两国人民传统友谊、维护地区和平稳定、推动世界共同发展的对外战略出发，坚持开展和深化与塞尔维亚的高层交往与战略对话。2009年8月，时任中国国家主席胡锦涛在北京会见来华访问的塞尔维亚总统塔迪奇，两国元首一致确认："历史背景、社会制度、意识形态、发展模式的差异不会成为发展国家关系的障碍。""为全面促进两国关系，双方决定建立战略伙伴关系"，同意"继续加强和充实各级别对话，增加两国政府、立法机构、政党间的交流与合作，不断深化互信平等的政治关系"。[②]

2013年8月，应习近平主席邀请，时任塞尔维亚总统尼科利奇访华。两国

[①] 《中华人民共和国和南斯拉夫联盟共和国联合声明》，中国政府网，2002年1月9日，https://www.gov.cn/gongbao/content/2002/content_61517.htm。

[②] 《中国和塞尔维亚发表建立战略伙伴关系的联合声明》，中国政府网，2009年8月20日，https://www.gov.cn/jrzg/2009-08/20/content_1397817.htm。

元首再次确认，深化中塞战略伙伴关系符合两国人民的共同愿望和两国的根本利益。双方发表了关于深化两国战略伙伴关系的联合声明，决定"全方位提升战略伙伴关系水平"，"加强两国高层交往，扩大两国政府、立法机构、政党间各级别的交流与合作，不断深化政治互信"。[1] 2015 年 9 月，尼科利奇总统专程来华，出席中国人民抗日战争暨世界反法西斯战争胜利 70 周年纪念大会，为两国传统友好关系添加了浓墨重彩的一笔。

2016 年 6 月，习近平主席访问塞尔维亚，将中塞关系推向命运与共的历史新高度。访问前夕，习近平主席在塞尔维亚媒体发表文章表示，"两国人民始终心手相连，彼此怀有特殊感情，跨越时空的真情厚谊历久弥新"。他此访的目的，就是要与塞尔维亚领导人"畅叙友情、共谋合作、展望未来，把中塞战略伙伴关系推向新高度"。[2] 在同尼科利奇总统会谈时，习近平主席强调，中塞两国是"全天候的朋友和重要的合作伙伴"，中塞关系之所以发展动力强劲、潜力巨大、前景广阔，源于两国人民世代友好和深厚情谊，源于两国在重大问题上相互理解和彼此支持，源于两国在发展道路上互学互鉴和互帮互助。[3] 双方决定建立全面战略伙伴关系，并本着相互尊重、平等相待、互不干涉内政的原则，尊重和支持彼此根据本国国情选择的发展道路和内外政策，尊重和支持彼此的核心利益和重大关切，在重大问题上持有相同或相近立场，进一步深化中塞关系，提升务实合作水平。

此后，中塞两国高层交往更加频繁，政治互信的基石也更加坚实。2017 年，尼科利奇总统再度访华。武契奇总理则以候任总统身份来华，出席第一届"一带一路"国际合作高峰论坛，以表达对中方提出的共建"一带一路"倡议的政治支持。当年 9 月，习近平主席派特使出席了武契奇总统的就职仪式。

中塞两国的高层交往与政治互动，为两国战略伙伴关系的形成、发展和持续深化发挥了不可替代的政治引领作用。2024 年 9 月，塞尔维亚副总理兼国防部长武切维奇来华访问时特别强调："塞尔维亚和中国的关系在近些年来非常

---

[1] 《中华人民共和国和塞尔维亚共和国关于深化战略伙伴关系的联合声明》，中国政府网，2013 年 8 月 27 日，http://world.people.com.cn/n/2013/0827/c1002-22701428.html。

[2] 《习近平在塞尔维亚媒体发表署名文章：永远的朋友　真诚的伙伴》，中国共产党新闻网，2016 年 6 月 17 日，https://cpc.people.com.cn/GB/n1/2016/0617/c64094-28451755.html。

[3] 《习近平出访塞尔维亚等三国并出席上合峰会行程全记录》，2016 年 6 月 23 日，中国共产党新闻网，https://cpc.people.com.cn/xuexi/n1/2016/0620/c385474-28458154.html。

密切,两国间的关系不断发展,这主要得益于两国领导人之间的良好关系。"①

二、互利合作奠定中塞两国命运与共的坚实基础

中国与塞尔维亚在贸易、投资、基础设施建设等领域的互利合作,早在南联盟时期即已初见成效。2013年秋习近平主席提出共建"一带一路"倡议后,塞尔维亚予以高度赞赏和响应。中国企业在塞尔维亚投资兴业,承建基础设施项目,不仅为当地增加了税收,提供了就业机会,还为当地的经济发展和社会稳定注入了新的动能。

2014年12月,中国路桥公司承建的泽蒙-博尔察大桥全面竣工。这是塞尔维亚近70年来在多瑙河上新建的首座大桥,也是中国企业在欧洲完成的第一个大桥项目。② 由于此桥建设使用的全是中国装备,通车后成为贝尔格莱德城市交通的主干线,塞尔维亚人民亲切地称其为"中国桥"。"中国桥"不仅是中塞两国互利共赢的合作之桥,也是中塞人民心灵沟通的友谊之桥。中塞两国在基础设施、工业加工、通信技术等领域的合作,进一步拓展和深化。

中国河北钢铁集团投资参与的斯梅戴雷沃钢厂改造项目,是中塞平等合作、互利共赢的又一成功范例。这座建于1913年的百年老厂,因多年亏损而濒临破产。河钢集团出于企业自身发展需要,同时也为了参与"一带一路"国际合作,于2014年以并购方式全面接手了该厂的改造项目。同时,此举也得到了中塞双方领导人的高度重视。2016年,习近平主席访问塞尔维亚时亲自考察了这个项目,并要求河钢集团提供先进的技术、管理、设备,开拓更好的市场,改善这里的就业、环境,惠及广大的民生。③ 经过双方共同努力,到2018年时,该厂不但扭亏为盈,创下百年来最高年产纪录,还成为塞尔维亚第一创汇出口大户。对此,塞尔维亚总统武契奇表示,中国河钢集团收购斯梅戴雷沃钢厂后,直接创造了500个就业岗位,相当于至少挽救了1万个工作岗位,帮

---

① 《环球时报专访塞尔维亚防长武切维奇:中国装备帮塞尔维亚增强实力》,环球网,2023年10月23日,https://baijiahao.baidu.com/s?id=1780498799863026462&wfr=spider&for=pc。
② 《中国路桥在塞尔维亚承建的跨多瑙河大桥顺利合龙》,中国新闻网,2014年1月23日,https://www.chinanews.com.cn/cj/2014/01-23/5773945.shtml。
③ 《中塞"钢杆"友谊的炼成密码》,央广网,2024年5月11日,https://news.cnr.cn/native/gd/sz/20240511/t20240511_526700934.shtml。

助了1万个家庭。①

2024年4月习近平主席再访塞尔维亚前夕，河钢集团斯梅戴雷沃钢厂塞方职工代表致信习主席，以表达他们"深深的敬意和真挚的感激之情"。习近平主席在复信中深情地回忆起2016年访问该厂时的"热烈友好场景"。他表示："到斯梅戴雷沃钢厂同你们面对面交流，深深感受到大家对中塞互利合作的支持和对钢厂美好未来的期盼。"他特别强调，"斯梅戴雷沃钢厂的良好发展，是中塞高质量共建'一带一路'的生动实践，也是两国互利合作的成功典范"。②武契奇总统则用"救活一座厂，改变一座城，造福老百姓"的朴素语言，精准地描绘了这家钢厂旧貌换新颜的传奇故事。

连接塞尔维亚首都贝尔格莱德和匈牙利首都布达佩斯的匈塞铁路是中国与中东欧国家共建"一带一路"倡议的重点项目。匈塞铁路改造升级项目始于2013年，铁路全长341.7千米，其中塞尔维亚境内长183.1千米，设计时速200千米。这是共建"一带一路"倡议与欧洲发展战略直接对接的重大成果，也是中国和中东欧国家互利合作的旗舰性工程。2015年11月，匈塞铁路改造升级项目开始启动。2022年3月，匈塞铁路塞尔维亚境内贝尔格莱德至诺维萨德段（约80千米）开通运营，标志着中国铁路技术和装备与欧盟铁路技术和规范实现了成功对接。目前，匈塞铁路塞尔维亚段余下部分的建设工作，以及匈牙利段的相关工作，也在加紧进行。该铁路全面开通后，塞尔维亚至布达佩斯的通行时长将由8小时缩短至3小时，这不仅会让塞尔维亚铁路业焕发新的生机和活力，也会大大促进塞尔维亚的经济发展和社会进步，进一步助力中塞双方的战略合作。

中塞两国在基础设施建设方面的互利合作，远不只这些。中国电力建设集团承建的塞尔维亚中部城市上米拉诺瓦茨的绕城公路项目，是该市近30年来规模最大的一个工程项目。该项目2022年7月动工后，为当地创造了大量就业机会。2024年10月，该项目完成，使当地的交通状况大大改善。武契奇总统在该项目通车仪式上表示，上米拉诺瓦茨绕城公路按照最高标准建成，为当地经济发展和吸引投资奠定了基础，将有力改善民众的生活水平。他特别强调，

---

① 《两万人聚集！塞尔维亚民众为何对此次访问空前热情？》，京报网，2024年5月8日，https：//baijiahao.baidu.com/s?id=1798496957556899687&wfr=spider&for=pc。

② 《习近平复信斯梅戴雷沃钢厂职工》，中国政府网，2024年5月1日，https：//www.gov.cn/yaowen/liebiao/202405/content_6948762.htm。

没有中国，这一项目就不可能完成，塞尔维亚永远铭记中国的帮助。[1] 此外，中国路桥公司承建的塞尔维亚-保加利亚边境铁路尼什绕城段项目，也是塞尔维亚举国关注的重点工程。2024 年 7 月，武契奇总统出席项目开工仪式时指出，该项目的建设将极大改善地区的交通效率和安全条件，对于促进尼什以及塞尔维亚南部地区经济发展具有重要意义。[2]

中塞双方在共建"一带一路"倡议框架下大规模的务实合作，显著地推动了两国的贸易关系，中塞贸易额 10 年间增长近 10 倍。2022 年，两国双边贸易额突破 35 亿美元，中国成为塞尔维亚最大的投资来源国和第二大贸易伙伴。在这一背景下，双方于 2023 年 6 月启动了自由贸易协定谈判。双方就货物贸易、原产地规则、海关程序与贸易便利化、卫生与植物卫生措施、技术性贸易壁垒、贸易救济、争端解决、投资与服务、竞争、法律条款和机制条款等问题深入磋商，很快取得进展。当年 10 月，两国自贸协定签署，次年 7 月正式生效。

中塞自贸协定是中国与中东欧国家签署的第一个自贸协定。协定生效后，双方将分别对 90%的税目逐步相互取消关税，其中，超过 60%的税目在协定生效当天即取消了关税。双方最终零关税税目的进口额比例将达 95%左右。由于自贸协定推动双方高水平相互开放，对双边经贸合作作出新的制度性安排，两国企业有了更加优惠、便利、透明、稳定的合作环境，双方共同落实《共建"一带一路"中期行动计划（2023—2025）》的机制与动能也得到进一步增强。

三、共同维护国际正义为中塞命运共同体注入新动力

世界上没有无源之水，也没有无本之木。中国与塞尔维亚两国的战略合作伙伴关系与时俱进，两国人民的传统友谊历久弥坚，绝非偶然。对此，习近平主席曾明确指出："中国和塞尔维亚相距遥远，但两国人民始终心手相连。在

---

[1] 《塞尔维亚总统：塞永远铭记中国的帮助》，中国政府网，2024 年 10 月 5 日，https://www.gov.cn/yaowen/liebiao/202410/content_6978352.htm。

[2] 《塞尔维亚和科特迪瓦两国领导人出席见证中交集团海外项目开工》，中国交建网站，2024 年 7 月 24 日，https://www.ccccltd.cn/news/gsyw/202407/t20240724_215358.html。

上世纪反法西斯战争的浴火岁月和国家建设时期，两国人民培育了跨越时空的深厚友好感情。"①

相互理解，彼此尊重，这是国与国增进政治互信的首要前提。20 世纪中叶，当塞尔维亚还是南联邦的重要组成部分之时，苏联对南联邦探索符合本国特点的发展道路大张挞伐，新中国与南联邦的关系因此面临重大考验。在这种情况下，时任中国驻南大使伍修权认真调查研究，得出了南联邦的道路探索"其精神是可取的，在实践中也是有效的"理性判断，受到中国领导人的高度重视，② 为新中国稳妥处理与南联邦的关系提供了重要依据。

20 世纪的最后 10 年，历史积怨与现实矛盾高度叠加的巴尔干半岛，因冷战结束而陷入政治动荡与民族冲突此起彼伏的危机状态。西方国家打着"人道主义干预"的旗号，深度介入前南事务，导致地区局势极度紧张和恶化。1999 年春，以美国为首的北约对塞尔维亚与黑山组成的南联盟大打出手，进行了长达 70 多天的大规模空袭。塞尔维亚人民遭受了第二次世界大战结束以来最野蛮的军事打击。当时，中国政府坚持国际公理和正义，强烈谴责美国的霸权主义，在法律、道义、物质方面给予南联盟巨大支持。在此期间，美国军用飞机悍然轰炸了中国驻南大使馆，给中方造成重大人员伤亡和财产损失。中南两国人民同仇敌忾，在共同抗议和声讨美国霸权的斗争中，进一步深化了彼此同情、相互支持的友好情感和兄弟情谊。

中塞两国在事关对方发展与安全利益的重大问题上，相互同情，相互帮助，表现是多方面的。例如，2008 年 2 月，中国南方遭受低温雨雪冰冻灾害，时任塞尔维亚总统塔迪奇向中国领导人致函慰问。2008 年 3 月，少数西方国家利用涉藏问题造谣生事，诋毁中国，塞尔维亚外交部发表声明，强调涉藏问题属于中国内政，塞方尊重中国政府在涉藏问题上的原则立场。2008 年 5 月，中国四川汶川发生特大地震，塞尔维亚总统、议长、总理和外长，分别向中方致函慰问。科什图尼察总理还亲赴中国驻塞大使馆吊唁，宣布向中国灾区提供 10 万欧元的物资援助。当年 8 月，塞尔维亚总统塔迪奇来华出席北京奥运会开幕式，以表达塞尔维亚人民对中国人民的友好情感。

2009 年 7 月，中国新疆发生大规模恐怖事件并造成重大人员伤亡之时，塞

---

① 《让铁杆友谊之光照亮中塞合作之路——习近平在塞尔维亚媒体发表署名文章》，中国政府网，2024 年 5 月 7 日，https://www.gov.cn/gongbao/2024/issue_11346/202405/content_6951532.html。

② 参见何明主编《共和国第一批外交官》，中国大百科全书出版社，2010，第 21 页。

尔维亚外交部发表声明，一方面完全支持中国多民族和谐共处的政策，另一方面严厉谴责暴力行径，反对民族分裂，支持中国政府为稳定新疆局势所作的努力。当年8月，塔迪奇总统对中国进行国事访问时，双方发表了《中塞关于建立战略伙伴关系的联合声明》。

中塞领导人十分珍惜两国间经久不衰的传统友谊和命运与共的特殊关系。2016年6月习近平主席访塞时，第一场活动就是前往中国驻南被炸使馆旧址，凭吊因美国轰炸而牺牲的中国烈士。塞尔维亚总统、议长、总理及全体内阁成员参加了凭吊活动。2020年新冠疫情肆虐全球时，武契奇总统发表讲话，批评欧盟在新冠疫情蔓延期间限制医疗设备出口，并称赞中国是唯一能帮助塞尔维亚的国家。中方第一时间作出回应，首批物资连夜运抵贝尔格莱德，这也是塞尔维亚收到的第一批来自国外的疫情防控物资援助。

2024年4月，部分西方国家针对塞军装备中国武器，大做文章。塞尔维亚总统武契奇坚称，这是"合法、正当、完全合规且透明"的军购计划。塞尔维亚国防部长武切维奇则表示，中国的武器装备使塞尔维亚获得了许多国家所没有的军事能力。塞尔维亚人民永远不会忘记1999年抵抗北约侵略时中国人民给予的坚定支持。塞尔维亚也将因此而谴责一切威胁中国统一的企图。他特别强调，在这个充满挑战的时代，中国是塞尔维亚的传统和长期的朋友，也是促进全球和平与稳定的关键力量之一。[1]

2024年5月，中国国家主席习近平再次访问塞尔维亚。此访前夕，习近平主席在塞尔维亚媒体上发表了题为《让铁杆友谊之光照亮中塞合作之路》的署名文章。他指出："在当前世界百年未有之大变局中，双方彼此支持更加坚定，互利合作更加紧密，交流互鉴更加深入。无论国际风云如何变幻，中塞始终是真朋友、好伙伴。我们的铁杆友谊历久弥坚，树立了国家和人民交往的典范。"他对双方坚持互尊互信、坚持互惠互利、坚持互帮互助、坚持互学互鉴予以高度评价，认为中塞全面战略伙伴关系进一步发展具有广阔空间。他此次访问的目的，就是"同塞方一道努力，发扬光大中塞铁杆友谊，用实实在在的行动，更好造福两国人民，促进世界和平和发展，共同推动构建人类命运共同体"。[2]

在这次访问中，两国元首就深化两国全方位合作、共建"一带一路"倡议

---

[1] 《环球时报专访塞防长：塞尔维亚谴责一切威胁中国统一的企图》，环球网，2023年10月23日，https://baijiahao.baidu.com/s?id=1780510879765001112&wfr=spider&for=pc。
[2] 《让铁杆友谊之光照亮中塞合作之路——习近平在塞尔维亚媒体发表署名文章》，中国政府网，2024年5月7日，https://www.gov.cn/gongbao/2024/issue_11346/202405/content_6951532.html。

以及共同关心的国际和地区问题，达成了更为广泛的共识。双方共同确认，一国的发展进步对他国是机遇而非挑战，一致同意本着独立自主、互尊互信、合作共赢、共同发展、相互支持的原则，深化和提升中塞全面战略伙伴关系，构建新时代中塞命运共同体，致力于造福两国人民，为人类和平与进步事业作出新贡献。

针对中方的重大关切与核心利益，塞方表示，发展同中国的友好关系是塞尔维亚外交政策的主要支柱之一。塞方坚定支持一个中国原则，反对任何形式的"台湾独立"，反对干涉中国内政，不同台湾当局进行任何形式的官方往来，坚定支持中国政府为实现国家统一所作的一切努力。在南海问题上，中塞双方一致认为，应当根据双边协议和《南海各方行为宣言》规定，由直接当事方通过友好磋商和谈判，和平解决领土问题和海洋争议。塞方还表示，支持构建人类命运共同体的努力，愿同中方一道落实习近平主席提出的全球发展倡议、全球安全倡议、全球文明倡议。

针对塞方的重大关切与核心利益，双方共同表示，反对就"科索沃"最终地位问题强加任何方案，主张在联合国安理会决议框架内，通过对话协商，达成彼此均可接受的解决方案。在此过程中，塞尔维亚的主权、独立和领土完整必须得到充分尊重。中方还表示，理解塞方致力于加入欧盟的努力，欢迎塞方奉行的与地区各国发展友好关系、推进地区合作的政策。

总之，通过这次访问，双方再次确认，最高层密切开展政治对话对加强中塞关系意义重大，商定继续通过会晤、通话、信函往来等形式保持两国元首密切交往，加强各层级、各领域交流合作，继续不断深化两国友谊。双方特别强调，将在尊重国家主权、领土完整和不干涉别国内政原则基础上，就涉及彼此核心利益问题相互坚定支持。[1]

我们确信，在努力构建既符合中塞两国人民根本利益，也符合时代进步潮流的中塞命运共同体的新征程上，双方相向而动，砥砺前行，必将不断开辟新的愿景，不断创造新的业绩，不断续写新的篇章。

---

[1] 《中华人民共和国和塞尔维亚共和国关于深化和提升全面战略伙伴关系、构建新时代中塞命运共同体的联合声明》，中国外交部网站，2024年5月9日，https：//www.fmprc.gov.cn/web/gjhdq_676201/gj_676203/oz_678770/1206_679642/1207_679654/202405/t20240509_11301439.shtml。

合作共赢、万里为邻的中塞友谊

马细谱

作者简介：马细谱，中国社会科学院（中国历史研究院）世界历史研究所研究员，首都师范大学国别区域研究院首席专家

2024年5月7—8日中国国家主席习近平访问塞尔维亚期间，两国元首共同发布了构建新时代中塞命运共同体的声明，这标志着中塞关系进入了新的发展阶段。塞尔维亚成为欧洲第一个与中国共建命运共同体的国家，究其原因，合作共赢、万里为邻的中塞友谊是其内在的推动力。具体体现在以下三个方面。

一、塞尔维亚是维护巴尔干地区稳定不可或缺的重要力量

1991年南斯拉夫联邦开始解体后，塞尔维亚继承了其所留下的沉重的历史遗产：政治上出现动荡；经济上背负内外债务，财政崩溃；国际上西方施压，孤立无援。塞尔维亚的发展受到国内外诸多困难的制约，犹如在纷繁变幻的赛场上进行"障碍"赛跑。正是因为塞尔维亚人民的英勇顽强，塞尔维亚国家的自强不息，他们今天才屹立于巴尔干民族之林，其在巴尔干的地缘政治地位也日益提高。

目前，巴尔干国家的政府除塞尔维亚外，几乎都是亲欧美的。由于塞尔维亚人民有强烈的亲俄和反西方情绪，政府不得不在东西方之间"走钢丝"，采取更加平衡的外交政策。第二次世界大战前的南斯拉夫王国是反对苏联和反对德国的"隔离带"。冷战年代的南斯拉夫联邦是东西方之间的"缓冲区"，天

主教文明与东正教文明在此并存相处。20世纪的最后十年，南斯拉夫联邦解体后，西方把塞尔维亚视为南斯拉夫的"缩影"，是中东欧的"左翼堡垒"，必须予以"铲除"。西方国家亲手谋害了塞尔维亚领导人米洛舍维奇，尔后又发动了科索沃战争，并在2008年炮制科索沃单方面宣布独立脱离塞尔维亚，还强迫塞尔维亚在乌克兰危机中选边站，加入对俄制裁。

今天，塞尔维亚推行独立自主、既亲西方又亲东方的平衡外交政策。塞尔维亚宣布只同北约合作，但绝不会加入北约；欲加入欧盟，但不承认科索沃的独立地位。塞尔维亚为了捍卫自己的领土完整和主权独立，为了本国的民族利益，在同美国、欧盟和世界上的邪恶势力进行着顽强的斗争。

今日之世界，似乎又回到了19世纪大国划分势力范围的时代。巴尔干地区的地缘政治地位和地缘战略意义由此凸显，而塞尔维亚在这场争夺中首当其冲。美国、欧盟、俄罗斯、土耳其、沙特阿拉伯等国家和组织都对巴尔干虎视眈眈，试图扩大在当地的影响。塞尔维亚则是一身正气的榜样，是西巴尔干团结合作的龙头。塞尔维亚在巴尔干和欧洲的地缘战略地位无人能够取代。塞尔维亚与俄罗斯具有共同的斯拉夫-东正教文化，又有共同的地缘战略利益。因此，尽管南联邦解体后巴尔干国家都倒向了欧盟和北约，都执行着反对俄罗斯的政策，为西方马首是瞻，但塞尔维亚却独树一帜，对俄罗斯和中国表示亲近和友好，在巴尔干赢得了尊严和敬重。由此，它也必然成为西方的"眼中钉""肉中刺"。其中，科索沃问题就是西方反塞尔维亚的一张"王牌"，是年年都使用的"武器"。从塞尔维亚国家建立和发展的历史、塞尔维亚的民族精神和现实的地缘政治意义来看，塞尔维亚在科索沃问题上不可能向西方霸权妥协投降。科索沃是塞尔维亚民族的发祥地和文化摇篮。在塞尔维亚看来，科索沃不可能成为一个独立的主权国家。目前，科索沃只是美欧大国手中针对塞尔维亚、俄罗斯和中国的地缘政治工具；未来，它还可能是所谓的"大阿尔巴尼亚"的一部分。西方的阴谋一旦得逞，遭殃的不光是塞尔维亚，还有黑山和北马其顿，因为这两国也有不少阿尔巴尼亚族人。届时，巴尔干又会出现动荡和混乱。

美欧为了打击塞尔维亚，称它是"小俄罗斯""巴尔干俄罗斯"，炒作武契奇是"巴尔干的小普京"，以此丑化、矮化塞尔维亚的国际形象和武契奇的政治形象。最近30年来，美欧一直推行反南斯拉夫、反塞尔维亚的政策，塞尔维亚失去了自己80%的土地，从欧洲大国沦为小国。这也是西方竭力反对塞尔维亚的原因之一，即担心21世纪塞尔维亚要"收复失地"和"统一"。

由于其重要的地缘政治地位，塞尔维亚在许多方面都是一个特殊的国家。塞尔维亚在巴尔干地区事务中发挥着不可忽视的作用，是欧洲一体化的推动力量。特别是随着武契奇和前进党上台，塞尔维亚取得了显著的经济成就，并表现出希望加速入盟进程的意愿。塞尔维亚每年吸引的外国投资都保持在60亿欧元左右的高水平，超过了该地区所有其他国家的总和。它在欧洲能源版图上也占有一席之地，并积极发展现代化基础设施，大力推动先进技术和人工智能的进步。

在当前复杂的国际格局中，塞尔维亚是维护巴尔干地区稳定的重要力量。塞尔维亚拥有较强的经济和军事实力，致力于维护自身和地区的利益，推动自身和地区的发展。有俄罗斯与中国作为塞尔维亚的伙伴和朋友，塞尔维亚在巴尔干乃至在欧洲的影响力也必将越来越大。

二、塞尔维亚是积极参与共建"一带一路"倡议的榜样

2013年，中国提出了共建"一带一路"倡议。该倡议不仅是中国经济日益强大的表现，也是中国想以其自身的经济影响力推动世界其他地区的发展，以达到互利共赢的目标。10多年来，已有150多个国家、30多个国际组织与中国签订了共建"一带一路"合作文件。

在共建"一带一路"倡议的推动下，世界各地的合作项目已遍地开花，而在巴尔干地区落地生根的"一带一路"合作项目尤其光彩夺目。希腊的比雷埃夫斯（Piraeus）港口焕发新颜，成为东南欧的繁荣港口；克罗地亚的佩列沙茨大桥（Pelješki most）把梦想变成了现实，见证了"天堑变通途"；匈塞铁路开通运营，成为连接亚欧海陆的新通道。这些高质量共建"一带一路"倡议的丰硕成果实现了共建国家的互利共赢，也为巴尔干地区的发展注入了新的动力。

其中，塞尔维亚是积极参与共建"一带一路"倡议的榜样。塞尔维亚是共建"一带一路"倡议提出后最为积极、落实得最好、最富有成果的共建国家之一。例如：位于塞尔维亚首都贝尔格莱德的泽蒙-博尔察大桥，是中国建筑企业在欧洲承建的第一座大桥；塞尔维亚是第一个对中国公民免签证的欧洲国家；中国河钢集团收购了被誉为"塞尔维亚骄傲"的斯梅戴雷沃钢厂，使这座连续亏损7年的钢厂在收购当年就实现了盈利；中国开通了从北京到贝尔格莱德的直航航班，这是巴尔干国家的第一条直达北京的航线；塞尔维亚还是欧洲

第一个购买中国高速列车的国家。

2018年，山东玲珑轮胎公司投资9亿多美元在塞尔维亚兹雷尼亚宁市自贸区内建设了高性能子午线轮胎厂，这是中国企业在欧洲建设的首个轮胎工厂，也是共建"一带一路"倡议框架下中国在中东欧最大的投资项目之一。2018年和2019年，中国紫金矿业公司斥资收购了塞尔维亚博尔铜矿63%的股份和丘卡卢－佩吉铜金矿的上部矿带。据统计，紫金矿业对塞尔维亚的投资总额预计约50亿美元，塞紫铜、塞紫金两家公司2021年的产值相当于塞尔维亚GDP的近3%，为塞尔维亚直接提供了约6500个工作岗位，大幅提升了当地民众的收入和生活水平。2019年11月28日，中国延锋汽车内饰公司在塞尔维亚开设新工厂，为当地创造了180个工作岗位。2023年，中国成为塞尔维亚最大的投资来源国和第二大贸易伙伴，双边贸易额从2013年的6.1亿美元增加到43.5亿美元，增幅超6倍。此外，中资企业还连续多年排名塞尔维亚前三大出口创汇企业。

塞尔维亚总统武契奇先后三次率团来华出席"一带一路"国际合作高峰论坛，其间与中方达成了一系列共建"一带一路"倡议合作项目，有力促进了两国共建"一带一路"合作。

2023年10月武契奇总统来华出席第三届"一带一路"国际合作高峰论坛时，两国政府签署了《中华人民共和国政府和塞尔维亚共和国政府自由贸易协定》，这是中国与中东欧国家签署的第一个自贸协定。武契奇总统表示，他很高兴此访期间双方将签署自由贸易协定等合作文件，这将为两国合作开辟新前景。塞方全力支持习近平主席提出的全球发展倡议、全球安全倡议、全球文明倡议，将继续积极参与共建"一带一路"，深化各领域友好合作。在自贸协定生效后，中塞双边贸易将继续扩大，不断提升两国经贸合作的水平，这将为深化中塞全面战略伙伴关系注入新的动能。2023年中国对塞尔维亚出口额为26.9亿美元，同比增长24.8%，进口额约为16.5亿美元，同比增长22%；2024年1—8月，中塞双边贸易额近37.6亿美元，同比增长超32%。

2023年4月，由中国交通建设公司承建的塞尔维亚E763高速公路新贝尔格莱德至苏尔钦段顺利通车，该公路是泛欧11号交通走廊的塞尔维亚段，它不仅是塞尔维亚连接黑山出海口的重要通道和连接巴尔干地区与周边国家的交通大动脉，还是中国企业在欧洲承建的第一条高速公路和中国-中东欧国家合作框架下首个落地的基础设施项目，也是中资企业在塞尔维亚实施的首个现汇模式大型基础设施项目。

随着共建"一带一路"倡议的推进，目前在塞尔维亚投资和开展合作的中国企业越来越多。通信、基建、能源、投资等领域的中国大型先进企业纷纷进入塞尔维亚，这些公司的平台也向当地员工开放，它们的技术和管理为当地人员的成长提供了帮助。

此外，2016年6月17日，中国国家主席习近平同塞尔维亚总统尼科利奇共同出席了贝尔格莱德中国文化中心的奠基仪式。该中心修建在中国驻南联盟被炸使馆的旧址上，是中国在西巴尔干地区建立的首个中国文化中心，它将见证用鲜血和生命铸就的中塞友谊，也担负着传播中华文化、加强两国人文交流的重任。

孔子学院是中外语言文化交流的窗口和桥梁，一直在人文交流尤其是教育合作交流领域发挥着重要作用。截至2024年10月，塞尔维亚已有三家孔子学院，即诺维萨德大学孔子学院、贝尔格莱德孔子学院和尼什大学孔子学院，形成在塞中文教育北、中、南全覆盖的发展格局，同时也使塞尔维亚成为西巴尔干地区拥有孔子学院数量最多的国家。

共建"一带一路"倡议提出10余年来，中塞高质量共建"一带一路"取得丰硕成果，不仅促进了塞尔维亚的经济发展，还加速了巴尔干地区的互联互通，受到当地人民的盛赞。2024年5月习近平主席访问塞尔维亚期间，中塞两国元首宣布，将深化和提升中塞全面战略伙伴关系，构建新时代中塞命运共同体，这对进一步推动中塞友好关系发展和经济合作具有重要意义。

三、匈塞铁路项目发挥旗舰作用

匈塞铁路是中塞共建"一带一路"倡议的标志性项目，是中国-中东欧国家合作的旗舰项目，是欧洲交通走廊和中欧陆海快线的重要工程，也是共建"一带一路"倡议与欧洲发展战略对接的重大项目。2013年11月，中国、匈牙利和塞尔维亚三国总理共同宣布将合作建设匈塞铁路。这条连接匈塞两国首都的铁路全长341.7千米，其中塞尔维亚境内长183.1千米，设计时速200千米。匈塞铁路项目见证了中国铁路技术装备与欧盟标准的成功对接，成为中国高铁技术进入欧洲市场的首例。其中，贝尔格莱德至塞第二大城市诺维萨德段（约80千米）已于2022年3月19日开通运营，两年多来累计发送旅客超780万人次，为塞尔维亚人民提供了高品质的运输服务；诺维萨德至苏博蒂察至匈塞两国边境段（108 千米）建设进展顺利，总体工程进度已完成 80%以上，匈塞铁路塞尔维亚段 2024 年内将全线开通运营，全线通车后，从贝尔格莱德到塞边境的车程仅需一个多小时，从贝尔格莱德至匈牙利首都布达佩斯仅需 3 个小时。

2024 年 10 月 3 日，塞尔维亚总统武契奇和夫人搭乘测试列车试乘匈塞铁路塞境内诺维萨德至苏博蒂察段高铁。武契奇表示，匈塞铁路的建设改变了塞尔维亚的发展面貌，塞方期待今后中方继续在铁路建设方面提供支持和专业知识。①

以上三点是构建新时代中塞命运共同体的坚实基础。2024 年 5 月习近平主席访问塞尔维亚期间表示，中塞"铁杆"友谊历经国际风云变幻考验，有着深厚的历史底蕴、坚实的政治基础、广泛的共同利益、扎实的民意根基。近年来两国关系实现跨越式发展，取得历史性成就。特别是 2016 年中塞建立全面战略伙伴关系以来，双边关系内涵更加丰富、外延持续拓展，已经成为中国同欧洲国家间友好关系的典范。中方愿同塞方一道，继续风雨同舟，命运与共，秉持"铁杆"友谊精神，坚持和发展中塞友好，共同维护两国根本和长远利益，并肩追求各自国家发展和民族振兴，携手推进新时代中塞命运共同体建设。武契奇表示，中国是塞尔维亚最真挚的朋友，中国的投资与合作极大地促进了塞尔维亚的经济社会发展，也提升了塞尔维亚人民的生活水平。塞方期待同中方密切各领域、各层级交流，加强在基础设施、新能源、创新、人工智能、人文等各领域合作。②

塞尔维亚谚语讲，"山与山不见面，人与人常往来"。中国人说，"相知无远近，万里尚为邻"。中国和塞尔维亚是全天候的朋友和重要合作伙伴，是同甘共苦的"钢铁战友"，塞尔维亚积极参与共建"一带一路"倡议，中塞"铁杆"友谊是两国共建新时代中塞命运共同体的基础。中塞友谊情比金坚，堪称当代国际关系的典范。

---

① 《塞尔维亚总统武契奇试乘匈塞铁路诺苏段高铁》，人民网，2024 年 10 月 8 日，http：//world.people.com.cn/n1/2024/1008/c1002-40334474.html。

② 《习近平同塞尔维亚总统武契奇举行会谈》，中国政府网，2024 年 5 月 8 日，https：//www.gov.cn/yaowen/liebiao/202405/content_6949863.htm。

互信互助：
构建新时代中塞命运共同体的基石

梁占军

作者简介：梁占军，首都师范大学国别区域研究院院长、历史学院世界史教授、博士生导师

2024年5月8日，中国国家主席习近平在访问塞尔维亚期间，同塞尔维亚总统武契奇共同签署了《关于深化和提升中塞全面战略伙伴关系、构建新时代中塞命运共同体的联合声明》。这是2013年习近平主席首次提出构建人类命运共同体重大理念以来，中国首次将该理念贯彻到双边关系中，中塞关系也因此被提升到了一个全新的高度。声明发表后，立即引起了国内外舆论的高度关注。人们不禁要问，为什么塞尔维亚能成为双边命运共同体建设的首选？新时代中塞命运共同体构建的基础是什么？如何才能构建好中塞命运共同体？事实上，中塞两国"铁杆"友谊的形成历史表明：互信互助是构建新时代中塞命运共同体的基石。

一

中塞两国人民交往的历史可追溯到塞尔维亚王国时期，有据可查的文献记载至今已逾百年。目前，在中国国家图书馆古籍馆珍藏有一部有关塞尔维亚地理的著作《塞尔维亚国志》，这是中国外交官1902年编写的第一部有关塞尔维亚的著作，距今已有120多年的历史。这可以说是中塞文化交往的源头。此后

百余年来，塞尔维亚的国家形态发生了多次变化：从第一次世界大战后加入南斯拉夫王国（塞尔维亚人-克罗地亚人-斯洛文尼亚人王国），到第二次世界大战后成为南斯拉夫社会主义联邦共和国的6个共和国之一，再到南斯拉夫解体后与黑山组建南斯拉夫联盟，直至2006年完全独立。其间，中塞两国人民间的交往一直都在中南关系的框架下进行，总体上比较稳定。

具体而言，新中国成立后，中塞两国关系始自1955年中国与南斯拉夫建交，至今可分为三个阶段。第一阶段为1955—1992年，即南斯拉夫时期。这一时期中塞关系从属于中南关系，南斯拉夫领导的不结盟运动对中国也产生了一定的影响，也是中国改革开放的榜样，其反法西斯战争电影《瓦尔特保卫萨拉热窝》和《桥》在中国可谓家喻户晓。第二阶段为1992—2006年，即南联盟时期。1999年科索沃战争时期，北约轰炸了中国驻南联盟（位于塞尔维亚首都贝尔格莱德）的大使馆，中塞两国人民用鲜血凝成的友谊成为两国人民的共同记忆。第三阶段为2006年至今，即塞尔维亚共和国时期。2006年8月6日，塞尔维亚正式宣布独立，中塞关系进入新阶段。2009年，中塞宣布建立战略伙伴关系。2011年，塞尔维亚申请加入欧盟，但因科索沃问题受阻，中国则力挺塞尔维亚，坚持"尊重塞尔维亚的主权和领土完整"，不承认科索沃独立。2013年，中国提出共建"一带一路"倡议后，塞尔维亚积极响应，成为第一个参与共建"一带一路"倡议的欧洲国家。此后，中塞双边关系迅速升温：2016年，习近平主席访问塞尔维亚，两国关系升级为全面战略伙伴关系；2017年和2019年，塞尔维亚总统武契奇来华出席了前两届"一带一路"国际合作高峰论坛；2022年2月，塞尔维亚总统武契奇出席北京冬奥会开幕式及相关活动，并与习近平主席会晤；2022年7月，北京—贝尔格莱德直航开通；2023年10月，塞尔维亚总统武契奇出席第三届"一带一路"国际合作高峰论坛，其间两国正式签署自贸协定。由此可见，近十年来，中塞关系迅速升温，作为推进共建"一带一路"倡议的重要支点国家，塞尔维亚被很多中国人亲切地称为"塞铁"，中塞"铁杆"友谊之路越走越宽。在此背景下，2024年5月，习近平主席再次访问塞尔维亚，两国元首共同宣布深化和提升中塞全面战略伙伴关系，构建新时代中塞命运共同体。①

---

① 参见："中国同塞尔维亚的关系"（最近更新时间：2024年10月），中国外交部网站，https://www.fmprc.gov.cn/gjhdq_676201/gj_676203/oz_678770/1206_679642/sbgx_679646/。

二

塞尔维亚成为首个和中国共同构建命运共同体的欧洲国家，其根本原因就在于历史上每逢关键时刻，双方都给予了相互信任与相互帮助。这种互信互助不仅表现在科索沃问题和共建"一带一路"倡议上的相互支持，而且表现在面对人类共同灾难时的相互信任，在全球抗击新冠疫情期间展现得最为典型。

2019年底新冠疫情在武汉暴发后，塞尔维亚是最早向中国表示慰问和伸出援手的国家之一。2020年2月，在中国人民全力抗击新冠疫情的特殊时期，塞尔维亚第一副总理兼外长达契奇率团专程访华，以实际行动体现塞尔维亚对中国人民的友好情谊。

在塞尔维亚开展抗击新冠疫情斗争遇到困难时，中方也表现出同样的关心并伸出援手。2020年初塞尔维亚疫情形势越发严峻，3月15日塞尔维亚总统武契奇在寻求欧盟援助被拒后发表电视讲话，宣布塞尔维亚进入紧急状态。他直言"中国是目前唯一能帮助塞尔维亚的国家"，塞尔维亚向中国寻求药品援助，订购了500万个防护口罩，并请中国派医务人员协助抗疫。当天晚上，由中国捐赠的首批1000个新冠病毒检测试剂盒就送达塞尔维亚首都贝尔格莱德。塞尔维亚政府发表声明说："塞尔维亚非常感谢中华人民共和国以及中国人民的支援。我们相信在中国朋友的专业知识和经验的帮助下，我们能够成功应对新冠病毒。"这体现了中国政府和人民与塞尔维亚兄弟同甘苦、共患难的情谊。武契奇总统和布尔纳比奇总理还分别通过媒体向"中国兄弟"表示感谢，强调这是塞尔维亚收到的第一批来自国外的疫情防控物资援助。3月21日，应武契齐总统的呼吁，由6名中国高级专家组成的医疗队抵达塞尔维亚，同机运抵的还有中国政府紧急筹集的呼吸机、口罩、试剂盒等十几吨防疫物资。为了表示对中国政府和人民的支持与帮助的深深谢意，武契奇总统亲自到机场迎接，给予中国医疗队最高的礼遇，并在五星红旗上献上了他深情的一吻，这一幕让两国人民为之动容。中国第一个向塞尔维亚提供医疗物资援助，并派遣医疗专家组及时向塞方分享疫情防控和诊疗方面的经验，为塞尔维亚的疫情防控作出了重要贡献。

2021年2月17日，武契奇总统在接受德国《图片报》网站专访时表示："在没有人在乎我们的命运时，是中国运来了呼吸机，是他们拯救了成千上万塞尔维亚人的生命。"他说，正是得益于中国的新冠疫苗，塞尔维亚在欧洲属于全面接种率最高梯队的国家。同年11月7日，武契奇在首都贝尔格莱德带头接种了第三剂中国国药集团生产的新冠疫苗。他接种后表示感觉很好，并鼓励人们积极接种新冠疫苗。塞尔维亚对中国援助的感激之情也感动了中国人，武契奇总统的举动更是在中国网络上引起了人们巨大的反响。因为这是在某些西方国家质疑中国抗疫能力和疫苗有效性的背景下发生的，让我们从中不仅感受到了塞尔维亚人民对中国援助的感恩，更感受到了塞尔维亚人民对中国的信任。这极大地增加了我们继续援助塞尔维亚的动力。塞尔维亚对中国的信任和情谊令中国人民非常感动，有网友特意制作视频，标题就是《感恩中国援助，塞尔维亚的表现，值得我们这么做》。

疫情期间的中塞互助是建立在彼此信任的基础之上的。对塞方而言，公开请求援助是基于对中国有足够的信任；而中国也是出于对塞方有足够的信任，才会在第一时间就施以援手，将首批物资运送过去。相互信任，相互帮助，这是近十年中塞关系不断升温的内在动力，也是中塞"铁杆"友谊形成的前提。

三

透过中塞交流的历史与事实，我们清楚地看到，曾经助力中塞"铁杆"友谊形成的互信互助，正在成为构建新时代中塞命运共同体的基石。

事实上，自2013年共建"一带一路"倡议提出以来，国际上对于中国提出的共商共建共享的全球治理理念存在不少质疑和不信任的声音。无论是历史上通过海外殖民扩张积累原始资本的欧美发达国家，还是饱受殖民者掠夺的前殖民地和前半殖民地等发展中国家，都有对中国倡导的人类命运共同体理念持观望态度的情况。中塞两国能够在共建"一带一路"倡议的过程中做到互信互助，并取得了很多突出成果，其背后的原因主要在于两国有着共同的历史经历、互补的实际需求和相近的文化背景。

首先，共同的历史经历使得两国拥有亲近的感情基础。第二次世界大战期间，南斯拉夫和中国同样面临外族入侵，曾同样处于被强敌占领和奴役的悲屈境地，也拥有同样的不畏强权、勇于抗争直至取得胜利的反法西斯斗争经历。这使得两国在面临强权和霸凌时有着强烈的共情。1999年的中国驻南联盟大使馆被炸事件，让两国认清了北约霸权的本质，坚定了反对强权的意志。2022年，塞尔维亚因科索沃问题遭到北约国家的军事威胁和制裁。当年4月，中国空军6架运-20运输机在3天内出动了22架次，打破北约对塞尔维亚的空中封锁，将塞方购买的武器装备送达，彰显了中国危难时刻维护正义、力挺弱者的大国担当。

其次，中塞共建"一带一路"合作的标志性项目都是塞方切实需要的项目，符合塞方的利益。例如，匈塞铁路将塞尔维亚首都贝尔格莱德和匈牙利首都布达佩斯连接起来，用中国制造的高速铁路来代替原来的普通铁路，将帮助塞尔维亚更快地更新20世纪60—70年代的老旧铁路系统，融入欧洲的高速铁路网络。2022年3月19日，匈塞铁路塞尔维亚境内贝尔格莱德至诺维萨德段开通运营，列车最高运行时速由原来的40—50千米提升至200千米，圆了塞尔维亚人的高铁梦。武契奇总统曾表示，"中国有句俗话说得好，'要想富，先修路'，这也正是近年来塞尔维亚的发展理念"。匈塞铁路不仅是中塞人民心灵沟通的友谊之路，也是中塞互利共赢的合作之路。多年来，中塞两国都是在关键的时刻为彼此雪中送炭，这是在用实际行动践行互信互助。

最后，相近的文化背景是两国相互理解的基石。中国文化讲"仁义"，即仁爱与正义。这里面包含着主持正义、不畏强权和同情弱小，也包含着济危救难、礼尚往来和知恩图报。塞尔维亚和中国一样，在建国的历史上也进行了反对强权的抗争。面临强敌，我们都决不屈服；对待朋友，我们都真心信任，滴水之恩，涌泉相报；在大是大非问题上，我们都坚守正义，主持公道。2024年2月23日播出的央视专访中，武契奇总统在被问及在台湾问题上的立场时表示，这一问题其实非常容易回答，他能够在10秒内就回答清楚。他说："台湾是中国的一部分，至于用什么方式、在什么时间、如何解决，中国自主决定，就这么简单。"这番话让中国很多人心生敬佩，"塞铁"这一名声在中国已经家喻户晓。2024年5月习近平主席访问塞尔维亚时表示，回顾历史，中塞友谊在共同维护世界和平与发展的伟大奋斗中凝结而成，是用鲜血和生命铸就的。着眼未来，构建新时代中塞命运共同体是双方的战略抉择。武契奇表示，塞方对有中国这样的伟大朋友和塞中关系的新定位感到自豪，对塞中关系的未来充满信心。塞方将继续在所有涉及中国核心利益的问题上坚定地同中国站在一起。

塞中"铁杆"友谊不会受到任何势力的干扰和破坏。①

目前,中塞关系处于历史上最好的时期,塞尔维亚是中国在欧洲的"铁杆"朋友。从 2016 年习近平主席首次访塞至今,中塞关系不断迈上新的台阶。据中国海关统计,中塞贸易额已经从 2016 年的 5.96 亿美元跃升至 2023 年的 43.5 亿美元,增长了 6 倍多。随着中塞自贸协定的生效,两国的贸易额又将迎来一波飞涨。可以想象,随着双方经贸合作的深入与扩大,两国在通晓彼此语言和文化的人才方面的需求及文化教育领域的合作需求也将增长。2018 年,北京塞尔维亚文化中心在 798 艺术区揭幕。2021 年,贝尔格莱德中国文化中心正式投入运营。它们作为连接中塞文化的纽带,必将促进中塞两国文化交流迎来新的高潮。

总之,2024 年 5 月 8 日中塞两国元首发布的构建新时代中塞命运共同体的联合声明,有着深刻的历史背景和坚实的现实基础,也为两国关系的未来指明了方向。我们相信,发扬互信互助的优良传统,抓紧落实双方签署的 28 项具体合作文件,是构建中塞命运共同体的重要抓手,其不仅将进一步弘扬人类命运共同体的理念,而且会让中塞"铁杆"友谊在新时代焕发出新的光彩。

---

① 《习近平同塞尔维亚总统武契奇共同会见记者》,中国政府网,2024 年 5 月 8 日,https://www.gov.cn/yaowen/liebiao/202405/content_6949890.htm。

现实热点

"难产"中的塞尔维亚"人民为国运动"：目的和推迟原因

李建军

摘要："人民为国运动"是塞尔维亚总统武契奇自2022年9月开始提倡的一项民族政治运动，它是一个团结各党派优先维护塞尔维亚自身政治和经济利益的平台。这个运动一旦组建，将是影响塞尔维亚政治生态的重大事件。该运动可以提升武契奇的个人声誉、改革或重塑前进党、"中和"亲俄态度，有利于达成解决重大问题的各界共识。运动倡议提出后备受各界关注，但是由于执政盟友社会党的参与意愿不高，塞尔维亚的社会危机、权力危机有所加深，且科索沃问题不断引发新的危机。截至2024年3月，运动被"空谈"了一年半，一直无法正式组建。

关键词："人民为国运动"；塞尔维亚；武契奇；前进党

作者简介：李建军，首都师范大学国别区域研究院副教授

"人民为国运动"[①]是塞尔维亚总统和时任前进党（SNS）主席武契奇2022年9月提倡的一项民族政治运动。这一倡议提出后备受各界关注，但是一年半的时间过去后，前进党缺乏推进运动的实际行动，导致运动常被提及，又屡被推迟。如果"人民为国运动"得以实现，那么在未来一段时间内，塞尔维亚的政治舞台上可能会出现新的政治形态，因此值得对其加以关注和追踪。本文基于"人民为国运动"倡议的发起过程，试图分析该运动的目的及其推迟的

---

① 运动尚未正式建立，因此名称也未正式公布。在塞尔维亚领导人和媒体的表述里，最常见的称呼是"Narodni pokret za državu"或者"Pokret za narod i državu"，本文统一译为"人民为国运动"。

原因。

一、"难产"中的"人民为国运动"倡议

"人民为国运动"的发起源于 2022 年 4 月塞尔维亚总统、议会和地方①三个类别的选举。在 2022 年的议会大选中，前进党在郊区和农村地区提升了影响力，但在主要城市如贝尔格莱德、诺维萨德、尼什和瓦列沃表现不佳，获得选票 1,635,101 张，占得票率的 44.27%，②整体表现不如 2020 年。武契奇本人作为总统候选人从第一轮就遥遥领先，最终获得 60.01% 的高支持率。③两相对比，选举给人留下的一个印象便是：前进党的表现不如其领导人。虽然前进党由武契奇领导，但是该党的受欢迎程度却有所下降，甚至有媒体断言前进党正在失去人民的信任。④在这种情况下，武契奇试图重塑前进党的形象。于是，在 2022 年 9 月中旬，时任前进党主席的武契奇提出，在未来 6 个月内，"为塞尔维亚的生存和进步而发起一场大规模的国家建设和民族运动"。⑤

时隔半年，2023 年 3 月 8 日，塞尔维亚总统武契奇公开宣布要组建"人民为国运动"。⑥ 3 月 9 日晚，他表示不会解散前进党，并称这一运动不是反党派的，而应该是"超党派的"。⑦ 3 月 10 日，他在前进党的内部会议上宣布，他

---

① 在包括塞尔维亚首都贝尔格莱德在内的 12 个直辖市和 2 个城市同时举行了地方选举。
② Miladin Kovačević, *Izbori za narodne poslanike Narodne skupštine Republike Srbije* (Belgrade: Republički zavod za statistiku, 2022), p.7.
③ Ibid.
④ "Kako novi Vučićev pokret može biti put ka defakto diktaturi," N1, https://n1info.rs/vesti/kako-novi-vucicev-pokret-moze-biti-put-ka-defakto-diktaturi/, 访问日期：2023 年 6 月 30 日。
⑤ Aleksandar Nastevski, "Vučić: U narednih šest meseci biće formiran veliki državotvorni pokret," https://nova.rs/vesti/politika/vucic-u-narednih-sest-meseci-bice-formiran-veliki-drzavotvorni-pokret/, 访问日期：2024 年 1 月 30 日；G. Vlaović, "Vučić gasi Srpsku naprednu stranku i formira 'Moju Srbiju'?" https://www.danas.rs/vesti/politika/vucic-gasi-srpsku-naprednu-stranku-i-formira-moju-srbiju/, 访问日期：2023 年 6 月 30 日。
⑥ "Novosti: Vučić formira Narodni pokret za državu i kreće u obilazak Srbije," N1, https://n1info.rs/vesti/novosti-vucic-zapocinje-formiranje-narodnog-pokreta-za-drzavu/, 访问日期：2023 年 6 月 30 日。
⑦ Anđelija Stojković, "Niko Neće Ukinuti SNS," https://fonet.rs/politika/36276320/niko-nece-ukinuti-sns.html, 访问日期：2023 年 6 月 30 日。

将尝试访问塞尔维亚的每个城市，并希望能够前往科索沃和梅托希亚。① 3月11日起，他从弗拉涅（Vranje）②开启了对各市的访问。4月20日晚，武契奇在接受塞媒Prva电视台采访时宣布，他将在5月27日的党内选举中退出前进党领导层，并在"维多夫丹节"（6月28日）组建"人民为国运动"。③ 5月26日，塞尔维亚执政党于国民议会大楼前举行了"塞尔维亚希望"（Srbija Nade）大型集会。在本次集会上，武契奇表示，应该在困难时期展现民族团结，并重申将在"维多夫丹节"组建"人民为国运动"，还认为"这场运动比所有政党都更广泛"。他要求前进党成为该运动的总部，并宣布将辞去塞尔维亚前进党主席一职，不过他还将是"全体公民的总统"，"将永远与人民在一起"。④ 5月27日，前进党举行党内领导层选举，武契奇不再担任党主席，塞尔维亚国防部长米洛什·武切维奇（Miloš Vučević）接任党主席一职。

就在人们等待辞去前进党主席职务的武契奇以总统身份正式发起运动时，却什么也没有发生。在"维多夫丹节"到来之前，武契奇宣布将运动的正式组建日期推迟到2023年9月，在6月28日的"维多夫丹节"时也只是宣布了"一些小公告"。⑤ 7月29日，塞尔维亚前进党执行委员会主席达尔科·戈里希奇（Darko Glišić）表示，正在努力组建"人民为国运动"，预计秋季将采取一些"具体步骤"。⑥ 8月11日，前进党主席武切维奇告诉Prva电视台，在"维多夫丹节"组建"人民为国运动"只是一个想法，但是科索沃和梅托希亚正在发生很多事情，还有许多其他活动要参与，所以运动还未组建。但他表示运动

---

① V. Ristić/K. B., "Vučić iz Vranja: Položio sam zakletvu na Ustav i Miroslavljevo jevanđelje, neću priznati nezavisnost KiM," https://www.danas.rs/vesti/politika/vucicev-miting-u-vranju-nepregledna-kolona-autobusa-na-ulasku-u-grad/，访问日期：2023年6月25日。

② Ibid.

③ FoNet/Beta, "Vučić najavio povlačenje sa čela SNS-a 27. maja, formiranje Narodnog pokreta za Srbiju na Vidovdan," https://www.danas.rs/vesti/politika/vucic-najavio-povlacenje-sa-cela-sns-a-27-maja-formiranje-narodnog-pokreta-za-srbiju-na-vidovdan/，访问日期：2023年6月30日。

④ D. N., "Održan veličanstveni skup 'Srbija nade'," https://www.politika.rs/sr/clanak/554790/Srbija-nade，访问日期：2023年6月30日。

⑤ Jelena Jelovac, "Ništa od Vučićevog pokreta na Vidovdan: Odlaganje za septembar potvrđuje da je vlast u krizi, svi pogledi uprti u Dačića," https://nova.rs/vesti/politika/nista-od-vucicevog-pokreta-na-vidovdan-odlaganje-za-septembar-potvrđuje-da-je-vlast-u-krizi-svi-pogledi-uprti-u-dacica/，访问日期：2023年9月26日。

⑥ Beta, "Glišić (SNS) o Narodnom pokretu za državu: Videćemo, možda s jeseni budu neki konkretni koraci po tom pitanju," https://nova.rs/vesti/politika/glisic-sns-o-narodnom-pokretu-za-drzavu-videcemo-mozda-s-jeseni-budu-neki-konkretni-koraci-po-tom-pitanju/，访问日期：2023年10月29日。

"没有拖延",可能在初秋形成。① 不过,在2023年10月17日召开的前进党主委会会议上,并未提及"人民为国运动",以至于《新塞尔维亚政治思想》(*Nova Srpska Politička Misli*)的编辑乔尔杰·武卡迪诺维奇(Đorđe Vukadinović)评论说,目前"人民为国运动"只是"武契奇的另一个失败项目"。② 2023年10月22日,武契奇在做客该国Pink电视台的时候再次宣布"人民为国运动"将在"未来一段时间"成立,但又未言明具体何时。③ 之后该运动再次面临"无下文"的状态,未曾想在2024年2月13日,其又被武契奇提及,他在Instagram上写道:"现在是时候建立伟大的'人民为国运动'了,它将有能力加速塞尔维亚的经济增长并捍卫我们的民族和国家利益。"④

从2022年9月到2024年3月,该运动的倡议提出已过去一年半,但并无实际行动和具体措施,只是隔段时间被塞尔维亚领导人提及。那么,新运动到底是什么?这场运动最初被称为"我的塞尔维亚"(Moja Srbija)⑤、"塞尔维亚集团"(Srpski blok)⑥,后来多被称为"人民为国运动"。在倡议刚被武契奇提出的2022年9月,政治学家茨维廷·米利沃耶维奇(Cvjetin Milivojevic)根据当时的国内外形势断言,这不会是一个坚实的组织,但在某个阶段,它可能会成为一场运动。他表示:"在我看来,特别是在这次关于科索沃谈判报告的讨论之后,它实际上应该成为一种(新的)开始的平台。该平台支持亚历山大·武

---

① Beta, "Vučević: Ne kasnimo sa novim pokretom za državu, videćete kako ćemo ga formirati," https://www.021.rs/story/Info/Srbija/349502/Vucevic-Ne-kasnimo-sa-novim-pokretom-za-drzavu-videcete-kako-cemo-ga-formirati.html,访问日期:2023年10月29日。

② V. Radovanović, "'Bio formiran ili ne—svešće se na slogan': Svi rokovi prošli, izbori se bliže, a Narodnog pokreta za državu još nema," https://www.danas.rs/vesti/politika/aleksandar-vucic-narodni-pokret-za-drzavu-vukadinovic-andjelkovic-izbori/,访问日期:2023年1月20日。

③ Davor Lukač, "Uskoro Narodni Pokret," https://fonet.rs/politika/36380453/uskoro-narodni-pokret.html,访问日期:2023年10月29日。

④ "Vučić: Došlo vreme za osnivanje velikog pokreta za narod i državu," Tanjug, https://www.tanjug.rs/srbija/politika/73829/vucic-doslo-vreme-za-osnivanje-velikog-pokreta-za-narod-i-drzavu/vest,访问日期:2024年2月13日;D. D., "Vučić: Vreme je za osnivanje velikog Pokreta za narod i državu," https://www.danas.rs/vesti/politika/vucic-vreme-je-za-osnivanje-velikog-pokreta-za-narod-i-drzavu/,访问日期:2024年2月13日。

⑤ G. Vlaović, "Vučić gasi Srpsku naprednu stranku i formira 'Moju Srbiju'?" https://www.danas.rs/vesti/politika/vucic-gasi-srpsku-naprednu-stranku-i-formira-moju-srbiju/,访问日期:2024年1月20日。

⑥ Euronews Srbija, "'Srpski blok': Tri ključna cilja nove političke formacije koju je Vučić najavio i ko bi mogao da je čini," https://www.euronews.rs/srbija/politika/62992/srpski-blok-tri-kljucna-cilja-nove-politicke-formacije-koju-je-vucic-najavio-i-ko-bi-mogao-da-je-cini/vest,访问日期:2023年12月25日。

契奇的谈判立场，主要是在科索沃问题和他所谓的'红线问题'上。"① 米利沃耶维奇还说，这个平台可能支持不执行对俄罗斯进行制裁，并支持一些目前正在寻求共识的话题。

武契奇曾指出，这个"塞尔维亚集团"应该由那些既不支持东方也不支持西方的人组成。他说："每个人都有自己的政党，有的人支持某些政党，有的人支持另一些政党，因此在中心位置组织运动很重要。这一运动是为了塞尔维亚，爱这个国家胜过一切。这场斗争并不容易，因为他们都在共同反对塞尔维亚的独立。我们国家所有的这些人、政治家、政党都在直接与塞尔维亚的利益为敌，因此形成一个体面和正式的集团非常重要，这是一个反对两者（指支持西方和支持东方）的'塞尔维亚集团'。"② 他强调，要"为塞尔维亚的生存和进步而发起一场大规模的国家建设运动，并对抗在政治上腐蚀我们社会的严重疾病……我相信，我们将得到人民的大力支持，以建立一个正常和体面的塞尔维亚"。他认为，这样的塞尔维亚将首先着眼于国家自身的利益，而不是其他国家的利益。③ 从武契奇的解释中可以看出，这是一场民族政治运动，是一个团结各党派优先维护塞尔维亚自身政治和经济利益的平台。

二、"人民为国运动"倡议的目的

有人不禁发问，武契奇本来是塞尔维亚最强大和人数最多的政党前进党的主席，为什么他还要组建"人民为国运动"呢？综合现有报道和分析，发起该运动可以实现以下几个目的。

第一，提升武契奇的个人声誉。贝尔格莱德安全政策中心（BCSP）国际咨询委员会主席斯尔詹·茨维伊奇（Srđan Cvijić）认为，武契奇比前进党本身更受欢迎，该党希望更大程度地将本党与其总统武契奇的形象联系起来，并

---

① Euronews Srbija, "'Srpski blok': Tri ključna cilja nove političke formacije koju je Vučić najavio i ko bi mogao da je čini," https：//www.euronews.rs/srbija/politika/62992/srpski-blok-tri-kljucna-cilja-nove-politicke-formacije-koju-je-vucic-najavio-i-ko-bi-mogao-da-je-cini/vest，访问日期：2023年12月25日。
② Ibid.
③ Rade Prelić, "Vučićev Narodni Pokret za Državu：Putinov Izum za Srpsko Tržište," https：//www.vreme.com/vesti/vucicev-narodni-pokret-za-drzavu-putinov-izum-za-srpsko-trziste/，访问日期：2023年6月30日；Jelena Jelovac, "Šta Zapravo Stoji iza Vučićeve Ideje o 'Srpskom Bloku'," https：//nova.rs/vesti/politika/sta-zapravo-stoji-iza-vuciceve-ideje-o-srpskom-bloku/，访问日期：2023年12月22日。

"吸引"其他执政联盟伙伴等加入这一运动，以防止前进党因采取不受该执政联盟选民欢迎的行动而失去支持。茨维伊奇表示，"在2022年4月3日举行的最近一次议会选举中就是这种情况。武契奇希望制止这种趋势……整个行动有助于加强武契奇总统的个人权力"。①2023年3月，时任前进党副主席的武切维奇在接受电视台采访时表示，"前进党，尤其是（塞尔维亚）总统亚历山大·武契奇，作为这场运动的化身，必须成为向所有其他政党、知识分子、工人、农民和所有热爱塞尔维亚的人开放的运动的中流砥柱"。②塞尔维亚Nova电视台将该运动与"全俄人民阵线"进行了比较，称其共同目标是提升两国领导人的个人声望。③2013年普京当选俄罗斯总统时谈到了"全俄人民阵线"，他希望该阵线成为一个永久性机构，成为"意见相左的人可以谈论问题并找到适当解决方案"的地方。④武契奇同样打算通过发起运动让社会各界达成共识，实现更广泛的民族团结。

第二，改革或重塑前进党。欧洲新闻台（Euronews）塞尔维亚分部社会稳定中心（Centra za Društvenu Stabilnost）的普雷德拉格·拉吉奇（Predrag Rajić）指出，前进党缺乏明确的意识形态，"对于75万名党员来说，其唯一的连接点是武契奇"。⑤该运动的倡议在前进党内部引发了共鸣，塞尔维亚非政府组织自由选举与民主中心（CESID）执行主任博扬·克拉查尔（Bojan Klačar）认为该运动将改变或改革前进党，"这可能是对做得不好的党员的一种'无痛清洁'。同时，这意味着该运动将接管主要话语，因为随着武契奇立场的变化，前进党的权力和受欢迎程度将发生变化。不过，前进党肯定会成为该运动的总部，也

---

① Sofija Popović, "Vučić's 'People's Movement for the State'—New Suit for the Serbian Progressive Party," https://europeanwesternbalkans.com/2023/06/12/vucics-peoples-movement-for-the-state-new-suit-for-the-serbian-progressive-party/, 访问日期：2023年6月30日。

② Beta, "Vucevic: Vucic's Movement will Bring Together All Those Who Love Serbia," https://n1info.rs/english/news/vucevic-vucic-s-movement-will-bring-together-all-those-who-love-serbia/, 访问日期：2023年10月29日。

③ Jelena Jelovac, "Šta zapravo stoji iza Vučićeve ideje o 'srpskom bloku'".

④ Ibid.

⑤ Euronews Srbija, "'Srpski blok': Tri ključna cilja nove političke formacije koju je Vučić najavio i ko bi mogao da je čini".

是关键的组织和后勤保障工具"。① 格拉茨大学东南欧研究中心教授兼欧洲巴尔干政策咨询小组（BiEPAG）协调员弗洛里安·比伯（Florian Biber）认为，武契奇创建这一运动的动机看起来像是塞尔维亚前进党的"品牌重塑"，而不具备任何实质性内容。② 同样，政治学家博班·斯托亚诺维奇（Boban Stojanovivic）在 Nova 电视台的节目中表示，新运动的组建是"为下一次临时议会选举做准备"。"这本质上是一个重塑政党品牌的问题，一方面，因为武契奇的很多支持者并不喜欢这个政党，另一方面，武契奇想阻止他的支持者选择民族主义和保守主义（政党）。他将努力将自己打造成塞尔维亚国家利益和科索沃的最大保护者，与欧盟保持距离，并且不对俄罗斯实施制裁。"③

第三，在某种程度上"中和"亲俄态度。国际形势也是塞尔维亚领导人发起该运动倡议的考量因素。自乌克兰危机爆发以来，塞尔维亚公众的态度两极分化，多数塞尔维亚人同情俄罗斯发起特别军事行动，塞尔维亚也成为唯一没有对俄罗斯实施制裁的欧洲国家。但是在欧盟和美国要求其选边站队的重压下，塞尔维亚的中立立场面临巨大挑战。在普雷德拉格·拉吉奇看来，塞尔维亚组建一个"维护主权的集团"实际上是必要的。虽然这可能不是发起运动的唯一原因，但新运动在形成过程中某种程度上可以"中和"塞尔维亚前进党的亲俄选民。④"中和"或者"偏离"亲俄，当然是出于维护国家利益。拉吉奇表示，"我们绝对需要欧盟和俄罗斯，我们不会放弃这项政策。执行这样的政策非常困难，而且越来越难以明确，但所有作出和将要作出的决定都将根据我们的国家利益而定。在这种情况下，我看到了一种新的政治主体的形成，或者更确切地说，通过将现有的政治实体整合为一个单一的集团，以巩固政治舞台"。⑤

第四，在解决科索沃问题等重大问题时达成共识。乌克兰危机爆发后，塞尔维亚持与周边欧洲国家不同的立场，但它在东西方之间寻求平衡越来越难。

---

① Danijela Luković, "Tri muve jednim pokretom Šta—Vučić hoće da postigne novom organizacijom: Od rebrendiranja SNS, preko sređivanja desnice, do prevazilaženja podela, a sve to ima veze i sa Putinom," https://www.blic.rs/vesti/politika/tri-muve-jednim-pokretom-sta-vucic-hoce-da-postigne-novom-organizacijom-od/kn6ct3d, 访问日期：2024 年 1 月 30 日。

② Sofija Popović, "Vučić's 'People's Movement for the State' —New Suit for the Serbian Progressive Party".

③ Jelena Jelovac, "Šta zapravo stoji iza Vučićeve ideje o 'srpskom bloku'".

④ Euronews Srbija, "'Srpski blok': Tri ključna cilja nove političke formacije koju je Vučić najavioi ko bi mogao da je čini".

⑤ Ibid.

同时，在最重要的内部问题，即结束贝尔格莱德和普里什蒂纳之间的对话上，塞尔维亚也面临越来越大的压力。欧盟、美国和英国都在参与塞科对话，寻求政治解决科索沃问题的方案。2023 年 3 月，时任塞尔维亚建设、交通和基础设施部部长戈兰·韦西奇（Goran Vesić）称，建立"人民为国运动"很重要，因为在解决科索沃和梅托希亚问题等重大国家建设问题的时候，需要大多数社会行为者达成共识，不仅是政党，还有那些参与公共生活的人。他形容塞尔维亚总统亚历山大·武契奇组建"人民为国运动"是历史性举措。"我们正处于一个非常困难的时期，那就是关于科索沃问题的谈判。我们需要找到一个基于我们宪法的解决方案，这意味着科索沃和梅托希亚是塞尔维亚不可分割的一部分，我们将继续推进一体化和经济发展。"① 韦西奇还提到塞尔维亚前总理佐兰·金吉奇（Zoran Đinđić）曾发起一项解决科索沃和梅托希亚问题的倡议，② 并致函世界各国领导人。"他（指金吉奇）随后也采取了类似的行动，与知识分子和其他政党交谈，因为他明白，在解决科索沃和梅托希亚问题时，有必要获得更广泛的政治支持，所以我们政治舞台上正发生的事情并不新鲜。"③ 韦西奇的意思是，塞尔维亚领导人为解决国家重大问题而发起争取广泛政治支持的倡议有先例可循。

三、"人民为国运动"被推迟的原因

武契奇于 2022 年 9 月提出"人民为国运动"的想法并打算在半年内建立该运动。消息沉寂半年后，2023 年 3 月武契奇开始公开提出此倡议。同年 4 月，他表示在 6 月的"维多夫丹节"时正式组建运动，紧接着前进党其他领导人暗示组建时间可能在初秋。在该倡议几个月不见下文后，2024 年 2 月武契奇又在社交媒体上宣布"是时候"启动了。为何运动倡议常常被提起，又屡屡被

---

① "Vesić: Narodni pokret istorijska inicijativa, neophodno jedinstvo po pitanju KiM," Tanjug, https://www.euronews.rs/srbija/politika/80991/vesic-narodni-pokret-istorijska-inicijativa-neophodno-jedinstvo-po-pitanju-kim/vest，访问日期：2023 年 6 月 14 日。

② "Govor dr Zorana Đinđića u Skupštini Srbije, Predlog rezolucije o stanju na Kosovu i Metohiji," http://zorandjindjic.org/sr/govori/premijer/govor-dr-zorana-djindjica-u-skupstini-srbije-predlog-rezolucije-o-stanju-na-kosovu-i-metohiji/，访问日期：2024 年 2 月 15 日。

③ "Vesić: Narodni pokret istorijska inicijativa, neophodno jedinstvo po pitanju KiM".

推迟？究其原因，离不开以下几个方面。

首先，前进党执政盟友社会党（SPS）的参与是运动成形的关键。如果组建"人民为国运动"，最合乎逻辑的事情是让执政联盟成员进入该集团，包括拉西姆·利亚伊奇（Rasim Ljajić）领导的社民党（SDPS）、亚历山大·武林（Aleksandar Vulin）领导的"社会主义者运动党"（PS），伊维察·达契奇（Ivica Dačić）领导的社会党，德拉甘·马尔科维奇·帕尔马（Dragan Marković Palma）领导的"团结塞尔维亚党"（JS）等。但是，正如Nova电视台的政治顾问杜尚·米伦科维奇（Dušan Milenković）所分析的，"这场运动离不开社会党，所以在等待社会党人的决定。在这个问题上，我仍然持保留态度。我不百分百确定它会组建"。① 其实，早在武契奇于2023年3月公开宣布组建运动之后，达契奇就给予肯定，认为它可以带来"前进党和社会党之间新的、更高层次的合作"。② 但是，社会党内部存在相互矛盾的意见，尤其是以社会党官方历史学家普雷德拉格·马尔科维奇（Predrag Marković）为首的一派对运动持反对意见。2023年6月8日，马尔科维奇表示，社会党中许多人担心"溺死在一个大的实体中，这个实体目前虽主要是渐进的，但对社会党来说可能是毁灭性的。所有政党都被去意识形态化了，除了某种身份认同，在纲领上没有区别。现在，如果社会党要进入这样一个实体，它将失去它所拥有的东西，那就是党派特征"。③ 他还用"汤"对社会党加入运动一事作了形象的比喻："你有不同类型的联合，可以是汤，也可以是沙拉。汤是将各种食材混合在一起，而沙拉则是每种食材都保留了自己的味道。如果这场运动是一份沙拉，社会党将保持其独特性，这样的联合才将在选举中具有优势。"④ 诺维萨德大学法学院教授、曾担任过民主党领袖的博扬·帕伊蒂奇（Bojan Pajtić）认为，社会党不会成为该运动的一部分。他表示："我不相信社会党会集体进入'新前进党'。如果他

---

① Jelena Jelovac, "Ništa od Vučićevog pokreta na Vidovdan: Odlaganje za septembar potvrđuje da je vlast u krizi, svi pogledi uprti u Dačića".

② Beta, Kurir, "Dačić: Narodni pokret može da bude nova, viša faza saradnje SNS i SPS," https://n1info.rs/vesti/dacic-narodni-pokret-moze-da-bude-nova-visa-faza-saradnje-sns-i-sps/，访问日期：2024年1月20日。

③ Beta, "Predrag Marković protiv utapanja SPS u Vučićev Narodni pokret za državu," https://nova.rs/vesti/politika/predrag-markovic-protiv-utapanja-sps-u-vucicev-narodni-pokret-za-drzavu/，访问日期：2024年1月20日。

④ Ibid.

们这样做了，那将无异于政治自杀。"①

其次，塞尔维亚的社会危机在加深。2023年5月，在贝尔格莱德的弗拉迪斯拉夫·里布尼卡尔（Vladislav Ribnikar）小学以及姆拉德诺瓦茨（Mladenovac）和斯梅戴雷沃（Smederevo）附近的村庄发生了两起大规模枪击事件，前者造成1名保安和9名学生死亡，后者造成8名年轻人死亡。这些枪击事件在塞尔维亚引发了持续的大规模抗议活动——"塞尔维亚反对暴力"（SPN），抗议者反对未能防止暴力且造成惨剧的各种制度，目标直指塞尔维亚执政党。2023年10月，多个反对党在抗议中联合起来成立"塞尔维亚反对暴力"政治联盟对抗执政党。尽管塞尔维亚政府针对暴力事件采取了大量应对措施，但是反对党并不买账。2023年6月下旬，知名反对派领袖、自由和正义党主席德拉甘·吉拉斯（Dragan Đilas）表示，暴力"没有减少，而是在增加"，公民每天都在目睹谋杀、伤害未成年人和傲慢的当权行为。② 同时，自乌克兰危机爆发后，塞尔维亚是欧洲通货膨胀率最高的国家之一，③ 人们的实际购买力在不断下降，生活压力增大，社会不满情绪日增。抗议活动增多表明，塞尔维亚公民正在寻找稳定、安全和保障，而当下的塞尔维亚政府无法完全满足抗议者的要求。在新的社会危机下，"人民为国运动"的形成不断被推迟。

再次，塞尔维亚执政党的权力危机在加大。这里首先涉及的还是执政盟友社会党的问题。根据贝尔格莱德大学政治学院教授佐兰·斯托伊利科维奇（Zoran Stojiljković）的说法，该运动进展得并不顺利，"战略上的东西没有明确界定……很明显，存在某些问题，首先我指的是社会党，我们不应该忘记，以'人民运动'命名的东西应该团结一些非政府组织和公众人物，以使一切都具有'超级党'的性质"。④ 社会党在2023年12月的选举中进行了非常激进的竞

---

① L. V., "Od preventivnog vezivanja do političkog suicida: Kako će se SPS odnositi prema novom Vučićevom pokretu?" https://www.danas.rs/vesti/politika/od-preventivnog-vezivanja-do-politickog-suicida-kako-ce-se-sps-odnositi-prema-novom-vucicevom-pokretu/，访问日期：2023年6月30日。

② Beta, "Dragan Đilas: Pomeranje osnivanja Narodnog pokreta za septembar pokazuje da izbora narednih meseci neće biti," https://www.danas.rs/vesti/politika/dragan-djilas-pomeranje-osnivanja-narodnog-pokreta-za-septembar-pokazuje-da-izbora-narednih-meseci-nece-biti/，访问日期：2023年6月26日。

③ Branislav Urošević, "Srbija zabeležila prvu deflaciju, ali je još rano za šampanjac," https://rs.bloombergadria.com/ekonomija/srbija/37237/inflacija-jednocifrena-tek-u-oktobru/news，访问日期：2023年12月25日；M. Obradović, "Za tri godine inflacija u Srbiji 34 odsto, među najvećim u Evropi," https://www.danas.rs/vesti/ekonomija/inflacija-srbija-evropa-rast-cena/，访问日期：2023年12月25日。

④ Jelena Jelovac, "Ništa od Vučićevog pokreta na Vidovdan: Odlaganje za septembar potvrđuje da je vlast u krizi, svi pogledi uprti u Dačića."

033

选活动，它的口号是"伊维察·达契奇：总理"，① 武契奇总统组建"人民为国运动"的计划则被破坏，因为他最强大的伙伴不想成为该运动的一部分。除了党派问题，还有选举带来的内部反对和外部干涉危机。2023年12月的选举的公正性遭到"塞尔维亚反对暴力"联盟的质疑，该联盟发誓要取消"遭到操纵的"选举结果。反对派连续多日领导街头抗议活动，12月24日，他们组织的第7次抗议活动中发生了冲击市议会大楼的暴力事件。② 此后，以"塞尔维亚反对暴力"联盟为首的反对派不遗余力地推动国际社会（尤其是欧盟国家）出面批评塞选举舞弊，甚至要求组织独立委员会检查选举结果。2024年2月8日，欧洲议会以461票赞成、53票反对通过了一项关于塞尔维亚选举的决议。该决议要求对塞尔维亚2023年12月17日的选举进行国际调查，如果证实选举舞弊，欧盟委员会将暂停对塞尔维亚的资助。③ 由此，虽然每次危机也是组建运动的时机，但是武契奇却不敢轻易推进。

最后，科索沃局势持续紧张，危机不断。2023年初，在欧盟的主导下，贝尔格莱德和普里什蒂纳双方口头同意了新的"关系正常化协议"及执行附件，④ 但是并未缓解科索沃北部的紧张局势。同年4月23日，科索沃北部4座城镇举行地方选举，当地占人口多数的塞尔维亚族居民予以抵制，投票率不足3.5%。⑤ 5月26日，科索沃当局出动警察，强行护送一些阿尔巴尼亚族的当选

---

① L. Stevanović, M. Ilić, "Izborni slogani koje pamtimo od 2016. do danas," https：//www.danas.rs/vesti/politika/slogani-u-kampanjama/，访问日期：2024年1月10日。

② K. Ž. –Ž. B., "Agencije, Završen protest opozicije ispred Skupštine grada：Policija razbila demonstracije građana," https：//www.danas.rs/vesti/drustvo/sedmi-protest-ispred-rik-a-srbija-protiv-nasilja/，访问日期：2023年12月30日。

③ EWB, "Sa 461 glasom 'za' i 53 'protiv' Evropski parlament usvojio rezoluciju o Srbiji," https：//europeanwesternbalkans.rs/sa-461-glasom-za-i-53-protiv-evropski-parlament-usvojio-rezoluciju-o-srbiji/，访问日期：2024年2月8日。

④ 2023年2月27日，在欧盟西巴尔干事务特别代表米罗斯拉夫·莱恰克（Miroslav Lajčak）和欧盟外交与安全政策高级代表何塞普·博雷利·丰特列斯（Josep Borrell Fontelles）的调解下，塞尔维亚总统武契奇和科索沃（临）总理阿尔宾·库尔蒂（Albin Kurti）在布鲁塞尔进行了会晤，欧盟在会晤当天公布了关于贝普"关系正常化"的欧盟提案，作为双方谈判依据的框架，该提案原先被称为"法德提案"。协议主要内容包括双方将互相承认对方的相关文件和国家标志，均不得在国际场合代表对方，塞尔维亚不反对科索沃加入任何国际组织，不得阻止对方在入盟道路上取得进展，以及确保科索沃塞族群体享有适当程度的自治等。3月18日，丰特列斯在北马其顿奥赫里德（Ohrid）主持了贝普双方的第二轮谈判，双方就"科索沃与塞尔维亚关系正常化道路协议执行附件"达成一致。

⑤ "Petkovic：Voters Turnout for the Elections in the North of Kosovo Is 3.47 Percent—Only 13 Serbs," Kosovo Online, https：//www.kosovo-online.com/en/news/politics/petkovic-voters-turnout-elections-north-kosovo-347-percent-only-13-serbs-23-4-2023，访问日期：2024年1月23日。

城镇行政长官上任，引发塞族居民抗议并与阿族警察和北约驻科部队发生冲突。武契奇当天下令塞尔维亚军队将战备状态提升至最高等级，并向科索沃方向紧急进发。[①] 科索沃当局不断逮捕塞族人。6月14日，塞方也逮捕了越过塞尔维亚内陆与科索沃地区分界线潜入中部城市拉什卡附近的3名科索沃警察。[②] 9月，科索沃北部巴尼斯卡村（Banjska）还发生了冲突流血事件，造成1名科索沃警察和3名塞族人丧生。[③] 2024年2月1日，科索沃宣布禁止使用塞尔维亚第纳尔作为货币，要求北部的塞族少数民族使用欧元。[④] 塞尔维亚在科索沃问题上危机接连不断，每次危机加深时，武契奇就会提及组建"人民为国运动"，但是何时以及如何通过该运动达成共识，是摆在武契奇和前进党面前的艰难选择。

综上所述，"人民为国运动"是武契奇倡议的一个优先服务于民族和国家利益的大型政治运动和超党派合作平台，以应对前进党和国家面临的各种外部挑战和内部压力。但是，一年多来，伴随着动荡的国际局势和持续的国内抗议活动、社会危机和权力危机的不断加深，加上执政盟友社会党在参与意愿上的内部分歧，以及科索沃北部不断出现新的危机，组建该运动的时机和具体行动总是被推迟。当下，"人民为国运动"尚未正式形成，反对派的联合进程却在持续，制衡运动的力量也在不断加强。该运动最终能否成立，或者进一步说，该运动倡议背后的意图能否实现，对武契奇和前进党的执政地位及塞尔维亚的政治生态都至关重要。

---

① 参见：Fatos Bytyci, "U. S. Rebukes Kosovo for Escalating Tensions, Serbia Puts Army on Alert," https：//www.reuters.com/world/europe/serbia-orders-army-kosovo-border-after-protest-clashes-2023-05-26/，访问日期：2023年6月30日。

② "Uhapšeni u oblasti raške, naoružani automatskim oružjem petković: Albanski teroristi prekršili i rezoluciju i sporazum, spremni smo i na međunarodnu istragu," Blic, https：//www.blic.rs/vesti/politika/tri-kosovska-policajca-uhapsena-u-oblasti-raske-kod-sela-gnjilica/ks9hgd7, 访问日期：2023年6月25日。

③ Aleksandar Nastevski, Andrija Lazarević, "Završena drama u Banjskoj: Ubijen kosovski policajac i trojica pripadnika naoružane grupe, pucali Srbi sa severa Kosova, oglasio se konačno i Vučić," https：//nova.rs/vesti/politika/pucnjava-na-severu-kosova-poginuo-policajac-najmanje-dvoje-ranjenih/, 访问日期：2023年1月30日。

④ RSE, "Kosovo potvrdilo da ukida dinar od 1. februara, uz olakšanu prilagodbu za građane," https：//www.slobodnaevropa.org/a/kosovo-bisljimi-odluka-ukidanje-dinara-banka-evro/32799852.html, 访问日期：2024年1月31日。

从"民族性"到"民族"
——前南斯拉夫地区 narodnost 语义刍议

陈慧稚

摘要：在前南斯拉夫地区的斯拉夫语系语言当中，narodnost 是一个从 narod 派生而来的词，但它的意义并不总是明确的。narod 具有"民族""国民""人民""人们"等多重语义，但 narodnost 这个最初流行于 19 世纪早期的词的词义 200 年以来发生了流变，从兼具文化和政治意义的"民族性"逐渐导向"民族（属性）"。本文以克罗地亚语史料为主要分析对象，试图通过分析 narodnost 的使用语境，管窥南斯拉夫各民族国家以及南斯拉夫国家的发展历程。

关键词：南斯拉夫；塞尔维亚语；克罗地亚语

作者简介：陈慧稚，首都师范大学国别区域研究院特聘研究员

"我有克罗地亚国籍，但不是天主教徒，那我的 narodnost 到底是指我的国籍，还是指民族身份呢？"曾有人在一个克罗地亚的互联网论坛上如此发问。在克罗地亚，填写过人口普查登记表的人应该了解，narodnost 指的是民族（属性），državljanstvo 指的才是国籍。[1] narodnost 的词义容易令人感到困惑，和它的词根 narod 不无关系。在前南斯拉夫地区的斯拉夫语系语言[2]当中，narod 兼有"民族""国民""人民"的含义，除此之外，也可指代作为不特定人群的"人们"。同样表示"民族"的情况下，narod 是一个比 narodnost 常见得多的

---

[1] 见克罗地亚 2011 年人口普查登记表，https://web.dzs.hr/Hrv/censuses/census2011/forms/P1-WEB.PDF。

[2] 包括塞尔维亚语、克罗地亚语、波斯尼亚语、黑山语、斯洛文尼亚语、马其顿语。

词，这恐怕就是那位克罗地亚网民对 narodnost 的所指疑惑不解的原因。

事实上，narodnost 这个词最早流行于 19 世纪初，意思是"民族性"，即一个民族的特性，但 200 年以来，它的意义发生了流变，当今以"民族"为主流含义。如果说在 19 世纪，这个词是南斯拉夫民族寻求独立建国的路标，那么在 20 世纪，它则随着南斯拉夫国家的命运而浮沉。

一、narod 和 narodnost

从词法上来说，narodnost 是由从 narod 派生出的形容词 narodni（民族的/人民的）加上表示事物属性的构成名词的词尾 -ost 组合而成。1992 年出版的一本波斯尼亚语字典援引 1974 年的某语料，收录了从 narodnost 派生出的形容词 narodnosni。[1] 不过，这个词甚为罕见，同样表示"民族的"，这个词条词义解释中的 nacionalni（national）则常见得多。但是，倾向于使用 narodnost 表示"民族"，可能也是出于对使用斯拉夫语词汇而非外来词汇的青睐。

然而，narodnost 一词如今在当地人民的日常生活中出现的频率非常低。在波黑阅读量最大的网络新闻媒体 klix.ba 上检索这个词，从 2007 年至 2023 年 8 月，仅有 9 篇文章含有该词。在塞尔维亚最大的新闻网之一 telegraf.rs 上检索这个词，文章的数量则多得多，但大部分含有该词的文章都和南斯拉夫有关。在南斯拉夫时期，narodnost 被用来指代少数民族，经常和 narod 并称，南斯拉夫领导人铁托就被民众称为"我们所有 narod 和 narodnost 最伟大的儿子"。narodnost 词义的这一流变令人印象深刻，以至于一名波黑学者称 narodnost 仅在南斯拉夫使用，指称"少数民族"。[2] 但是，此举可能也是为了帮助人们从纷繁的表示民族、种族等的词当中"减负"。比如，和克罗地亚不同，波黑人口普查调查表中的"民族"一项就没有使用 narodnost，而是用了更加便于理解的 etničko/nacionalno izjašnjavanje（您的种族/民族是）。[3]

尽管如此，民族学界似乎仍然保留着由 narodnost 一词生发的历史记忆。黑山民族学家佩塔尔·弗拉霍维奇（Petar Vlahović）给出了关于 narodnost 较为完

---

[1] Alija Isaković, *Rječnik karakteristične leksike u bosanskome jeziku*（Sarajevo：Svjetlost, 1992），str. 270.
[2] Mirsad Cvrk, "Uloga vjere i nacije u formiranju moderne bosanske države," *Znakovi vremena*，Proljeće 2010, Vol. 13, Br. 47, str. 136.
[3] 见波黑 2012 年人口普查调查表，https：//fzs.ba/wp-content/uploads/2016/06/P1_bh-1.pdf。

整的解释：

> narodnost 是一个标示民族情感（nacionalno osjećanje）的概念，从19世纪至今被用作民族的标志（oznaka za naciju）。此外，narodnost 这一概念也可指对某一 narod、民族（nacija）、少数民族或其他 narod 或族群的归属性。在南斯拉夫社会主义联邦共和国，后者（narodnost）从20世纪60年代开始被用来指称本国相当于在其他国家被称为少数民族的社群。①

二、从 narod 到 narodnost

很多其他斯拉夫语系语言中都存在与 narod 和 narodnost 词形和词义相近的词，其中俄罗斯的 народность 概念令学术界最感兴趣。这主要是因为意指"民族性"的 narodnost 一词被认为是1819年在俄国诞生的，且其概念此后在俄国主流文化圈有过比较广泛的探讨，并深深地融入了19世纪俄国风起云涌的政治社会思潮之中。从表示具有共同历史文化的人群的 narod 一词，到 narodnost 的"民族性"概念的生发，伴随着那一时期民间文化研究的兴起，narodnost 象征着民族意识的觉醒，被认为是向 нация（nation）过渡的一个概念。②

南斯拉夫语言中的 narodnost 极有可能来自俄国文化界。1818年出版的塞尔维亚语言学家武克·卡拉季奇（Vuk Karadžić）编纂的第一本塞尔维亚语字典中就没有收录 narodnost 这一词条，仅有 narod 和 narod 派生出的形容词 narodni/narodna/narodno，其中 narod 对应的德语和拉丁语为 das Volk、gens、populus 和 natio，和 narod 现今的词义相同。③ 在1803年的一本克罗地亚语④-

---

① Петар Влаховић, "Етничке групе Црне Горе у светлу основних етнолошких одредница," Уредио Петар Влаховић, *Гласник Етнографског музеја у Београду*, Књ. 60, 1996, стр. 12.

② Nathaniel Knight, "Ethnicity, Nationality and the Masses: Narodnost' and Modernity in Imperial Russia," *Russian Modernity*, eds. D. L. Hoffmann, Y. Kotsonis (London: Palgrave Macmillan, 2000), pp. 41–64; Alexey Miller, "Natsiia, Narod, Narodnost' in Russia in the 19th Century: Some Introductory Remarks to the History of Concepts," *Jahrbücher für Geschichte Osteuropas*, Neue Folge, Bd. 56, H. 3 (2008), pp. 379–390.

③ Вук Стефановић Караџић, *Српски рјечник (1818)* (Београд: Просвета-Нолит, 1969), стр. 450.

④ 书名中称克罗地亚语为"伊利里亚语"。

意大利语-德语字典中同样也没有收录 narodnost 这一词条，而有 narod 和 narodni，其中 narod 的意大利语和德语释义分别为（n）azione 和 die Völkerschaft。[1] 19 世纪的南斯拉夫知识分子显然对俄国的政治社会思潮保持着关注。1880 年，在塞尔维亚出版了从俄语翻译而来的俄国民粹派理论家、革命家彼得·拉夫罗夫（化名米尔托夫）的作品，塞语书名为《关于民族性》（О народности）。

然而，和俄国不同，narodnost 一词本身在南斯拉夫文化界从未触发有关它和 narod、nacija（nation）等词关系的争鸣，[2] 也不见对民族性本身的哲学思考，[3] 而是几乎从一开始就集文化性和政治性于一身，这或许和南斯拉夫民族当时所面临的民族复兴和建国任务有关。塞尔维亚族和克罗地亚族是南斯拉夫地区最大的两个民族，在 19 世纪，有关 narodnost 即民族性的话语在这两个民族的知识界也最为多见。

塞尔维亚人和克罗地亚人都是在公元 6 世纪和 7 世纪定居巴尔干半岛的，但两个民族的历史发展轨迹各殊。塞尔维亚在公元 13 世纪成为王国，但是从 14 世纪末开始逐渐被奥斯曼帝国征服，从 1540 年开始成为奥斯曼帝国的一部分。塞尔维亚 1817 年通过革命起义在奥斯曼帝国框架下获得高度自治权，在 1878 年柏林会议上最终取得完全独立。克罗地亚人在公元 10 世纪上半叶就建立了王国，从 12 世纪到 16 世纪初和匈牙利建立联盟，奉匈牙利人为国王。从 1527 年开始直到第一次世界大战结束，克罗地亚效忠哈布斯堡王朝，克罗地亚、斯拉沃尼亚和达尔马提亚的最终统一直到奥匈帝国解体之后才实现。在 19 世纪欧洲民族主义运动兴起的背景下，塞尔维亚和克罗地亚的民族意识有了长足发展，与此同时，南斯拉夫民族联合的思潮也在涌动。关于民族性的话语体现了在塞克关系和南斯拉夫问题上不同政治倾向的碰撞。

从 18 世纪末到 19 世纪，民族语言的规制成为欧洲民族国家构建过程中的基础工程，语言也被普遍视为民族身份的重要元素。其中，塞尔维亚语和克罗地亚语的相似性显而易见。[4] "一个民族（narod）需要有一种文学语言。" 1850

---

[1] Jose Voltiggi, *Ricsoslovnik illiricskoga, italianskoga i nimacskoga jezika s'jednom pridpostavlienom grammatikom illi pismenstvom* (Beč: Pritesctenica Kurtzbecka, 1803), str. 274.

[2] Snježana Mrđen, "Narodnost u popisima, Promjenjiva i nestalna kategorija," BIBLID 0038-982X (2002), str. 77-103, 78.

[3] Knight (2000), pp. 44-48.

[4] 关于现代塞尔维亚语和克罗地亚语相似性的研究，可参考 John Frederick Bailyn, "To What Degree Are Croatian and Serbian the Same Language? Evidence from a Translation Study," *Journal of Slavic Linguistics*, vol. 18, no. 2, 2010, pp. 181-219。

年，塞尔维亚、克罗地亚、斯洛文尼亚文学家和语言学家在维也纳签署的《维也纳文学协定》（Bečki Književni Dogovor）选取以 ije 为标志的塞-克语方言作为南斯拉夫民族的共同文学语言，原因之一是"本民族大多数人都是这样说的"，① 而塞-克语其他方言和这种方言的主要区别是在同一词语中以 i 或 e 取代 ije。

因此，在 19 世纪，有一类观点认为，语言上的亲缘关系足以证明塞尔维亚人和克罗地亚人是同一个民族，共同的语言就是这个民族的民族性最好的表征。这种观点似乎反映出一种朴素的民族性观念，但其背后也有政治动机，即认为塞尔维亚人和克罗地亚人联合起来建立一个强大的民族，必能抵御外敌，而争议只在于联合民族的族名。对于泛南斯拉夫的"伊利里亚运动"的倡导者、克罗地亚语言学家和政治家柳德维特·加伊（Ljudevit Gaj）来说，这个联合民族的名字就是"伊利里亚"。1839 年，他在自己创办的《伊利里亚晨星报》（*Danica Ilirska*）上写道：

> 所有真正的本地人（domorodci）到现在应该都能看到，我们之间没有任何区别，克罗地亚人、塞尔维亚人、文德人、斯拉沃尼亚人、达尔马提亚人和波什尼亚克人等是相亲相爱的手足……所以我们呼吁所有热爱同胞的人们团结起来，把这些名字作为别称，而把"伊利里亚"作为集体的民族名称……因为只有通过这种天然的、完全符合我们民族性的安排，我们才能实现渴望的目标；如果单方面施加某一名称，我们的民族就永远不能合并壮大，要保持我们的民族性，发展壮大是必然的。②

加伊认为，把"南斯拉夫"作为族名不可取，因为"伊利里亚"是"仅次于希腊的最古老的欧洲民族"，而且"南斯拉夫"的说法总是有相对性，比如"哥萨克人相对于他们北边的斯拉夫弟兄也是南斯拉夫人"。③

《维也纳文学协定》签署者之一、克罗地亚文学家和语言学家文科·帕采

---

① Zlatko Vince, *Putovima hrvatskoga književnog jezika：Lingvističko-kulturnopovijesni prikaz filoloških škola i njihovih izbora* (Zagreb：Nakladni zavod Matice hrvatske, 1990), str. 279–280, 转引自 Institut za hrvatski jezik i jezikoslovlje, http：//ihjj. hr/iz-povijesti/knjizevni-dogovor-u-becu-1850/37/。

② *Danica ilirska*, Br. 52, 1839, *Danica ilirska* Ⅳ–Ⅴ–Ⅵ (Zagreb：Liber, 1970)。

③ Isti.

尔（Vinko Pacel）有不同的看法。帕采尔在 1863 年的小册子《我们的需求》（*Naše Potrebe*）中写道，"伊利里亚"是地理概念，而不是民族概念，只有克罗地亚人和塞尔维亚人的名字是亘古不变的，所以没有必要推行伊利里亚或者南斯拉夫身份。但是，他认为克罗地亚和塞尔维亚是"有两个名字的同一个民族"，纵然克罗地亚和塞尔维亚在历史、宗教、人口教育水平和文字等方面有差异，但它们共享一种民族性的因素足够多。根据他的说法，这些因素包括：共同的发祥地和发祥时间；人名、地名的亲缘关系；语言，包括语法、谚语、民间传说和歌曲；习俗；相近的生活空间；思维方式；优缺点；历史上都失去过领土和主权；今昔的朋友和敌人都一样，包括土耳其人、匈牙利人、意大利人、德国人等。相比加伊，帕采尔进一步阐明了民族性、民族和国家的关系。他在批评克罗地亚当时禁止使用西里尔字母的做法时，指出这是把民族性、宗教信仰和国家混为一谈。他批评先有国家再有民族性是本末倒置，认为民族性是形成国家（država）的基础，而国家就是 nacija（nation）。[1]

与此同时，塞尔维亚人和克罗地亚人也在各自发展自己的民族身份。武克·卡拉季奇[2]和柳德维特·加伊[3]是规制现代塞尔维亚语和克罗地亚语文学语言的先驱。19 世纪，在有关民族性中语言属性的争议以及对于民族性和民族国家关系更加深入的探讨中，塞族和克族的民族身份被捶打锻造。

关于杜布罗夫尼克人到底是塞尔维亚人还是克罗地亚人的争议颇具代表性。语言/方言问题以及与之相关联的文学传统是塞族和克族辩论者的主要论点，但是双方也将论据拓展到了杜布罗夫尼克的历史和当代文化方面。克罗地亚语言学家马尔采尔·库沙尔（Marcel Kušar）把史诗传说视为民族性的当然标志，关于如今杜布罗夫尼克人传颂塞尔维亚历史事件和历史人物是否意味着杜布罗夫尼克人就是塞族，他是这样说的：

没人能否认，在茹帕（Župa）、科纳夫莱（Konavle）和其他杜布

---

[1] Vinko Pacel, *Našepotre be I. Svezak* (Zagreb: Brzotiska Antuna Jakića, 1863), str. 1-12.
[2] 尽管卡拉季奇是《维也纳文学协定》的签署者之一，但他并不认可克罗地亚民族和克罗地亚语的存在，认为塞-克语空间的母语者均是塞族。
[3] "伊利里亚运动"的影响范围仅限于今克罗地亚，因为塞尔维亚人和斯洛文尼亚人不太接受除本民族名称以外的其他民族的名称。在克罗地亚的三种方言 štokavski、čakavski 和 kajkavski 中，加伊推广 štokavski 作为所谓"伊利里亚语"的文学语言，这一方言也是最接近塞尔维亚语的。见 Josip Bratulić, "Pravopisno-jezična problematika i književna ostvarenja iliraca (1790-1847)," *Hrvatski Narodni Preporod 1790-1848: Hrvatska u Vrijeme Ilirskog Pokreta*, eds. Nikša Stančić (Zagreb: ČGP Delo, 1986), str. 7。

罗夫尼克周边地区，甚至就在杜布罗夫尼克城下，人们至今都在歌唱有关科索沃和其他塞族英雄人物的歌曲。但是同样没人能否认的是，在最近几十年，越来越多的其他现代人物取代他们成了被传唱的对象，其中就有克罗地亚人……照此逻辑，我们可以下结论说杜布罗夫尼克人是克罗地亚人；他们甚至还是匈牙利人和阿尔巴尼亚人……但是，如果唱的（塞尔维亚歌曲）不是塞尔维亚歌曲，那又是什么呢？难道是克罗地亚歌曲？我们的回答很直接：当然是克罗地亚歌曲。首先就是因为这些歌曲是在**克罗地亚的土地**上形成的，而且是用克罗地亚的语言所写的。[1]

库沙尔将民族性和一个民族的土地、家园相联系的思想，与克罗地亚文学家久罗·斯捷潘·德热利奇（Gjuro Stjepan Deželić）的民族性理论相得益彰。德热利奇在1879年的著作中把 narodnost 一词的词源追溯到表示家庭、亲属关系的 rod，进而认为"人和家庭通过经验习得而以部落、公民、国家的形式存在"。[2] 德热利奇认为，克罗地亚有克罗地亚的民族性。他所指的民族性的构成要素和帕采尔的观点有诸多不谋而合之处，但他更强调克罗地亚文化和历史的独特性。至于民族和国家的关系，德热利奇认为民族有政治目标，尤其是为安全进行考虑，因此，有共同的语言不等于有共同的民族性，但也不是有共同的统治者就有共同的民族性，多民族国家完全可以为了共同的政治目标而存在。[3]

在19世纪的南斯拉夫地区，对于民族性本身的哲学性思考湮没于汹涌澎湃的欧洲大变局之中，但民族性作为民族身份和民族国家构建的工具显然不难

---

[1] Marcel Kušar, *Dubrovčani, jesu li Hrvati?* (Dubrovnik: Naklada Uprave "Crvene Hrvatske", 1892), https://www.matica.hr/media/knjige/izabrani-radovi-i-pisma-1211/pdf/marcel-kusar-dubrovcani-jesu-li-hrvati-izbor.pdf, str. 227-228. 粗体为本文作者所加。

[2] Gjuro Stjepan Deželić, *Hrvatska narodnost, iliti duša hrvatskoga naroda: poviestno-filozofička razprava* (Zagreb: Tiska Lav. Hartmána i družbe, 1879), str. 72-73.

[3] Isti, str. 128-129.

获取。然而，在南斯拉夫，问题在于各民族过于"相近",① 又因为历史的隔阂而如此"遥远"。以传统文化为标志的民族性本身并无客观评判标准，因此极易造成纷争。于是，基于传统文化和政治民族两种解释框架的民族性概念，在 19 世纪的南斯拉夫联合思想和塞尔维亚、克罗地亚的民族主义②当中同时存在。两种政治取向包含的共识在于，一个民族必定有它区别于其他民族的民族性，但是一个民族建立或参与怎样的政治实体则应因势利导。比如，在形形色色的南斯拉夫联合思想当中，也有倡导在奥匈帝国框架下实现联合的。③

三、从 narodnost 到 narod

在第一次世界大战的时局之下，塞尔维亚和克罗地亚的政治精英决定联合开创第一个南斯拉夫国家。为 1918 年建立的南斯拉夫王国（塞尔维亚人-克罗地亚人-斯洛文尼亚人王国）奠基的《科孚宣言》宣告，塞尔维亚人、克罗地亚人和斯洛文尼亚人是"有三个名字的同一民族，他们绝无二致，从血缘上、语言上、民族存续的共同人生利益和其道德和物质生活的全面发展上，都是如此"。④ 因此，虽然宣言中全然不见"民族性"字样，但它是不言而喻的。19 世纪以来争议不断的塞-克语言异同问题，在南斯拉夫联合的支持者看来只是阻挡自由的藩篱：

---

① "南斯拉夫北部和南部语言间的差异大于建立统一国家的意大利、德国和法国的南北语言间的差异。"参见：Јован Цвијић, *Сабрана дела*, књига 3, том I, Говори и чланци（Београд：Издавач САНУ, 1955）, стр. 250-253; Vaso Čubrilović, "Istorijski osnovi postanka Jugoslavije 1918," *Naučni skup u povodu 50-godišnjice raspada Austro-Ugarske Monarhije i stvaranja jugoslavenske države* (Zagreb, 1969), str. 62, 64, 68, 88, 99; Цитирано у Душан Лукач, "Национална измијешаност, константна егзистенцијална угроженост и етничка блискост југословенских народа—чиниоци стварања Југославије 1918. године," *Стварање Југословенске државе 1918. године* (Београд：Научна књига, 1989), стр. 112。

② 库沙尔认可塞尔维亚人和克罗地亚人是"我们民族的两个部落（dvaju plemena）"，但也提到"部落的民族性"（plemenska narodnost），这种错位耐人寻味。Kušar (1892, str. 209).

③ Branko Petranović, *Istorija Jugoslavije 1918-1988*, Prva Knjiga：*Kraljevina Jugoslavija 1914-1941* (Beograd：Nolit, 1988), str. 3.

④ "Krfska deklaracija," https: //bs.wikisource.org/wiki/Krfska_deklaracija. 宣言全文仅在表述亚得里亚海对所有民族开放时，将塞尔维亚人、克罗地亚人和斯洛文尼亚人视为三个民族（narod），可能为笔误。

不等语言学家怎么说，曾经用 ijekavica 方言写作的年轻的（克罗地亚）作家已经开始用（塞尔维亚的）ekavica 方言写作……好的青年作家不需要语言学家教他们要使用什么词语。他们会使用那些他们需要的词……把语言视为博物馆里的东西和一成不变的东西，而不是被创造的和**形成**的东西的语言学家们，会因此感到厌恶和恐惧。我的语言不是某个语言学家的语言。语言是语言学家们理解不了的生活。①

塞尔维亚语和克罗地亚语的"不分家"，也体现在新南斯拉夫国家 1921 年的人口普查中，该普查未调查民族身份，而是调查了人口的语言和宗教分布情况，其中"塞尔维亚语/克罗地亚语"为一合并选项。②

或许是因为 narodnost 作为"民族性"一词太容易与 19 世纪的种种争议联系在一起，也或许是因为到 20 世纪初之时，民族性已经基本完成了其塑造塞尔维亚人和克罗地亚人民族身份的使命，此时 narodnost 的这一词义已逐渐式微。在 1931 年的南斯拉夫人口普查中，首次调查了人口的民族，其选项以 narodnost 命名，塞尔维亚人、克罗地亚人、斯洛文尼亚人、黑山人和身份未明的穆斯林③被要求填报为南斯拉夫民族。④

与此同时，南斯拉夫各民族自我认同为一个 narod 的意识存续。南联邦时期，仿效苏联实行民族实体联邦制度，更是强化了这一概念。⑤ 在南斯拉夫时期的人口普查中，narodnost 在大多数时候均用来询问民族属性。在 1957 年苏联出版的一本塞尔维亚-克罗地亚语-俄语字典中，narodnost 词条的俄语解释为"（1）народность（民族性）；（2）национальность［民族（属性）］"。⑥ 这表明，在当时的塞-克语和俄语中，narodnost/народность 仍然具有"民族性"

---

① *Glas Slovenaca, Hrvata i Srba*, "Listak. E.," br. 52 od 6. 3. 1918, citirano u Drago Roksandić, "'Glas Slovenaca, Hrvata i Srba' o stvaranju jugoslavenske države 1918. godine," *Стварање Југословенске државе 1918. године*（Београд: Научна књига, 1989, str. 470）. 粗体为本文作者所加。

② "Popiss tanovništva 1921. u Kraljevini SHS," https://sr.wikipedia.org/sr-el/Попис_становништва_1921._у_Краљевини_СХС.

③ 主要是波黑穆斯林。

④ Mićen（2002），str. 78.

⑤ 关于南斯拉夫民族政策的讨论，参见 Veljko Vujačić, *Nationalism, Myth and the State in Russia and Serbia: Antecedents of the Dissolution of the Soviet Union and Yugoslavia*（New York: Cambridge University Press, 2015）, pp. 10-15.

⑥ Составил И. И. Толстой, *Сербско-хорватско-русский словарь*（Москва: Государственное издательство иностранных и национальных словарей, 1957）, стр. 457.

的意义，只是在塞-克语中还可以表示"民族（属性）"。南斯拉夫 1963 年宪法中首次以 narodnost 取代 nacionalna manjina（national minority），表示"少数民族"，这被视为南斯拉夫致力于保障少数民族文化和教育权利之举。① 在 1981 年的人口普查中，民族一栏中 narod 和 narodnost 首次同时存在。②

或许是出于对官方所称 narodnost 的意思理解有偏差，也或许是出于真正的身份认同，历次人口普查总有些人把地区名称填作民族身份，比如写自己是波斯尼亚人、达尔马提亚人。于是，在波黑和克罗地亚，1971 年的人口普查特意明确了填写规则，凡坚持地区身份的人，普查员一律填写"未申报民族"，但在其他共和国仍然可以自由申报。③ 然而，从 1961 年开始，南斯拉夫人口普查中的民族一栏可选"南斯拉夫族"，但所谓的南斯拉夫族并非指民族身份，在 1971 年和 1981 年的人口普查中更是被作为"未申报民族"类选项，④ 因此更类似于地区概念。勾选此项的人占南斯拉夫总人口的比重也不高，1961 年时仅有 31 万余人，占总人口的 1.7%，且其中 87% 的人是波黑人，这与波黑穆斯林当时还未被正式认定为民族有关。申报为南斯拉夫族的人数在 1981 年的人口普查时达到最高峰，有 129 万余人，他们多是第二次世界大战后出生的父母来自不同民族的人。由于强烈的民族主义思潮，到 1991 年南斯拉夫最后一次人口普查时，以南斯拉夫族为民族身份的人锐减。⑤

四、结论

相比高频词 narod，以 narod 为词根的 narodnost 如今在前南斯拉夫地区是个比较不常见的词。由于 narod 一词本身有"民族""国民""人民""人们"等多重含义，narodnost 的词义有时令人捉摸不透，而自从 narodnost 这个词诞生的 19 世纪初以来，它的意义确实发生了比较大的变化。从 19 世纪末到 20 世纪

---

① Branko Petranović, *Istorija Jugoslavije 1918-1988*, Treća Knjiga: Socijalistička Jugoslavija 1945-1988（Beograd: Nolit, 1988），str. 450.

② Mrđen（2002），str. 83.

③ Lazo M. Kostić, *Osvrt na popis narodnosti u Jugoslaviji: Statističko-metodološka, demografska i politička studija*（Minhen: Izdanje piščevo, 1973），str. 18-20.

④ Mrđen（2002），str. 83.

⑤ Isti, str. 89-91.

初，narodnost 代表"民族性"，成为南斯拉夫各民族寻求自由和独立的路标，见证了南斯拉夫各民族现代民族意识生发的历程。然而，好似完成了自己的这一历史使命的 narodnost，在 20 世纪的大部分时间里却成为 narod 的同义词，是南斯拉夫各族人民熟知的人口普查登记表中"民族"选项的提示词。但当"非民族的民族"南斯拉夫族成为它的备选项时，我们又会看见 19 世纪时它为南斯拉夫民族找寻历史道路时发出的光。

虽然 narodnost 这个词已逐渐淡出人们的视野，但是对于"民族性"的思辨和争论并没有停止，只是随着南斯拉夫各民族国家构建的发展历程，19 世纪沿用至今的 srpstvo（塞尔维亚性）、hrvatstvo（克罗地亚性）如今比 narodnost 更有生命力。与此同时，民族问题始终困扰着南斯拉夫，时至今日，前南斯拉夫地区仍有这方面的未解之结。在波黑，塞族、克族和前身为穆斯林族的波族之间仍在就国家安排艰难博弈。波黑民族问题之复杂，前南时期波黑著名政治家杰马尔·比耶迪奇（Džemal Bijedić）只能引入 nacija（nation）来帮助自己进行解释，称"波黑的塞尔维亚人是作为塞尔维亚 nacija 一部分的 narod，波黑的克罗地亚人同理；但穆斯林族也是波黑的一个 narod，和塞尔维亚人和克罗地亚人一样，是一个有自己的历史、文化、梦想、追求和情感的特殊的民族个体（nacionalni individualitet）"。[1]

---

[1] "Sedamnaesta i dvadeseta sjednica CKSKBiH i diskusije o nacionalnom pitanju（priredio Husnija Kamberović），" *Rasprave o nacionalnom identitetu Bošnjaka（Zbornik radova）*（Sarajevo：Institut za istoriju, 2009），str. 254-259, citirano u Husnija Kamberović, *Džemal Bijedić：Politička biografija*（Sarajevo：UMHIS, 2017），str. 165.

西巴尔干的资本流入与区域经济一体化[*]

张 娟 刘钻石

摘要： 从国际收支来看，资本流入是平衡经常项目逆差的重要措施，可以促进国家间的经贸关系。本文梳理了西巴尔干国家目前生效的双边投资协定（BIT）、包含投资条款的协定（TIP）、投资相关措施（IRI），分析了西巴尔干国家近五年的外商投资促进措施和资本流入情况。研究发现，欧盟仍然是西巴尔干国家最大的外资来源地，其中德国、意大利、法国、奥地利的投资较多；美国、俄罗斯、中国是西巴尔干国家重要的非欧盟外资来源国。多种形式的国际投资协定（IIA）为西巴尔干国家吸引资本流入提供了便利条件，可以促进西巴尔干国家融入欧洲经济一体化进程。

关键词： 西巴尔干；资本流入；区域经济一体化

作者简介： 张娟，上海对外经贸大学国际经贸研究所副研究员；刘钻石，华东理工大学商学院副教授

一、引言

外国资本流入的增加能够提高一国金融市场的一体化水平，并平衡更高水

---

[*] 基金项目：教育部高校国别和区域研究课题"蔓延性疫情对欧洲经济一体化带来的挑战与调整"（2020-N26）；国家社科基金一般项目"国际分工、资本流动与中美贸易失衡研究"（18BGJ005）。

平的经常账户赤字。① 聚焦欧元区国家之间的净资本流动，研究欧元区的经常账户失衡和金融一体化，可以发现欧元区国家间净资本流动对人均收入的弹性提高，意味着引入欧元以后有更高水平的金融一体化。② 实证研究进一步支持了通过资本流入来平衡欧元区国家赤字的设想。③ 分析经济体的内部结构与外部贸易平衡之间的关系，可以发现经常账户赤字与实际汇率下降有关，这种价格变化反映了动态均衡过程中的经济重构，即资源从不可贸易部门转移到可贸易部门。投资机遇和政府支出政策根据要素密集度、政府支出构成和时间来改变动态均衡过程。④ 应用包含金融资产和内生经常账户、资本账户和金融账户差额的可计算一般均衡模型（CGE），可以发现，资本账户和金融账户的均衡条件而不是外生规则，约束着经常账户差额；在投资组合的优化行为下，平衡经常账户的国际资本流动受到国际债务证券市场供求均衡条件的约束。⑤

2022年，在中欧、东欧和东南欧地区，西巴尔干经济体⑥吸引外国直接投资（FDI）的表现突出。分析其投资构成和特征，可以预计西巴尔干地区在不久的将来会继续吸引大量外国直接投资，但其增速很可能较2022年有所放缓。⑦ 乌克兰危机中断了后疫情时期西巴尔干地区的外资流入复苏进程，但是确实有西巴尔干国家从欧盟的加速绿色转型和欧盟国家企业撤离交战区域中受益。欧盟是西巴尔干国家主要的外资来源地；中国虽然还不是该地区主要的外

---

① M. D. Chinn, E. S. Prasad, "Medium-Term Determinants of Current Accounts in Industrial and Developing Countries: An Empirical Exploration," *Journal of International Economics*, 2003, 59, pp. 47-76.

② B. Schmitz, J. V. Hagen, "Current Account Imbalances and Financial Integration in the Euro Area," *CEPR Discussion Paper*, No. 7262, 2009.

③ R. Chen, M. Milesi-Ferretti, T. Tressel, "External Imbalances in the Eurozone," *Economic Policy*, 2013, 28, pp. 101-142.

④ A. Razin, "Capital Movements, Intersectoral Resource Shifts and the Trade Balance," *European Economic Review*, 1984, 26, pp. 135-152.

⑤ A. Lemelin, V. Robichaud, B. Decaluwé, "Endogenous Current Account Balances in a World CGE Model with International Financial Assets," *Economic Modelling*, 2013, 32, pp. 146-160.

⑥ 西巴尔干经济体包括阿尔巴尼亚、波黑、黑山、北马其顿、塞尔维亚这5个国家和科索沃地区。本文中涉及的西巴尔干地区只包括阿尔巴尼亚、波黑、黑山、北马其顿、塞尔维亚。

⑦ B. Jovanović, "What Lies behind the Strong FDI Inflows in the Western Balkans?" in *The Vienna Institute for International Economic Studies (WIIW) Monthly Report No. 5*, "FDI in Central, East and Southeast Europe," May 2023.

资来源国，但是中国在该区域的影响力在提升。① 欧盟已经通过银行部门与西巴尔干国家建立联系，是这些国家主要的外资银行来源地。西巴尔干国家是欧盟预算支持的最大接受国，欧盟预算支持的方式包括向需要进行可持续发展改革的合作伙伴国家的公共机构和私营企业进行直接财政转移。中国在西巴尔干地区投资绿地项目的价值在提高，可在共建"一带一路"倡议框架下为该地区的投资项目提供债务融资。

近30年来，中东欧国家成为吸引外资的主要欧洲国家，最重要的原因是政治议题和欧盟议程。例如，中东欧国家从1991—1993年开始向外资开放和大规模私有化，从1991—1996年陆续与欧盟签订《欧洲协定》，启动了加入欧盟的程序。由此，中东欧国家逐步消除与欧盟的贸易壁垒，引入贸易便利化措施，改革关税制度，改善营商环境以吸引外国投资者。使用1993—2005年的NACE 2②层面的外国直接投资流量数据和投入产出表，考虑各种产业间联系和产业内联系的程度，可以发现，如果中东欧国家的外商数量增加10%或进入欧盟15国中间品市场的程度增加10%，那么中欧国家吸引的外国直接投资将增加2%，东欧国家吸引的外国直接投资将增加1%。③ 中欧国家（中心国家）相对于外资来源国，从事上游产业和再出口产品的专业化生产，而东欧国家（外围国家）参与这个产业链的程度不如中欧国家。④

过去几十年，世界经济见证了发达经济体和发展中经济体融合路径的显著变化。第二次世界大战后到20世纪70年代的石油危机期间，主要采用关税减让实现国家间经济融合。此后，非关税壁垒成为关注重点。近些年来，规则是影响融合的最主要因素。⑤ 欧洲一体化的关键目标是欧盟成员国之间的制度趋同和人均收入趋同。采用双重差分法，在部门层面和区域层面，研究深度一体

---

① O. Pindyuk, "Financial Linkages of Eastern Europe with the EU and Other Global Players," WIIW, June 20th, 2023, https：//wiiw. ac. at/financial-linkages-of-eastern-europe-with-the-eu-and-other-global-players-n-599. html.

② NACE 2 是一种行业分类标准。

③ 这里的中欧国家指波兰、捷克、斯洛伐克、斯洛文尼亚、匈牙利；东欧国家指爱沙尼亚、拉脱维亚、立陶宛、克罗地亚、罗马尼亚、保加利亚。欧盟15国指欧盟2004年5月1日扩大之前的15个成员国。

④ J. Lefilleur, M. Maurel, "Inter- and Intra-Industry Linkages as a Determinant of FDI in Central and Eastern Europe," *Economic Systems*, 2010, 34, pp. 309-330.

⑤ R. Z. Lawrence, *Regionalism, Multilateralism, and Deeper Integration* (Brookings Institution Press, 1996).

化的影响，可以发现制度融合的收益高于经济融合。1995年欧盟扩大时，除挪威之外的所有候选国都加入了欧洲经济区（EEA），如果挪威当时加入欧洲经济区，那么挪威的全员劳动生产率可增长0.6%。因为异质性，越外围的国家和部门融入欧洲一体化的成本越高。[1] 依据1997—2010年25个欧盟国家的35,105个外国直接投资项目的数据，分析欧盟第五次扩大时边际成本对外国直接投资选址的影响，可以发现更低的边际成本使得欧盟的中东欧成员国的外国直接投资增加一倍，其中60%的外资来自"老欧洲"（欧盟扩大前的成员国）。此外，经济自由度较高的中东欧国家吸引的外国直接投资是经济自由度较低的中东欧国家的3倍，而经济自由度较低的中东欧国家在入盟前其外国直接投资增长强劲，这与它们为了入盟而提高经济自由度相一致。[2]

欧盟是西巴尔干国家最重要的贸易伙伴和外资来源地，加入欧盟对西巴尔干国家仍然具有吸引力。因此，本文试图从国际投资规则的角度，研究西巴尔干地区的资本流入与区域经济一体化的关系。

二、西巴尔干国家的国际投资协定

双边投资协定（Bilateral Investment Treaty，BIT）是两国之间订立的用于保护国际投资的双边条约。西巴尔干国家与大部分欧盟成员国、土耳其、瑞士目前生效的双边投资协定（如表1所示）——而且它们与欧盟成员国签署双边投资协定的时间最早——表现出延续性和承继性。中国目前与阿尔巴尼亚、波黑、北马其顿、塞尔维亚有生效的双边投资协定，历史上在中东欧地区很有影响力的俄罗斯与阿尔巴尼亚、北马其顿和塞尔维亚也签署了双边投资协定。近年来在中东欧地区的影响力有所加强的美国，只与阿尔巴尼亚和塞尔维亚签署了双边投资协定。在西巴尔干地区内部，北马其顿和塞尔维亚与其他西巴尔干国家都签署了双边投资协定，黑山只与北马其顿和塞尔维亚有生效的双边投资协定。

---

[1] N. F. Campos, F. Coricelli, E. Franceschi, "Institutional Integration and Productivity Growth: Evidence from the 1995 Enlargement of the European Union," *European Economic Review*, 2022, vol. 142, Article 104014.

[2] J. Jones, I. Serwicka, C. Wren, "Economic Integration, Border Costs and FDI Location: Evidence from the Fifth European Union Enlargement," *International Review of Economics and Finance*, 2018, 54, pp. 193-205.

表 1 西巴尔干国家目前生效的双边投资协定概况

国家	协定数量	缔约对象及时间						
		最早缔约的现欧盟成员国	土耳其	瑞士	中国	英国	美国	俄罗斯	缔约的西巴尔干国家
阿尔巴尼亚	40	希腊、意大利、德国（1991）	1992	1992	1993	1994	1995	1995	波黑（2008）、北马其顿（1997）、塞尔维亚（2002）
波黑	36	克罗地亚（1996）	1998	2003	2002	2002	—	—	阿尔巴尼亚（2008）、北马其顿（2001）、塞尔维亚（2001）
黑山	24	法国（1974）	2012	2005	—	—	—	—	北马其顿（2010）、塞尔维亚（2009）
北马其顿	38	克罗地亚（1994）	1995	1996	1997	—	—	1997	阿尔巴尼亚（1997）、波黑（2001）、黑山（2010）、塞尔维亚（1996）
塞尔维亚	46	法国（1974）	2001	2005	1995	—	2002	1995	阿尔巴尼亚（2002）、波黑（2001）、北马其顿（1996）、黑山（2009）

数据来源：联合国贸易和发展会议（UNCTAD）。表中数据截至 2023 年 12 月。

在深度贸易协定（Deep Trade Agreement，DTA）增多的发展趋势下，西巴尔干国家也通过签署包含投资条款的协定（Treaties with Investment Provisions，TIP）促进国际资本流动。西巴尔干国家都是《中欧自由贸易协定》（Central European Free Trade Agreement，CEFTA）的缔约国，并且与欧洲自由贸易联盟（European Free Trade Association，EFTA）和土耳其签署了自由贸易协定（FTA），与欧盟签署了《稳定与联系协定》（如表 2 所示）。同时，除塞尔维亚之外的 4 个西巴尔干国家都是《能源宪章条约》的缔约国。作为西巴尔干地区最大的经济体，塞尔维亚在 2023 年与中国完成谈判并签署自由贸易协定，与埃及、韩国、乌克兰正在就自由贸易协定展开谈判。目前，自由贸易协定的条款内容存在从货物贸易和服务贸易向国际投资扩充的趋势，从而既能够填补缔约国之间没有双边投资协定的缺憾，又能够在保护外资的基础上提供投资自由化、便利化等功能。

表2 西巴尔干国家目前生效的包含投资条款的协定概况

国家	协定数量	协定名称	缔约对象	签订时间
阿尔巴尼亚	6	伊斯兰会议组织会员国之间投资促进、保护和担保协定	伊斯兰合作组织（OIC）	1981
		能源宪章条约	能源宪章条约成员	1994
		中欧自由贸易协定	中欧自由贸易协定成员	2006
		阿尔巴尼亚-土耳其自由贸易协定	土耳其	2006
		阿尔巴尼亚-欧盟稳定与联系协定	欧盟	2006
		阿尔巴尼亚-欧洲自由贸易联盟自由贸易协定	欧洲自由贸易联盟成员	2009
波黑	5	能源宪章条约	能源宪章条约成员	1994
		波黑-土耳其自由贸易协定	土耳其	2002
		中欧自由贸易协定	中欧自由贸易协定成员	2006
		波黑-欧盟稳定与联系协定	欧盟	2008
		波黑-欧洲自由贸易联盟自由贸易协定	欧洲自由贸易联盟成员	2013
黑山	5	能源宪章条约	能源宪章条约成员	1994
		中欧自由贸易协定	中欧自由贸易协定成员	2006
		黑山-欧盟稳定与联系协定	欧盟	2007
		黑山-土耳其自由贸易协定	土耳其	2006
		黑山-欧洲自由贸易联盟自由贸易协定	欧洲自由贸易联盟成员	2011

续表

国家	协定数量	协定名称	缔约对象	签订时间
北马其顿	6	能源宪章条约	能源宪章条约成员	1994
		北马其顿-土耳其自由贸易协定	土耳其	1999
		北马其顿-欧洲自由贸易联盟自由贸易协定	欧洲自由贸易联盟成员	2000
		北马其顿-欧盟稳定与联系协定	欧盟	2001
		中欧自由贸易协定	中欧自由贸易协定成员	2006
		北马其顿-英国伙伴、贸易与合作协定	英国	2020
塞尔维亚	5	中欧自由贸易协定	中欧自由贸易协定成员	2006
		塞尔维亚-欧盟稳定与联系协定	欧盟	2008
		塞尔维亚-土耳其自由贸易协定	土耳其	2009
		塞尔维亚-欧洲自由贸易联盟自由贸易协定	欧洲自由贸易联盟成员	2009
		塞尔维亚-中国自由贸易协定	中国	2023

数据来源：联合国贸易和发展会议。表中数据截至2023年12月。

除了双边投资协定和包含投资条款的协定，西巴尔干国家都签署了多边投资相关措施（Investment Related Instruments，IRI），如《多边投资担保机构公约》（MIGA）、《纽约公约》、《解决国家与他国国民间投资争端公约》（ICSID）、《联合国跨国公司行为准则》、《世界银行投资指南》、《国际劳工组织关于跨国企业的三方宣言》、《联合国商业与人权指导原则》、《永久主权联合国决议》、《国际经济新秩序联合国决议》、《联合国各国经济权利和义务宪章》。阿尔巴尼亚、黑山、北马其顿还签署了《与贸易有关的知识产权协定》（TRIPS）、《与贸易有关的投资措施协议》（TRIMS）、《服务贸易总协定》（GATS）。此外，阿尔巴尼亚加入了区域/诸边投资相关协定，如与伊斯兰投资信贷保险公司（ICIEC）签订了协定。签署多种形式的国际投资协定（IIA），为西巴尔干国家吸引外资创造了良好的营商环境。

三、近五年西巴尔干国家重要的国际投资优化措施

西巴尔干国家重视通过法治环境建设来吸引外资：波黑于1998年颁布《外商投资法》，黑山于2011年颁布《外商投资法》，塞尔维亚于2015年颁布《外商投资法》，阿尔巴尼亚于2016年颁布《战略投资法》，北马其顿于2020年颁布《战略投资法》。近五年，西巴尔干国家通过市场准入、投资促进、投资便利相关的措施持续优化外商投资环境。

2022年3月10日，阿尔巴尼亚议会通过第25号法令《关于初创企业的支持和发展》，为国内外初创企业的设立和发展建立了有利的监管和制度框架。这包括推出一站式创业服务、国家预算资金的财政赠款或支持措施，以及与第三方合作开发等形式的支持。为获得财政赠款或其他支持，初创项目应满足以下目标：（1）支持促进国家发展的重要领域的创新；（2）支持对环境产生积极影响的举措；（3）赋能年轻人、女孩和女企业家；（4）加强社会包容性、多样性和社会影响；（5）其他优先事项。[1]

2023年7月，波黑签署了2021—2027年度"波黑加入欧盟单一市场项目"协议。该项目由欧盟委员会内部市场总司牵头，旨在提高单一市场效率、支持中小企业加强竞争力、改善人与动植物健康、推广高水平的欧盟标准等。波黑外国投资促进署（FIPA）还发布了2024年的引资计划，将重点吸引金属加工、汽车零部件、食品生产、信息和通信、可再生能源、旅游、物流中心等领域的外国投资。外国投资促进署认为，波黑的劳动力成本、税率和电力价格比欧洲其他国家更低，有利于承接荷兰、英国、瑞士和德国等国家的产业转移。此外，波黑劳动力短缺日益严重，必须转型发展技术密集型产业。波黑塞族共和国的金属加工和汽车产业对德国、奥地利、意大利等欧盟国家具有吸引力。2023年5月，波黑塞族共和国政府通过了《关于修改对特别重要的直接投资奖励程序的法令》。鉴于物质资源投资对技术开发、教育发展、改善环境以及提高经济竞争力具有重要意义，对此类投资的奖励金额上限将从现有的15%提高至30%。

---

[1] "Albania—Provides Financial Support to National and Foreign Startups," UNCTAD, 10 Mar. 2022, https://investmentpolicy.unctad.org/investment-policy-monitor/measures/3948/albania-provides-financial-support-to-national-and-foreign-startups.

黑山国家层面对外国投资的鼓励政策主要有财政支持、税收减免、地区补贴。2021年12月30日,黑山政府修订了《关于选择获得黑山公民身份的人员的标准、方法和程序的决定》,以实施对黑山商业和经济利益特别重要的投资计划。该决定将投资计划特殊经济公民的申请期限延长至2022年12月31日。

北马其顿的《战略投资法》于2020年1月20日生效,该法引入了"战略投资"类别,给予其特殊待遇。这类投资项目要求在两个及以上的区（municipalities）投资至少1亿欧元;或者在城市的区、斯科普里市的区以及斯科普里全市投资至少5000万欧元;或在乡镇的区投资至少3000万欧元。此外,投资必须属于以下行业之一：能源、运输、电信、旅游、制造业、农业和食品、林业和水经济、医疗卫生、产业科技园区、废水和废物管理、体育、科学和教育。如果投资超过1.5亿欧元,也可以在任何其他领域获得"战略投资"地位。投资者的选择基于公开招标,一旦收到投标标书,政府和投资者之间就会开始谈判,以签订特殊投资项目合同。该法案还规定了给予投资者的特殊条件和优惠待遇。[1]

2018年12月8日,塞尔维亚国民议会修订了《投资法》。其中,最重要的变化是建立了提供国家援助的法律框架以及规范了塞尔维亚开发署（RAS）的运作。此外,为了明确"特别重要投资"的定义,《投资法》引入了投资创造的新就业岗位数量和投资资金数额等标准。该法律于2018年12月16日生效。

四、西巴尔干国家的贸易逆差

欧盟是西巴尔干地区最大的贸易伙伴。截至2022年,西巴尔干地区近70%的货物出口贸易额面向欧盟,近50%的货物进口贸易额源自欧盟（如表3所示）。虽然2022年西巴尔干国家的货物贸易总体呈现逆差,但是北马其顿对欧盟总体存在8.6亿美元的顺差（如表4所示）,其中北马其顿对德国存在28.4亿美元的顺差。相对于非欧盟国家,西巴尔干国家对欧盟成员国的货物贸易比较平衡。西巴尔干国家存在贸易逆差的对象国往往成为其重要的外资来源国。

---

[1] "North Macedonia—Regulations on Strategic Investments Adopted," UNCTAD, 20 Jan. 2020, https://investmentpolicy.unctad.org/investment-policy-monitor/measures/3475/north-macedonia-regulations-on-strategic-investments-adopted.

表3 西巴尔干国家的货物贸易构成（2022年）

国家	出口对象 欧盟国家	出口对象 非欧盟国家	进口对象 欧盟国家	进口对象 非欧盟国家
阿尔巴尼亚	73.4%	26.6%	51.6%	48.4%
波黑	73.6%	26.4%	56.9%	43.1%
黑山	30.3%	69.7%	44.3%	55.7%
北马其顿	78.3%	21.7%	46.8%	53.2%
塞尔维亚	66.0%	34.0%	51.9%	48.1%

数据来源：欧盟统计局（Eurostat）。

表4 西巴尔干国家贸易差额的主要对象（2022年）

单位：亿美元

国家	总贸易差额	对欧盟的贸易差额	前十位贸易逆差对象国及逆差额
阿尔巴尼亚	-41.0	-17.0	土耳其（-9.4）、希腊（-5.5）、中国（-3.4）、德国（-2.8）、斯洛文尼亚（-2.7）、瑞士（-2.0）、埃及（-2.0）、沙特（-1.2）、保加利亚（-1.1）、波兰（-1.0）
波黑	-57.0	-16.2	中国（-12.3）、意大利（-8.2）、土耳其（-7.3）、印度（-4.4）、美国（-4.2）、俄罗斯（-3.0）、波兰（-2.4）、匈牙利（-1.8）、巴西（-1.8）、德国（-1.7）
黑山	-29.9	-14.2	塞尔维亚（-4.9）、中国（-3.3）、希腊（-3.1）、德国（-2.6）、克罗地亚（-2.2）、意大利（-1.7）、土耳其（-1.6）、波黑（-0.9）、委内瑞拉（-0.8）、法国（-0.7）
北马其顿	-40.3	8.6	英国（-18.5）、希腊（-10.9）、中国（-9.4）、土耳其（-5.9）、俄罗斯（-3.9）、波兰（-2.5）、保加利亚（-2.1）、意大利（-1.9）、日本（-1.3）、罗马尼亚（-1.3）
塞尔维亚	-111.9	-33.3	中国（-39.5）、俄罗斯（-18.4）、土耳其（-16.5）、伊拉克（-12.0）、德国（-6.9）、匈牙利（-6.7）、意大利（-6.2）、比利时（-4.3）、荷兰（-3.3）、印度（2.9）

数据来源：国际贸易中心贸易地图数据库（ITC Trade Map）。

五、西巴尔干国家的资本流入

相近的地理位置、相似的文化、熟练的劳动力等因素构成了西巴尔干地区承接"近岸外包"的优势。西巴尔干地区的外部经济失衡表现为外资净流入，作为非债务融资的外国直接投资在西巴尔干各国的分布不平衡。波黑2022年的外国直接投资占国内生产总值的比重是2.2%，只比2021年提高了0.3%。波黑国内持续的政治摩擦和复杂的制度设置可能会对外国投资者的信心产生不利影响。北马其顿、黑山、塞尔维亚的外国直接投资在国内生产总值中的占比分别达到5.2%、13.5%、7.1%，这些外资主要流入制造业部门。这可能反映了全球价值链转向"近岸外包"的趋势以及从乌克兰和俄罗斯转移到西巴尔干地区的投资的增多。[①] 世界银行预计，2023—2025年西巴尔干国家的外国直接投资在其国内生产总值中的占比基本稳定在5.8%。其中，阿尔巴尼亚、波黑、塞尔维亚2023—2025年的外国直接投资在其国内生产总值中的占比分别稳定在6.8%、2.9%、5.6%，而黑山（7.5%—8.8%）、北马其顿（5.2%—6.2%）的波动幅度较大。

此外，全球价值链重构为西巴尔干地区吸引外资及更好地融入欧洲区域价值链提供了机遇，可能会加速这些国家加入欧盟的进程。外国直接投资净流入可以部分抵补经常项目赤字导致的外部经济失衡。世界银行的研究使用一般均衡模型量化了西巴尔干地区经济一体化带来的经济和社会效益，并评估了贸易便利化改革、加入欧盟和新的基础设施的影响。[②] 该地区的经济一体化对于全面融入欧盟至关重要。2021年，欧盟在阿尔巴尼亚、波黑、黑山、北马其顿、塞尔维亚的直接投资分别达到6.11亿欧元、2.3亿欧元、1.69亿欧元、2.89亿欧元、18.5亿欧元。截至2021年，西巴尔干地区的外国直接投资存量中有61%来自欧盟国家。

根据联合国贸发会议的《2023年世界投资报告》，2022年，阿尔巴尼亚吸收外资流量14.34亿美元。截至2022年底，阿尔巴尼亚的外资存量为113.97亿

[①] World Bank, "Western Balkans Regular Economic Report No. 23: Testing Resilience," Washington, D. C., Spring, 2023.

[②] M. Gómez, D. Taglioni, R. Zárate, "The Economic Effect of Market Integration Policies in the Western Balkans," *World Bank Policy Research Working Paper 10491*, 2023.

美元。据阿尔巴尼亚银行的数据,截至 2021 年第四季度,阿尔巴尼亚的外资存量为 112.79 亿美元（约合 95.38 亿欧元）,同比增长 12.5%。其中,前五位的投资来源国为瑞士（20.8 亿美元）、荷兰（18.4 亿美元）、加拿大（14.2 亿美元）、意大利（12 亿美元）、土耳其（8.5 亿美元）。[①]

2022 年,波黑吸收外资流量 6.61 亿美元。截至 2022 年底,波黑的外资存量为 93.23 亿美元。根据波黑中央银行的数据,2021 年波黑吸收外资流量 9.71 亿马克,比 2020 年增加 2.5 亿马克。其中,外资主要来源于瑞士（2.11 亿马克）、土耳其（1.47 亿马克）、英国（1.26 亿马克）；吸引外资最多的领域是零售贸易（1.73 亿马克）、金属成品生产（1.14 亿马克）和基本金属生产（1.03 亿马克）。截至 2021 年底,波黑的外资存量为 162.8 亿马克。其中,外资最大来源国依次为奥地利（占总存量的 17.7%）、克罗地亚（16.7%）、塞尔维亚（13.8%）；外资存量最高的领域分别为金融、电信、批发贸易。波黑外国投资促进署表示,新冠疫情暴发前,外国投资对波黑房地产市场的热情较高,尤其是来自阿拉伯国家的投资,该行业目前仍然具有吸引力；斯堪的纳维亚国家和中国的投资则更加关注波黑的可再生能源领域。

2022 年,黑山吸收外资流量 8.77 亿美元。截至 2022 年底,黑山的外资存量为 56.81 亿美元。据黑山央行统计,2021 年黑山吸收外国直接投资 8.98 亿欧元,对外直接投资 3.46 亿欧元,主要外资来源国为俄罗斯、意大利、瑞士、塞尔维亚、马耳他。

2022 年,北马其顿吸收外资流量 7.94 亿美元。截至 2022 年底,北马其顿的外资存量为 74.79 亿美元。根据北马其顿国民银行的统计数据,2021 年北马其顿吸收外国直接投资 6.06 亿美元,前五位的外资来源国为德国、土耳其、奥地利、保加利亚、希腊。截至 2021 年底,北马其顿前五位的外资来源国为奥地利、英国、希腊、荷兰、斯洛文尼亚,合计占其外资存量的 51.9%。

2022 年,塞尔维亚吸收外资流量 46.46 亿美元。截至 2022 年底,塞尔维亚的外资存量为 535.23 亿美元。根据塞尔维亚开发署的数据,2007 年至 2023 年 6 月,塞尔维亚吸收外资达 420 亿欧元,是中东欧地区的首选投资目的地之一。其中,德国（占比 12.8%）、意大利（11.6%）、美国（11.4%）、俄罗斯（11.1%）、中国（10.7%）、法国（8.6%）、奥地利（7.6%）是塞尔维亚最主要的外资来源国。按照项目数量,外资在塞尔维亚投资的主要行业包括汽车制

[①] UNCTAD, "World Investment Report 2023: Investing in Sustainable Energy for All," Geneva, UN, 2023.

造业（25.5%）、农业食品和饮料（14.1%）、纺织服装（10.9%）、电气电子（8.5%）、木材和家具（6.1%）、机电设备（5.6%）、冶金与金属加工（4.4%）。塞尔维亚吸引了上述行业的众多著名跨国公司。塞尔维亚有成为欧盟正式成员国的雄心，其能源发展愿景与欧盟一致，即到 2050 年弃用煤炭。未来 10 年，塞尔维亚能源领域需要投资约 150 亿欧元。塞尔维亚政府通过的 2028 年前能源基础设施发展计划及 2030 年预测和提高能源效率的举措，为能源发展和投资规划了路线图。[1] 根据塞尔维亚国民银行的统计，2021 年塞尔维亚吸收外资 36.3 亿欧元，其中 52.2% 来源于欧盟成员国。

在《西巴尔干经济与投资计划》（EIP）下，欧盟已经批准资助了西巴尔干地区的 40 个旗舰投资项目，价值 57 亿欧元。在此计划下，欧盟支持该地区在后疫情时代的社会经济复苏，帮助该地区缩小与欧盟的发展差距，融入欧洲单一市场。在"西巴尔干投资框架"（WBIF）下，欧盟批准了西巴尔干地区的 54 个旗舰投资项目。2009 年，欧盟委员会与欧洲委员会开发银行（CEB）、欧洲复兴开发银行（EBRD）、欧洲投资银行（EIB）等国际金融机构共同发起成立"西巴尔干投资框架"，世界银行集团（WBG）、德国复兴信贷银行（KfW）和 20 个双边援助机构相继加入该框架。"西巴尔干投资框架"是一个专门面向西巴尔干地区的区域性混合融资平台，旨在通过对能源、环境、社会、交通、私营部门发展和数字基础设施等领域的战略性投资提供融资与技术支持，促进重点基础设施投资的筹备与实施，从而帮助西巴尔干地区加快入盟进程，加强区域合作与互联互通，实现经济社会可持续发展。

六、小结

地缘政治紧张局势加剧、全球贸易疲软和全球经贸格局重塑，对西巴尔干地区产生了深远影响。由于乌克兰危机爆发，欧盟东扩的势头有所增强。在全球价值链转向"近岸外包"和"友岸外包"的趋势下，西巴尔干国家有望进一步吸引欧盟资本流入，融入欧洲区域价值链。西巴尔干国家在 2022 年初经

---

[1] "Serbia: Plan for the Development of Energy Infrastructure and Energy Efficiency Defines Energy Goals up to 2028," Serbia Energy News, June 27, 2023, https://serbia-energy.eu/serbia-plan-for-the-development-of-energy-infrastructure-and-energy-efficiency-defines-energy-goals-up-to-2028/.

济增长强劲，在年底前有所放缓，但电力和供暖中断等重大冲击的影响不如预期严重。该地区的经济表现与欧盟同步，例如：能源和食品价格上涨影响了消费和投资，以及极端干旱天气影响了农业和能源生产。在各种国际投资协定营造的优良投资环境下，西巴尔干国家通过吸引欧盟资本流入，平衡对欧盟的经常项目赤字，促进了国际收支平衡，密切了自身与欧盟的经贸关系，促进了融入欧洲经济一体化的进程。

西巴尔干路线与移民问题

蒋 璐

摘要：西巴尔干路线是移民前往欧洲地区的重要通道。本文总结了该路线从兴起到关闭，到再度复兴的过程，尤其关注2023年该路线上移民的增长情况。通过研究该路线上移民变化的规律，本文分析了移民增长的原因及其影响。作者认为，战争导致西巴尔干路线上移民的迅速增加，进而促使各国改变边境管理制度。西巴尔干路线上的移民问题与欧洲政治密切相关，它不仅影响欧盟与西巴尔干各国的外交关系，也给欧洲各国国内政治带来更多变数。

关键词：西巴尔干路线；欧盟；移民

作者简介：蒋璐，香港中文大学政治学博士，首都师范大学国别区域研究院助理研究员

一、西巴尔干路线的兴起和关闭

西巴尔干路线是移民前往欧洲的主要通道之一。2018年中期以来，从保加利亚、北马其顿和塞尔维亚出发，经阿尔巴尼亚、黑山、波黑的过境走廊，是西巴尔干地区最受欢迎的混合移民路线之一。西巴尔干地区的移民潮始于2015年，当时叙利亚战争引发难民潮，一条通往欧洲的人道主义走廊开放，以便利叙利亚人前往欧洲。此后，西巴尔干路线上的移民潮一直持续，其中包括寻求庇护的群体和难民。

（一）西巴尔干路线的兴起

早在2015年，西巴尔干路线就成为非正常移民从中东和北非地区到达欧洲的重要通道。主干线从土耳其出发至希腊，然后途经阿尔巴尼亚、北马其顿、塞尔维亚到匈牙利和奥地利。该路线在2015年难民危机期间建立了两条支线：第一条支线从土耳其到保加利亚，经塞尔维亚和匈牙利到中欧；第二条支线经波黑前往欧盟成员国克罗地亚，然后通往斯洛文尼亚、奥地利和匈牙利。

2015年，叙利亚难民危机爆发，大批难民涌入土耳其，随后进入希腊。他们中大多数人的目标是穿越巴尔干半岛，之后再向北进入欧盟国家，尤其是德国。当时德国默克尔政府奉行"门户开放"政策，使德国成为难民寻求庇护的主要目的地。

面对突如其来的大量流动人口，西巴尔干国家首当其冲，只能仓促应对。它们接收移民，提供住所和食物，为移民解决迫切需求。2015年7月，塞尔维亚开设了西巴尔干路线上的第一个移民接待中心，地址在靠近北马其顿边境的普雷舍沃，这里成为沿途移民的主要登记点。塞尔维亚境内的移民人数不仅在北马其顿边境沿线增加，而且在和匈牙利接壤的边境城市也有所增加，在这里，大量不受控制的移民从塞尔维亚过境进入匈牙利。2015年8月，塞尔维亚在边境城市坎吉扎开设了第二个接待中心。随着塞尔维亚过境移民人数持续增加，贝尔格莱德成为移民沿途的中心枢纽，他们可以在接待中心休息，还可以在这里获取沿途的各种信息。在这一阶段，每天约有1000名移民光顾市中心的公园。大多数移民都会继续前往匈牙利和西欧，塞尔维亚方面规定他们在此停留的时间仅限几天。

（二）西巴尔干路线的关闭

大量移民的到来，很快使相关国家感受到了压力。匈牙利当局于2015年9月在与塞尔维亚和克罗地亚的边境上竖立了双层围栏，并关闭了与塞尔维亚的边境，以阻挡不受控的难民。这直接导致移民路线发生变化，这条路线上的难民由此转向克罗地亚、斯洛文尼亚和奥地利。随着大批难民从塞尔维亚涌向克罗地亚，克罗地亚也不堪重负，关闭了塞尔维亚和克罗地亚的边境。此外，匈牙利-克罗地亚、斯洛文尼亚-克罗地亚、北马其顿-希腊边境都修建了更多的隔离墙。这些边境管控措施导致大量难民滞留在塞尔维亚和克罗地亚边境地区，生存状况艰难。

在此阶段，欧盟通过了一项紧急安置计划，旨在两年内将 16 万难民（主要是叙利亚人、厄立特里亚人和伊拉克人）从意大利和希腊转移到其他成员国。但是，由于"维谢格拉德国家"（捷克、匈牙利、波兰、斯洛伐克）拒绝了这一计划，到 2019 年只有 3.5 万人根据该计划被重新安置。

2015 年 10 月，在即将进入冬季，难民的生存问题难以保证的情况下，欧盟委员会举行部分欧洲国家领导人特别会议，各方就 17 点行动计划达成协议，旨在减轻巴尔干国家的难民压力。德国、奥地利、希腊、保加利亚、克罗地亚、斯洛文尼亚、匈牙利、罗马尼亚及非欧盟国家塞尔维亚、北马其顿、阿尔巴尼亚的领导人参加了会议。计划的内容包括：建立欧盟与巴尔干国家间的密切沟通和信息交流机制；要求各国不得在事先未通知他国的情况下把难民压力转移到他国；向难民提供更多的临时庇护场所，并提供食物、医疗等；与欧洲投资银行等国际金融机构合作，获取应对难民危机的资金支持；加强对不符合难民身份人员的遣返工作；打击人口走私；等等。计划提出向希腊和联合国难民署提供资金支持，使年底前希腊能接收的难民增至 3 万人，并通过联合国难民署租金补贴和寄宿家庭计划，在希腊紧急再安置至少 2 万人。此外，还提出与联合国难民署共同沿西巴尔干国家增加安置 5 万名难民。[①]

这意味着，西巴尔干移民路线面临的问题不能通过沿线国家的政策来解决，而只能通过欧盟与西巴尔干国家集体的、跨区域的合作来解决。

随着欧盟移民问题的压力加剧，公众和媒体对移民接纳政策的批评越来越多，迫使政府调整政策。2016 年 3 月，欧盟与土耳其达成协议，对庇护和遣返都作出新的调整，这大幅减少了穿越西巴尔干路线的移民数量。3 月 9 日，奥地利、斯洛文尼亚、克罗地亚、塞尔维亚和北马其顿也都限制了移民流，西巴尔干路线自此"关闭"。

西巴尔干路线关闭以后，非法过境人数明显减少。根据欧盟边境与海岸警卫局的统计，2016 年，在西巴尔干路线过境点发现的非法过境人数有 130,325 人；2017 年，非正常过境的人数为 12,179 人；2018 年，西巴尔干路线上发现的非正常移民人数比上一年减少了一半，共 5869 人。2018 年以后，移民迁徙路线开始转向阿尔巴尼亚、黑山和波黑。增长最显著的是波黑，2018 年该国登

---

① 《欧盟就难民问题达成 17 点行动计划》，新华网，2015 年 10 月 26 日，http://www.xinhuanet.com/world/2015-10/26/c_1116939631.htm，访问日期：2024 年 2 月 1 日。

记的移民数量有 23,848 人。这一数字比 2017 年高出 20 倍。①

二、西巴尔干路线的复兴

随着地缘政治局势的变化及多重冲突的爆发,西巴尔干路线再度成为移民前往欧洲的主要通道之一。该路线的复兴不仅带来了新的人道主义挑战,还使欧洲各国的移民政策再度面临考验。下文将对这一复兴过程进行分析,着重探讨近年来移民人数的急剧上升、战争对非法移民的影响及移民压力对各国政策的冲击。

(一)移民人数上升

根据欧盟统计,2015 年抵达欧盟国家的人数创历史新高后,选择西巴尔干路线的非正常移民的人数在几年内稳步下降。然而,自 2019 年以来,非正常移民人数又开始回升,并在 2022 年以后大幅增加。②

欧盟边境与海岸警卫局的数据显示,2022 年,进入欧盟国家的非正常移民人数急剧增加,当年约有 33 万名非正常移民进入欧盟国家,这是 2016 年以来的最高数字。其中,有 14.5 万人通过西巴尔干路线抵达,占总人数的近一半,这个数字比 2021 年增加了 135%。欧盟边境与海岸警卫局表示,西巴尔干路线仍然是欧盟"最活跃"的入境路线,仅 2022 年 10 月的入境人数就超过 22,300 人,几乎是前一年的 3 倍。③

2023 年,移民数量仍然呈上升趋势。根据欧盟边境与海岸警卫局的初步计算,由于经地中海地区的入境人数增加,2023 年欧盟外部边境的非正常过境人数总计约 38 万。这是 2016 年以来的最高水平,比 2022 年增长 17%,近三年来

---

① "Migratory Routes," Frontex, accessed 1 February 2024, https://www.frontex.europa.eu/what-we-do/monitoring-and-risk-analysis/migratory-routes/migratory-routes/.

② "Western Balkans Route," Council of the European Union, accessed 1 February 2024, https://www.consilium.europa.eu/en/policies/eu-migration-policy/western-balkans-route/.

③ "Risk Analysis for 2023/2024," Frontex, accessed 1 February 2024, https://www.frontex.europa.eu/assets/Publications/General/ARA_2023.pdf.

一直呈上升趋势。①

根据欧盟边境与海岸警卫局的统计，有5个不规则的过境点最为活跃。其中，中地中海是进入欧盟国家最活跃的迁徙路线，占其中的2个（人数占41%），其次是西巴尔干（人数占26%）和东地中海（人数占16%）。②

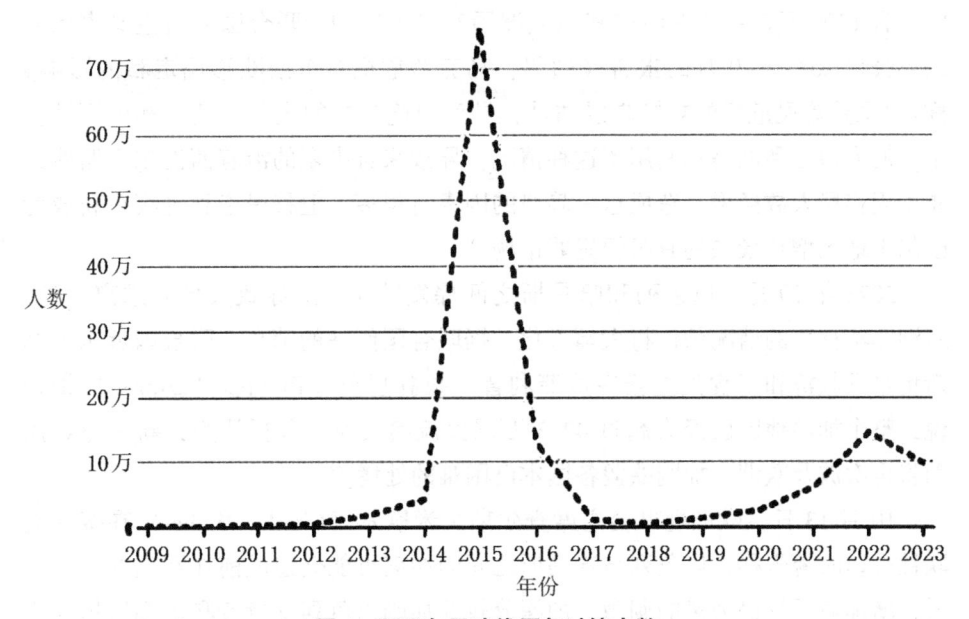

图1 西巴尔干路线历年过境人数

数据来源：欧盟边境与海岸警卫局网站统计，"Illegal Border Crossings on the Western Balkans Route," Council of the European Union, accessed 1 February 2024, https://www.consilium.europa.eu/en/infographics/western-balkans-migration-route/。

（二）战争导致非法移民数量增多

2022年乌克兰危机爆发，导致大量乌克兰难民前往欧洲国家。根据联合国难民署的统计，从2022年2月到2023年12月31日，共有5,953,500名乌克兰难民前往欧洲，其中包括获得难民身份、临时庇护身份、临时保护或通过类似国家保护计划获得身份的乌克兰难民，以及在当地以其他形式有居留记录的

---

① "Significant Rise in Irregular Border Crossings in 2023, Highest since 2016," Frontex, accessed 1 February 2024, https://www.frontex.europa.eu/media-centre/news/news-release/significant-rise-in-irregular-border-crossings-in-2023-highest-since-2016-C0gGpm.

② Ibid.

难民，而欧洲以外这一数字为 403,600 名。①

根据国际非政府组织"全球打击跨国有组织犯罪倡议"2023 年 9 月的一份报告，来自乌克兰的难民突然涌入是巴尔干路线上人口走私激增的间接原因。乌克兰危机引发了欧洲自第二次世界大战以来最严重的难民危机，到 2022 年底，有 1500 万乌克兰人前往其他欧洲国家寻求庇护。联合国人道主义事务协调办公室 2023 年 9 月的报告《边界：乌克兰危机对东南欧移民走私的影响》称："虽然难民危机的规模难以估计，导致边境当局的大部分精力和资源被占用，但人口走私网络却利用了这种情况，导致来自中东的沿着西巴尔干路线的非正规移民人数猛增。造成这一趋势的因素有很多，但移民走私确实重新成为巴尔干地区增长最快的有组织犯罪市场。"②

2023 年 10 月，以色列和哈马斯之间爆发冲突，这导致大批人逃离加沙，欧洲非法移民的情况预计将大幅恶化。据联合国网站的消息，联合国近东巴勒斯坦难民救济和工程处主任专员菲利普·拉扎里尼（Philippe Lazzarini）警告说，整个加沙地区已经有超过 42.3 万居民流离失所。分析认为，新一轮难民潮将再次波及欧洲，加剧欧盟各国本已困难的处境。③

10 月 13 日，欧洲理事会主席查尔斯·米歇尔（Charles Michel）在接受美联社采访时警告称，以色列与哈马斯之间的冲突可能会造成前往欧洲的难民激增，增加对反移民力量的刺激，加深分歧并加剧以色列支持者和巴勒斯坦人之间关系紧张的风险。④ 伴随巴以冲突升级，西巴尔干路线上的移民压力还将持续加大。

（三）移民压力导致各国政策改变

2023 年以来，越来越多的移民涌向西巴尔干路线，企图跨越边境线进入欧

---

① "Ukraine Refugee Situation," Operational Data Portal, accessed 1 February 2024, https://data.unhcr.org/en/situations/ukraine.

② "Borderline: Impact of the Ukraine War on Migrant Smuggling in South Eastern Europe," Global Initiative Against Transnational Organized Crime, accessed 1 February 2024, https://globalinitiative.net/analysis/ukraine-war-impact-migrant-smuggling-south-eastern-europe/.

③ 《欧盟难解非法移民和难民问题》，人民网，2023 年 10 月 26 日，http://world.people.com.cn/n1/2023/1026/c1002-40103860.html，访问日期：2024 年 2 月 1 日。

④ "The AP Interview: EU President Michel Warns about Spillover of Israel-Hamas War into Europe," AP News, 13 October 2023, accessed 1 February 2024, https://apnews.com/article/eu-michel-interview-israel-hamas-ukraine-efe2dedf681af9f6c1a676acd89cc951.

盟国家。由此，沿线各国纷纷收紧边境政策，寻求方法缓解压力。

2023年12月，欧盟轮值主席国西班牙和欧洲议会就五项关键法规的核心政治要素达成了协议，这些法规将彻底改革欧盟有关庇护和移民的法律框架。不过，该协议仍需获得代表27个成员国的欧洲理事会和欧洲议会的正式批准，然后才能进入欧盟法律。欧盟商定的五项法律问题主要包括：筛查非正规移民、处理庇护申请的程序、确定哪个成员国负责处理庇护申请的规则、成员国之间的合作与团结及如何处理危机情况等。欧盟理事会认为："新规则一旦通过，将使欧洲的庇护制度更加有效，并通过减轻大多数有移民抵达的成员国的负担来增强成员国之间的团结。"[1] 这项改革的目的在于分摊收容移民和难民的成本，并限制进入欧盟国家的移民人数。

尽管这项改革被欧洲议会主席罗伯塔·梅索拉（Roberta Metsola）认为具有"里程碑"式的意义，难民慈善机构和欧洲议会成员却对该协议提出了批评。由117个致力于保护寻求庇护者的非政府组织组成的欧洲难民和流亡者理事会在社交媒体上表示，这项协议标志着"欧洲黑暗的一天"。"国际特赦组织"称该协议"将导致寻求庇护者、难民和移民在旅途中的每一步所遭受的痛苦激增"，并指出，该协议以最近与阿尔巴尼亚、利比亚、突尼斯、土耳其达成的协议为基础，加强了欧盟对其境外国家管理移民的依赖。[2]

2023年4月，意大利政府宣布，由于抵达该国的移民数量激增，该国进入为期6个月的国家紧急状态。2023年11月，意大利与阿尔巴尼亚商定了一项合作协议，该协议决定在阿尔巴尼亚建设两个收容场所，用于暂时收留由海路进入意大利的非法移民。这两处收容所由意大利投资兴建，意大利负责运营和管辖，并在一定程度上享有司法豁免权，而阿尔巴尼亚将为其提供安保。这些移民在收容所停留期间，意大利将审查其庇护申请，如果庇护申请被拒绝，阿尔巴尼亚将对其进行驱逐。该做法引起意大利和阿尔巴尼亚国内反对派的批评。意大利中左翼反对派称，该协议是2024年6月欧洲议会选举前一次代价高

---

[1] "The Council and the European Parliament Reach Breakthrough in Reform of EU Asylum and Migration System," Council of the European Union, 20 December 2023, accessed 1 February 2024, https://www.consilium.europa.eu/en/press/press-releases/2023/12/20/the-council-and-the-european-parliament-reach-breakthrough-in-reform-of-eu-asylum-and-migration-system/.

[2] "EU Reaches 'Landmark' Agreement on Asylum Reform but Deal Still Faces Challenge of Ratification," CNN, 20 December 2023, accessed 1 February 2024, https://www.cnn.com/2023/12/20/world/eu-migrant-asylum-deal-intl/index.html.

昂的宣传活动，也是将阿尔巴尼亚变成意大利的"关塔那摩"的可耻举动。①阿尔巴尼亚反对派则向宪法法院提交了两份请愿书，认为该协议剥夺了寻求庇护者所受到的宪法和国际法的保护，但之后被法院驳回。②

  国际方面，欧盟委员会主席乌尔苏拉·冯德莱恩（Ursula von der Leyen）对该协议表示认可，认为这是一项重要举措，也是解决移民问题所需的"开箱即用"思维的成果。但人权组织对意大利正在"外包"其国际义务表示担忧，欧洲委员会人权专员杜尼亚·米贾托维奇（Dunja Mijatovic）表示，该协议可能剥夺移民的重要人权保障并延长他们的痛苦。她在一份报告中表示，这相当于"一个临时的域外庇护制度，其特点是法律上的许多模糊性"。③ 联合国难民事务高级专员公署驻意大利发言人基娅拉·卡尔多莱蒂（Chiara Cardoletti）表示，意大利和阿尔巴尼亚达成的协议必须建立在尊重人权和难民保护标准的基础上才具备法律效力，"非法移民和难民的转运不能变成转嫁责任的举动"。④

  2023年，申根区各国为了应对移民大量增多也采取了控制措施。10月，斯洛文尼亚政府对该国与克罗地亚和匈牙利的边境实施管制，以应对恐怖主义威胁和移民压力。关于斯洛文尼亚的统计数据显示，截至2023年10月15日，有48,076人在该国非法入境。该国政府认为，中东的恐怖主义分子可能混入在移民流中，非法进入斯洛文尼亚，这将给国家安全带来威胁。⑤

  10月，意大利开始对斯洛文尼亚实施边境管制。波兰、匈牙利、奥地利、捷克、斯洛伐克等国也纷纷出台措施，加强边界管控。克罗地亚和斯洛文尼亚还进行联合巡逻，打击非法移民。克罗地亚、意大利和斯洛文尼亚也扩大在保护亚得里亚海方面的合作，并将安全部门纳入其中，打击非法移民。⑥

  其他巴尔干国家也开始了打击非法移民的行动。塞尔维亚派出执法人员在

---

 ① "Italy's Lower Chamber of Parliament Approves Deal with Albania to House Migrants," NPR, accessed 1 February 2024, https：//www.npr.org/2024/01/25/1226790687/italys-lower-chamber-of-parliament-approves-deal-with-albania-to-house-migrants.

 ② "Europe Migrant Crisis: Albanian Court Greenlights Migration Deal with Italy," BBC, accessed 1 February 2024, https：//www.bbc.com/news/world-europe-68132537.

 ③ "Italy's Lower Chamber of Parliament Approves Deal with Albania to House Migrants".

 ④ 《欧洲多国收紧难民政策，影响或外溢》,《人民日报（海外版）》2023年11月23日, http：//paper.people.com.cn/rmrbhwb/images/2023-11/23/06/rmrbhwb2023112306.pdf, 访问日期：2024年2月1日。

 ⑤ "New Migration Crisis Takes Toll on Balkan Economies," Intellinews, accessed 1 February 2024, https：//www.intellinews.com/new-migration-crisis-takes-toll-on-balkan-economies-299192/.

 ⑥ Ibid.

匈牙利边境附近打击非法移民，甚至发生交火。克罗地亚和波黑接壤地区还发生了警方驱逐非法移民的事件。

三、西巴尔干路线移民问题与欧洲政治

西巴尔干路线上的移民问题一直是欧洲政治的焦点问题。如今，西巴尔干路线的复兴将使欧盟与西巴尔干各国的政治关系更加复杂。在乌克兰危机和巴以冲突的背景下，欧洲在移民问题上还将受到持续性的连带影响。

（一）移民问题是欧盟东扩的重要议题

长期以来，欧盟与西巴尔干国家合作管理移民问题，并将此作为西巴尔干国家加入欧盟的条件。欧盟希望通过西巴尔干各国控制移民的流量和走向。西巴尔干国家想成为欧盟成员国，需要进行一系列的制度改革，以符合欧盟标准，其中就包括边境管理、签证制度和打击非法移民。2022年通过的欧盟东扩新法案中提到，非正常移民仍然是一个关键挑战，需要持续合作和与所有合作伙伴的协调。欧盟理事会赞扬西巴尔干伙伴的建设性合作，并强调合作伙伴的重要性；欢迎为改善移民管理和协调采取积极措施，特别是批准通过关于外国人的法律；呼吁各国与欧盟签证政策保持一致，与欧盟签订欧盟边境与海岸警卫局地位协议，并确保庇护政策的实施。[①]

一方面，欧盟采取了多项措施解决西巴尔干路线上的移民问题。2022年12月5日，欧盟委员会提出了欧盟关于西巴尔干地区的行动计划，该计划确定了一系列加强与西巴尔干国家伙伴关系的操作措施。此外，"入盟前援助工具"（IPA）是欧盟通过财政和技术援助支持东扩地区改革的手段。其中，2021年的"入盟前援助工具（2021—2027）"（IPA Ⅲ）的援助基金将用于协助解决西巴尔干移民问题。2021—2022年，欧盟根据"入盟前援助工具（2021—2027）"支持该地区的相关移民行动，总价值为2.017亿欧元，主要用于加强西巴尔干各国管理该地区移民的能力和边境管理能力。[②]

---

① "Council Conclusions on Enlargement," Council of the European Union, accessed 1 February 2024, https：//data. consilium. europa. eu/doc/document/ST-16707-2023-INIT/en/pdf.

② Ibid.

另一方面，参与解决移民问题是西巴尔干国家从欧盟获取政治和经济利益的重要方式。虽然西巴尔干国家仅作为运营伙伴被纳入欧盟边境管理制度，没有正式的权力影响欧盟移民政策，但它们通过在移民问题上发声，塑造了参与管理"欧洲问题"的形象，还通过在移民问题上与欧盟博弈，获取欧盟的支持。例如，前文提到的阿尔巴尼亚希望加入欧盟，而意大利一直是其坚定支持者，这促使二者在设立临时收容所方面达成利益一致。

2023年10月，欧盟宣布，塞尔维亚、阿尔巴尼亚、波黑、黑山、北马其顿等将受益于新的价值60亿欧元的"西巴尔干增长计划"，在它们加入欧盟之前，该计划将帮助它们促进经济增长并加速社会经济融合。该增长计划旨在加快欧盟扩大进程和当地的经济增长，同时，西巴尔干各国必须实施关键的改革才能获得资金。各国将被邀请根据欧盟《扩大报告》和经济改革计划中现有的建议制定改革议程，这些议程将由欧盟委员会评估和通过。[①] 此外，移民相关的法律法规也是各国需要改革的重要议程。

（二）西巴尔干国家在移民问题上与欧盟展开博弈

尽管西巴尔干国家接受欧盟的资助，并在一定程度上配合欧盟的移民政策，但在移民问题上，各国并非全都听从欧盟安排，而是根据本国利益与欧盟展开博弈。

2023年，塞尔维亚对关于外国人的法律条款进行了修订。相关条款为外国人在塞尔维亚生活提供了便利，外国人在塞尔维亚居留、工作的条件有所放宽，程序也相对简化。塞尔维亚政府强调，该修正案旨在打造一个高效、高质量和改良的系统，客观上是遵从欧盟的标准和要求，打造开放的、高效的人才市场。通过该修正案，塞尔维亚在创建更具吸引力和竞争力的劳动力市场、促进吸引外国工人和投资方面迈出了重要一步。这些变化不仅会促进该国的经济增长和发展，而且表明塞尔维亚致力于融入欧盟、提高法律确定性和行政效率。

然而，这种看似积极融入欧盟的做法却引起了欧盟的担忧。塞尔维亚关于修改《公民身份法》的草案提议改革入籍政策，规定在塞尔维亚临时居留超过

[①] "New €6 Billion Growth Plan to Bring Western Balkans Closer to Joining the EU," European Commission, accessed 1 February 2024, https://commission.europa.eu/news/new-eu6-billion-growth-plan-bring-western-balkans-closer-joining-eu-2023-11-08_en.

1年的外国人均可申请入籍，而不是以前的8年，并且允许政府在一定条件下通过特殊程序授予外国人公民身份。欧盟委员会认为塞尔维亚步子迈得过大，指出由于塞尔维亚公民享受欧盟国家免签待遇，这种快速获得公民身份进而可以免签进入欧盟国家的制度，将给欧盟带来安全风险。欧盟认为，塞尔维亚当局应与欧洲机构协调，否则将有可能取消对塞尔维亚的免签政策。欧盟委员会在其声明中提到，"欧盟委员会密切关注事态发展，并定期向塞尔维亚当局询问俄罗斯公民在塞尔维亚的情况。欧盟委员会已要求塞尔维亚考虑其担忧"。经过欧盟的干预，塞尔维亚撤回了有关修改《公民身份法》的提案，只保留其他两项修正案。

有分析认为，塞尔维亚提出外国人法律修正案并不是单纯的人才政策改革，在乌克兰危机的背景下，这项政策有着更深层的国际政治意涵。塞尔维亚表面上是遵从欧盟规则、开放人才市场，实际效果是帮助本国获取了俄罗斯的人才和资本，并在客观上帮助俄罗斯规避了欧盟的制裁。欧盟对塞尔维亚的不满和干预成功，则展现了塞尔维亚与欧盟在移民问题上的博弈关系。

（三）移民问题影响欧盟和西巴尔干国家的国内政治

西巴尔干路线上的移民问题还深刻影响着欧盟各国和西巴尔干国家的国内政治。移民问题，特别是如何应对近年来欧洲出现的大量难民涌入的问题，已经成为欧洲政治的重要议题。受移民问题影响，欧洲各国右翼政治力量崛起。欧洲国家国内不断出现由于移民引发的治安问题、种族冲突问题，加深了社会撕裂和排外情绪。对西巴尔干国家来说，协助欧盟解决移民问题，能帮助本国维护边境稳定和社会安全，反对党也经常使用反欧盟、民族主义及相关话语来对抗政治对手。前文提到的阿尔巴尼亚反对党向法院提交请愿书就是一例。

总而言之，由于乌克兰危机和巴以冲突的影响，西巴尔干路线在2023年延续了复兴趋势，移民人数持续增加，相关国家边境压力持续增大。在这种情况下，欧盟各国和西巴尔干国家纷纷收紧边境管制，控制移民流量。欧盟和西巴尔干国家正在形成各种合作模式共同解决移民问题。西巴尔干移民问题对于欧洲各国的外交关系和国内政治都有较大的影响。

历史研究

罗马尼亚、保加利亚与第一次世界大战初期的多布罗加问题（1914—1915）[*]

[罗马尼亚] 乔治·丹尼尔·乌古雷努（George Daniel Ungureanu）撰，王艺儒 译

摘要： 保加利亚和罗马尼亚两国之间关于多布罗加边界的问题，在1878年的《圣斯特凡诺条约》和《柏林条约》之后正式出现，在《布加勒斯特条约》（1913年）中进一步恶化，并在此后几十年主导了两国的双边关系。本文聚焦于1914年8月至1915年9月，罗马尼亚和保加利亚在第一次世界大战中都持中立立场的时期。这一背景导致了各种关于罗马尼亚和保加利亚关系的提议、计划，并间接涉及多布罗加的命运。本研究包括三个层面：大国的立场、其与布加勒斯特和索非亚的关系，以及罗保两国之间的直接关系。从时间上看可以分为几个阶段，并以奥斯曼帝国参战（1914年11月1日）、保加利亚与协约国谈判陷入僵局（1915年3月）、意大利放弃中立（1915年5月23日）及关于保加利亚是否加入三国同盟最终谈判的正式开始（1915年7月）这几个事件为标志。在众多相关资料中，需要提及的是皮特什蒂的罗马尼亚军事档案馆档案，以及保加利亚历史学家格奥尔基·马尔科夫（Georgi Markov）、伊万·伊尔切夫（Ivan Ilčev）和泽科·波波夫（Žeko Popov）撰写的关于1913年至1919年这一时期

---

[*] 译自 George Daniel Ungureanu, "Romania, Bulgaria and the Dobrujan Issue in the First Year of the Great War (1914-1915)," in *8th International E-Conference on Studies in Humanities and Social Sciences: Conference Proceedings*, eds. T. V. Petkova and V. S. Chukov (Belgrade: Center for Open Access in Science, 2022), pp. 105-124。

的综合性著作。

关键词：多布罗加问题（多瑙河三角洲问题）；罗马尼亚；保加利亚；第一次世界大战

作者简介：乔治·丹尼尔·乌古雷努，罗马尼亚皮特什蒂大学神学、文学、历史与艺术学院讲师

译者简介：王艺儒，首都师范大学历史学院博士研究生

一

奥斯曼帝国在巴尔干地区统治的结束意味着东南欧的运动和民族国家间竞争的开始，它们都对这个衰落帝国的前属地有着利益诉求。随着奥斯曼帝国的衰落和解体，这一地区出现了许多领土问题，其中多布罗加问题（又称"多瑙河三角洲问题"）尤为突出，大致上主导了1877年至1878年俄国-罗马尼亚-土耳其战争结束后到第二次世界大战之间的罗马尼亚和保加利亚的关系。[①] 第一次世界大战的爆发将罗马尼亚和保加利亚对多布罗加（多瑙河三角洲）的领土争端置于一个全新、复杂而戏剧性的背景下。在战争爆发后一年多的时间里，罗马尼亚和保加利亚都处于中立状态，因此，在此期间关于罗马尼亚与保加利亚关系的发展，以及以更广泛的联合和安排解决多布罗加问题的计划、方案和设想不断涌现。

从战争爆发到保加利亚参战（1914年7月15日/28日[②]—1915年10月14日/27日）这段时间，发生了几个重要事件：

奥斯曼帝国参战（1914年11月1日[③]）；

马其顿起义（1915年3月），与加里波利战役的开始同时发生；

[①] 了解和认知当代保加利亚历史学家对这一问题的观点，可参考：Constantin Iordan, *Dobrogea (1878-1940) în Istoriografia Bulgară Post-Comunistă* [Dobruja (1878-1940) in Post-Communist Bulgarian Historiography] (Bucharest: Romanian Academy Publishing House, 2013)。

[②] 日期未作区分时指公历，区分时前者指俄历，余同。——译者注

[③] 应为1914年10月29日。1914年10月29日，奥斯曼帝国对俄国黑海沿岸发动军事袭击，是其实际参战日期。10月29日的袭击使奥斯曼帝国卷入战争，但直到11月1日，奥斯曼帝国才正式向协约国宣战。不同的文献可能基于不同的历史节点（黑海袭击、奥斯曼帝国发布宣战声明或协约国作出回应）来确定奥斯曼帝国的参战日期，如后文中又提到奥斯曼帝国于1914年10月16日/29日加入战争。——译者注

意大利参战（1915年5月10日/23日）；

保加利亚与同盟国之间秘密签署同盟条约（1915年8月24日/9月6日）。

根据1878年7月1日/13日签署的《柏林条约》，多布罗加的大部分地区（北部和中部）成为罗马尼亚的一部分，该领土面积为15,625平方千米，[1] 而南多布罗加则划归保加利亚，后者于1908年获得完全独立。欧洲最高法庭的裁决在两国引发了不满情绪，这种不满与其他因素相结合，对双边关系产生了负面影响，但斯特凡·斯塔姆布洛夫（Stefan Stambulov）政府执政时期（1887—1894年）除外。与此同时，奥斯曼帝国解体后，多布罗加的两部分在19世纪末和20世纪初发生了重要的经济、社会和民族人口变化。

因此，1878年之后，罗马尼亚领土范围内的多布罗加是一个贫困并被战争和瘟疫摧残的省份，人口稀少。到1880年，该地区总共只有约15万居民，其中31%是土耳其鞑靼人，27.5%是罗马尼亚人，20%是保加利亚人，但35年后，该省居民达到38.4万人，其中56.2%是罗马尼亚人，13.4%是保加利亚人，11%是土耳其鞑靼人。康斯坦察（Constanţa）已经成为罗马尼亚的主要港口，其通过通往切尔纳沃达的铁路与多瑙河左岸的领土相连，而这条铁路通过在工程师安赫尔·萨利尼（Anghel Saligny，1854-1925）指导下建造的著名桥梁继续延伸。此外，多布罗加是罗马尼亚王国四个省份中城市化程度最高的省份，也是唯一一个罗马尼亚族人在城市中的比例高于在乡村中的省份。与此同时，在最初由土耳其鞑靼人占绝大多数的多布罗加南部，保加利亚人的民族人口比例正在迅速增长，他们在经济和社会生活中的参与度甚至增长得更快一些。[2]

在巴尔干战争（1912—1913年）的背景下，罗马尼亚与保加利亚之间潜在的争端重新成为旧大陆政治和外交事件的焦点。当时，罗马尼亚以地缘政治和地缘战略为由，公开要求修改与保加利亚的陆地边界。经过一系列的推迟和失败，由蒂图·马约雷斯库（Titu Maiorescu，1840-1917）领导的罗马尼亚政府通过1913年7月28日/8月10日在罗马尼亚首都签订的条约，最终在第二次巴尔干战争后达成了这一目标。

---

[1] George Ungureanu, Cornel Popescu, "Modernizare şi Românizare în Dobrogea Pos-Otomană" (Modernization and Roumanianization in Post-Ottoman Dobruja), in the Volume Românii şi Europa (Secolele XIV - XX) [Romanians and Europe (14th-20th Centuries)], eds. Constantin Augustus Bărbulescu (Cluj-Napoca: Mega Publishing House, 2014), pp. 57-65.

[2] Ibid.

1913年夏天，罗马尼亚获得了一块面积为7700平方千米的领土，因为这块领土几乎是四边形，其被称为卡德里拉特（Cadrilater）或新多布罗加，以区别于1878年罗马尼亚获得的旧多布罗加或南多布罗加。根据1912年保加利亚的统计数据，这个地区的人口为282,207人，其中48.1%是土耳其鞑靼人，43.1%是保加利亚人（包括嘎嘎兹人，即讲保加利亚语、信仰东正教的土耳其人），4%是吉卜赛人，2.3%是罗马尼亚人。① 1919年，一份亲保加利亚的北美统计数据也显示了几乎相同的比例，这份数据被意大利学者阿尔贝托·巴夏尼引用。② 然而，该地区的经济和社会现实对保加利亚族人比人口统计数据要有利得多，这极大地阻碍了罗马尼亚当局将该地区纳入其国家体制的努力。1913年，失去南多布罗加在保加利亚人中引发的挫败感远远超过罗马尼亚人所感受到的满足感，这标志着保加利亚与罗马尼亚的领土争端开启了新的篇章。

在1913年和1914年之交，在罗马尼亚国王卡罗尔一世（Caro I，1839-1914）的授意下，保守派和亲德的蒂图·马约雷斯库政府被自由派政府所取代，其领导人是亲协约国的扬·I.C. 布勒蒂亚努（Ion I.C. Brătianu，1864-1927）。③

在保加利亚，瓦西里·拉多斯拉沃夫（Vasil Radoslavov，1854-1929）领导的亲奥地利自由派政府成立于1913年7月炎热的日子里，并在几个月后进行了改组。通过不完全正统且在巴尔干地区并不常见的方法，④ 该政府在1914年1月的选举中成功获得了议会的多数席位。⑤ 尽管倒向了同盟国，拉多斯拉沃夫还是派遣了三位著名人士，分别是德米特里·斯坦乔夫（Dmitry Stančov，1863-1940）、米哈伊尔·马扎罗夫（Mikhail Madžarov，1854-1944）和拉特科·迪米特里耶夫（Ratko Dimitriev，1859-1918）将军，他们作为外交代表前往巴

---

① Archives of the Romanian Ministry of Foreign Affairs, Craiova Treaty Fund, vol. I , p. 261; Simion Mehedinți, "Observations on Dobruja," *Convorbiri Literare*, Bucharest, LI (1919), pp. 78-79.

② Alberto Basciani, *Un Conflitto Balcanico: La Contesa fra Bulgaria e Romania in Dobrugia del Sud* (Conseza: Editura Periferia, 2001), pp. 43-44.

③ Dinu C. Giurescu (eds.), *Istoria României în Date* (History of Romania in Data) (Bucharest: Encyclopedic Publishing House, 2010), pp. 323-324.

④ 指瓦西里·拉多斯拉沃夫政府采取了一些不太传统、可能不符合常规政治手段的方法来确保在1914年1月选举中获得议会多数。这可能包括通过操控选票、施加政治压力、利用腐败或者其他不透明的手段来影响选举结果。这种做法可能在巴尔干地区并不罕见，但在更广泛的政治环境中被视为不正统或不正当。通常涉及权力游戏和政治操控。——译者注

⑤ Stevan K. Pavlowitch, *Istoria Balcanilor (1804-1945)* [History of Balkans (1804-1945)], trans. Andreea Doica (Iași: Polirom Publishing House, 2002), p. 201.

黎、伦敦和圣彼得堡。① 然而，这并未改变保加利亚在欧洲政治和外交舞台上的立场。沙皇尼古拉二世（1894—1917）告诉拉特科·迪米特里耶夫，保加利亚与大俄国（Great Russia）关系的改善取决于索非亚与贝尔格莱德之间关系的发展，而在与法国进行了艰难的谈判后，保加利亚急需的一笔贷款最终由德国提供。②

在《布加勒斯特条约》（1913年7月28日/8月10日）签订后，罗马尼亚在巴尔干地区推行平衡政策。1913年10月，塔克·约内斯库（Take Ionescu，1858-1922）成功化解了希腊和奥斯曼帝国之间的紧张局势，这种紧张局势有可能引发第三次巴尔干战争。③ 1914年初，布勒蒂亚努拒绝了塞尔维亚的尼古拉·帕希奇（Nikola Pašić，1845-1926）和希腊的埃莱夫塞里奥斯·韦尼泽洛斯（Eleutherios Venizelos，1864-1936）提出的建立针对保加利亚的地区联盟的建议。④ 罗马尼亚政府也未回应拉多斯拉沃夫政府发起的关于在同盟国支持下实现罗马尼亚与保加利亚关系和解的提议。⑤

在同样的地区背景下，1914年2月，罗马尼亚驻保加利亚大使格奥尔基·德鲁西（Gheorghe Derussi，1870-1931）会见了从1913年下半年开始担任保加利亚外交大臣的尼古拉·格纳迪耶夫（N. Genadiev，1868-1923）。⑥ 在与罗马尼亚外交官的会谈中，这位保加利亚政治家试图说服他，保加利亚已接受了失去南多布罗加的事实，因此希望赢得罗马尼亚的友谊。当被问及保加利亚加入三国同盟的可能性时，尼古拉·格纳迪耶夫给出了一个含糊的回答。⑦

然而，1914年夏天，罗马尼亚与保加利亚关系处于紧张阶段，主要表现为一系列的边境事件导致数人死亡和受伤，并伴随着媒体争吵。这些争吵是由俄国沙皇尼古拉二世对康斯坦察的访问引起的，因为他赞扬了罗马尼亚在巴尔干

---

① Ivan Ilčev, *Bǎlgarija i Antantata prez Pǎrvata Svetovna Vojna* (Bulgaria and the Entente during the First World War) (Sofia: State Publishing House for Science and Art, 1990), p. 36.

② Ibid., pp. 36-37.

③ C. Iordan, *Venizelos și Romānii* (Venizelos and Romanians), Second Edition (Bucharest: Omonia Publishing House, 2010), pp. 116-119.

④ I. Calafeteanu (eds.), *Istoria Politicii Externe Romānești în Date* (History of the Romanian Foreign Policy in Data) (Bucharest: Encyclopedic Publishing House, 2003), p. 210.

⑤ Ibid.

⑥ Tašo V. Tašev, *Ministrite na Bǎlgarija (1879-1999): Enciklopedičen Spravočnik* [The Ministers of Bulgaria (1879-1999): Encyclopedic Guidebook] (Sofia: Marin Drinov Publishing House of BAS & Saint George, the Bearer of Victory Publishing House of MOD, 1999), pp. 111-112, 570.

⑦ C. Iordan, *Dobrogea (1878-1940)*, p. 71.

战争中的表现，更重要的是他接受了驻扎在多布罗加南部巴扎尔吉克（现名多布里奇）的第五骑兵团授予的荣誉指挥官称号。①

自从这场即将演变为全球战争的冲突爆发以来，交战的两大阵营都试图拉拢罗马尼亚和保加利亚。然而，两大军事阵营在与这两个多瑙河-黑海国家的关系上采取了不同的方式。

在协约国的列强中，沙俄对罗马尼亚持更为保留的态度，并主张在民族、语言、宗教和地缘政治方面拉拢南部斯拉夫人、塞尔维亚人和保加利亚人（"日耳曼主义的危险"）。1914年8月5日，俄国外交大臣谢尔盖·德米特里耶维奇·萨佐诺夫（Sergei Dmitrievich Sazonov，1860-1927）向尼古拉·帕希奇提议与保加利亚结盟，并根据1912年的双边协议，将瓦尔达尔马其顿的一部分（位于奥赫里德—维莱斯—克里瓦帕兰卡线以东的地区）割让给保加利亚。根据萨佐诺夫的观点，如果协约国获胜，对盟国保加利亚作出的让步会更大，包括将整个瓦尔达尔马其顿划给保加利亚，而塞尔维亚将从奥匈帝国的领土中分得一部分以作为补偿。如果保加利亚只是对塞尔维亚和协约国保持善意中立，那么其获得的领土将仅限于斯蒂普-拉多维什特-科查尼地区。在圣彼得堡（彼得格勒）的建议下，塞尔维亚首相给出了一份冗长而模糊的回答，暗示了对东色雷斯（奥斯曼帝国）和多布罗加地区的权利主张。②

事实上，正如巴尔干学家斯蒂凡·K. 帕夫洛维奇（Stevan K. Pavlowitch）在1914年夏天所指出的，"保加利亚民众的亲俄情绪并没有完全消失"，③ 这一事实为俄国外交官和政治家所知，他们因此作出了声明并发起了一些倡议。例如，亚美尼亚④亲王阿巴马莱克·拉扎雷夫（Abamalek Lazarëv，1857-1916），一位著名的俄国考古学家、地质学家和人类学家，他在战争爆发后不久在圣彼得堡出版了名为《光荣而持久和平的条件》的小册子。根据拉扎雷夫亲王的观点，认可罗马尼亚在特兰西瓦尼亚的愿望必须与将南多布罗加归还给保加利亚

---

① Romanian Military Archives-Pitesti（hereinafter, R. M. A. -P. will be cited）, General Military Staff（hereinafter, G. M. S. will be cited）-Section 2 Information, file no. crt. 277/1914, passim.

② Georgi Markov, *Goljamata Vojna i Bǎlgarskijat Ključ za Evropeskijat Pogreb（1914-1916）*[The Great War and the Bulgarian Key of the European Treasure（1914-1916）]（Sofia：Marin Drinov Publishing House of BAS, 1995）, p. 52.

③ St. K. Pavlowitch, *Istoria Balcanilor（1804-1945）*, p. 201.

④ 亚美尼亚16世纪被土耳其和伊朗瓜分。1828年两次俄伊战争以伊朗失败告终，原伊朗占领的东亚美尼亚并入俄国。——译者注

联系起来，这对于保持团结和良好的罗保邻里关系至关重要。① 至于瓦尔达尔马其顿地区，拉扎雷夫亲王持较为不确定的态度，并建议在奥赫里德和莫纳斯蒂尔地区对保加利亚作出一些让步。② 俄国民族主义议员帕维尔·K. 克鲁彭斯基（Pavel N. Krupenski）提出了一个领土交换的想法：罗马尼亚将1913年获得的南多布罗加归还给保加利亚，作为交换，俄国将南比萨拉比亚（该词原意为比萨拉比亚）归还给罗马尼亚，条件是罗马尼亚承认俄国在海峡地区的主导地位。③

1914年9月18日/10月1日，在俄国首都签署了《萨佐诺夫-迪亚曼迪协议》，通过该协议，俄国承认罗马尼亚有权占据由奥匈帝国统治下的罗马尼亚族人居住的领土（该条款相当模糊）。④

法国外交部长泰奥菲勒·德尔卡塞（Théophile Delcassé，1852-1923）甚至在奥斯曼帝国加入战争之前，就认为应该向保加利亚承诺其将获得东色雷斯至埃诺斯—米迪亚线的地区，并向希腊承诺其将获得不包括瓦隆（发罗拉）的北伊庇鲁斯地区。⑤ 英国希望拉拢保加利亚加入协约国，同时保持希腊的领土完整，而俄国则要求希腊为保加利亚加入协约国作出一些牺牲。⑥ 希腊首相埃莱夫塞里奥斯·韦尼泽洛斯（Eleftherios Venizelos）没有回应割让或承诺给予保加利亚一些领土的建议，他"宁愿要手里的麻雀，也不愿意要空中的鸽子"。⑦

在另一边的对立阵营中，德国外交官建议保加利亚领导人向罗马尼亚证明其和平意图。⑧ 1914年7月26日/8月8日，在巴尔普拉茨（Ballplatz），确定了奥匈帝国和保加利亚之间的同盟条约草案，该草案规定保加利亚最终放弃多布

---

① 该小册子的副本可以在罗马尼亚军事情报局（R. M. A. -P.）、总军事司令部（G. M. S.）的武官办公室（1896—1941）找到，file no. crt. 40/1914，pp. 3-20（第20页上有一张欧洲民族地图，其中摩尔多瓦人几乎完全缺失，甚至没有提到"摩尔多瓦人"）。

② R. M. A. -P., G. M. S. -Office of Military Attachés (1896-1941), no. crt. 4, p. 16.

③ Hadrian G. Gorun, *Relatiile Politico-Diplomatice şi Militare ale României cu Franţa în Primul Război Mondial* (Romania's Political-Diplomatic and Military Relations with France in the First World War) (Cluj-Napoca: Argonaut Publishing House, 2009), p. 47.

④ I. Calafeteanu (eds.), *Istoria Politicii Externe Româneşti în Date*, p. 212.

⑤ I. Ilčev, *Bǎlgarija i Antantata prez Pǎrvata Svetovna Vojna*, p. 76.

⑥ Ibid., p. 79.

⑦ L. S. Stavrianos, *The Balkans since 1453*, New York-Chicago-San Francisco-Toronto-London (Holt, Rinehart & Winston, 1963), p. 561.

⑧ G. Markov, *Goljamata Vojna i Bǎlgarskijat Ključ za Evropenskijat Pogreb (1914-1916)*, p. 53.

罗加，以此作为与罗马尼亚关系缓和的前提条件。① 然而，几天后，奥匈帝国的立场发生了一定的变化：它向索非亚政府发送了一份同盟条约草案，提出如果罗马尼亚留在同一联盟中，将维持多布罗加的边界；如果罗马尼亚与协约国（俄国）结盟，保加利亚可以要求罗马尼亚归还南多布罗加。②

奥斯曼帝国于1914年10月16日/29日加入战争，随后协约国于1914年10月29日/11月11日向保加利亚发出一份集体照会；由于法、英、俄三国的利益存在差异和分歧，该照会内容模糊，③ 保加利亚政府于1914年11月11日拒绝了这份不令其满意的照会。④

二

在第一次世界大战的头三个月里，罗马尼亚和保加利亚之间的关系以及罗、保、奥匈三国与其他巴尔干国家之间的关系是如何演变的呢？

1914年7月16日/29日，当奥匈帝国的军舰炮轰贝尔格莱德时，罗马尼亚国王卡罗尔一世与温和的亲德派保守党领导人亚历山德鲁·马尔吉洛曼（Alexandru Marghiloman, 1854–1925）进行了会面。在讨论中，国王指出公众舆论和军队是反奥匈帝国的，但认为对奥匈帝国的战争对罗马尼亚来说是不光彩的，并对保加利亚亲俄派发动政变的可能性表示担忧，而这将使多布罗加面临两个斯拉夫国家的联合攻击。⑤

在这次会面的前一天，罗马尼亚首相布勒蒂亚努与保加利亚驻罗马尼亚大使西蒙·拉德夫（Simeon Radev, 1879–1967）进行了秘密会晤。根据保加利亚外交官的说法，罗马尼亚首相提出在保加利亚进攻塞尔维亚时罗马尼亚会保持善意中立，并要求这一提议不要通过电报发送而是口头传达，这就意味着拉德夫要回到索非亚去传信。作为条件，布勒蒂亚努要求保加利亚不要提及南多

---

① G. Markov, *Goljamata Vojna i Bǎlgarskijat Ključ za Evropenskijat Pogreb* (1914–1916), p. 58.

② Žeko Popov, *Dobrudža (1913–1918): Okupirana, Osvobadena, Otneta* [Dobruja (1913–1918): Occupied, Liberated, Stolen] (Velbuzhd, 2008), p. 103.

③ I. Ilčev, *Bǎlgarija i Antantata prez Pǎrvata Svetovna Vojna*, p. 101.

④ Vasil Radoslavov, *Bǎlgarija v Svetovna Kriza* (Bulgaria within World Crisis), Introduction by Milen Kumanov (Sofia: Bulgarian Academy for Science Publishing House, 1993), p. 188.

⑤ Al. Marghiloman, *Note Politice* (Political Notes), vol. I (Bucharest: Scripta Publishing House, 1993), p. 158.

布罗加问题。拉德夫从索非亚回来后,作出了积极但有条件的回应,即保加利亚要求罗马尼亚在保加利亚军队动员之日正式公开宣布保持中立。①

当时,瓦西里·拉多斯拉沃夫打算与罗马尼亚政府进行谈判,以达成友好互助条约并促进军备工作。②此外,在大战的最初几天,保加利亚首相对土耳其军队在东色雷斯和罗马尼亚军队在多布罗加的行动感到不满。③

在锡纳亚(Sinaia)的王室会议上(1914年7月21日/8月3日),参会者们听到了一系列关于保加利亚和索非亚政府意图的言论,其中最明确的说法来自扬·拉霍瓦里(Ion Lahovary):"我不会为了让奥地利建立一个'大保加利亚'而去杀害罗马尼亚人,这会损害'小塞尔维亚'④的利益!"⑤

次日,亲德的罗马尼亚保守党领袖亚历山德鲁·马尔吉洛曼与西蒙·拉德夫会面,拉德夫向他谈及了与布勒蒂亚努的讨论。拉德夫表示,他的主要目标是马其顿,并将追求对奥匈帝国的忠诚和对罗马尼亚的友好政策。拉德夫还否认了关于俄国军队即将发动政变的传闻,这些传闻是在拉特科·迪米特里耶夫从彼得格勒归来后出现的。同时,他对布勒蒂亚努的真实意图表示怀疑,称"我能够完成我的使命吗?……我不想扮演卡林科夫⑥先生的角色"。⑦

根据亚历山德鲁·马尔吉洛曼的回忆录,我们还能了解到两位亲协约国的保守派领袖扬·C. 格拉迪什特亚努(Ion C. Grădișteanu, 1861-1932)和 N. 菲利佩斯库(N. Filipescu, 1832-1916)对保加利亚的看法。在1914年8月20日/9月2日的会议上,格拉迪什特亚努表示保加利亚对塞尔维亚的进攻将成为罗马尼亚参战的导火索。N. 菲利佩斯库认为保加利亚的领土扩张是不可避免

---

① Žeko Popov, Kosjo Penčikov, Petăr Todorov (eds.), *Izvori za Istorijata na Dobrudža* (1878-1919) [Sources for the History of Dobruja (1878-1919)], Tom I, vtora čast (second part) (1913-1919) (Sofia: Bulgarian Academy for Sciences Publishing House, 1992), p. 268, doc. 25; 也可参见: G. Markov, *Goljamata Vojna i Bălgarskijat Ključ za Evropenskijat Pogreb* (1914-1916), p. 60。

② Ž. Popov, *Dobrudža* (1913-1918), p. 202.

③ G. Markov, *Goljamata Vojna i Bălgarskijat Ključ za Evropenskijat Pogreb* (1914-1916), p. 52; 也可参见: Tiberiu Velter, *Marea Britanie și Balcanii: Pagini de Diplomație, 1914-1915* (Great Britain and the Balkans: Diplomacy Pages, 1914-1915) (Cluj-Napoca: Cluj University Press, 2004), p. 19。

④ "小塞尔维亚"是一个历史和政治术语,主要指塞尔维亚民族主义者在19世纪末和20世纪初提出的一个概念,其中心思想是建立一个以塞尔维亚民族为核心的小型国家,统一所有塞尔维亚人,摆脱奥斯曼帝国和奥匈帝国的统治。——译者注

⑤ Ion Mamina, *Consilii de Coroană* (Crown Councils) (Bucharest: Encyclopedic Publishing House, 1997), p. 36.

⑥ 在巴尔干战争期间,卡林科夫是保加利亚驻罗马尼亚大使。——译者注

⑦ Al. Marghiloman, *Note Politice*, pp. 162-163.

的，在德国获胜时可以孤立并削弱塞尔维亚，在协约国获胜的情况下也可能实现这一目标，但在这种情况下需要奥匈帝国对塞尔维亚进行补偿，来换取保加利亚所获得的领土（以波斯尼亚和黑塞哥维那换取瓦尔达尔马其顿）。① 三周后，N. 菲利佩斯库确信保加利亚在与奥匈帝国交战时不会对罗马尼亚发动进攻，并且在9月17日至30日的保守党指导委员会会议上，他表示有可能将保加利亚拉入协约国阵营。因此，罗马尼亚有必要在协约国的支持下与南部邻国保加利亚建立双边联盟，甚至包括让保加利亚的一个师参与战争。②

在伊斯坦布尔，奥斯曼领导人期望奥斯曼帝国、保加利亚和罗马尼亚在同盟国的支持下进行合作。在这方面，奥斯曼帝国加入同盟国的主要推动者恩维尔·帕夏（Enver Pasha, 1881-1922）与保加利亚首相瓦西里·拉多斯拉沃夫进行了交流，然而后者在1914年7月21日/8月3日对罗马尼亚采取的中立方式表示了一定的怀疑。③ 1914年8月6日/19日，保加利亚与奥斯曼帝国在索非亚秘密签署了同盟与友好条约。该官方文件的第五条规定："保加利亚声明，本条约涉及与土耳其合作发动攻势的条款，只有在保加利亚通过保加利亚-土耳其-罗马尼亚三方协议或基于中立的罗马尼亚-保加利亚特别协议获得足够保证之后，才能生效。"④ 与此同时，由保加利亚社会主义革命家克里斯蒂安·拉科夫斯基（Christian Rakovski）的堂兄克拉斯特乔·斯坦切夫（Krastjo Stančev）领导的敌视俄国的报纸《坎巴纳》（The Bell），⑤ 呼吁罗马尼亚和保加利亚团结一致，因为沙皇俄国有扩张主义倾向。⑥

事实上，索非亚的决策者已经主动接受了罗马尼亚领导人的调查。1914年8月8日/21日，在瓦西里·拉多斯拉沃夫政府的告和和同意下，保加利亚沙皇、萨克森-科堡-哥达家族的斐迪南一世（Ferdinand I of Saxe-Coburg-Gotha, 1861-1948）向罗马尼亚国王卡罗尔一世发送了一封电报；该文件中没有提及

---

① Al. Marghiloman, *Note Politice*, p. 172.
② Ibid., pp. 185-187, 193.
③ G. Markov, *Goljamata Vojna i Bălgarskijat Ključ za Evropenskijat Pogreb (1914-1916)*, p. 53.
④ Veličko Georgiev, Stajko Trifonov (eds.), *Istorija na Bălgarite 1878-1944 v Dokumenti* [History of Bulgarians (1878-1944) in Documents], T. II (1912-1918) (Sofia: Prosveta Publishing House, 1996), pp. 376-377.
⑤ 由罗马尼亚科学院东南欧洲研究所研究员丹尼尔·凯恩（Daniel Cain）先生亲自提供给作者的信息。
⑥ R. M. A.-P., G. M. S.-Section 2 Information, file no. crt. 277/1914, p. 317.

多布罗加,但强调了共同应对国际形势挑战的必要性。① 根据瓦西里·拉多斯拉沃夫的说法,罗马尼亚国王在回信中表示感谢并作了忠诚的保证,但这并不足以启动两国之间直接(且富有成效)的谈判。拉多斯拉沃夫将保加利亚沙皇这一做法的结果归咎于布勒蒂亚努的政策,认为其摇摆不定且表里不一,而卡罗尔一世期望德国的胜利会说服本国首相加入同盟国。② 然而,历史学家泽科·波波夫(Žeko Popov)写道,在给保加利亚沙皇斐迪南一世的回复中,罗马尼亚国王卡罗尔一世要求在多布罗加边境实现和平。③

在罗马尼亚保持中立期间,布勒蒂亚努和亚历山德鲁·马尔吉洛曼之间进行了多次秘密会晤。在两位政党领袖之间的机密讨论中,尽管他们对国家内外政策有不同看法,但他们共同寻求解决方案,以便从两个交战集团中为罗马尼亚争取有利条件。对于布勒蒂亚努来说,在1914年8月,保加利亚是一个不确定因素,是潜在的威胁,无论是在罗马尼亚加入协约国,还是与同盟国结盟的情况下。④ 1914年8月7日/20日,布勒蒂亚努与马尔吉洛曼在律师兼外交家维克托·安托内斯库(Victor Antonescu)的家中进行了讨论。布勒蒂亚努提到了保加利亚的一些提议,他对此回应称,罗马尼亚不过问马其顿问题是否可以被视为一个足够重要的友好举动,希望保加利亚对此明确表态。⑤

1914年9月12日/25日,罗马尼亚首相在与西蒙·拉德夫的讨论中,对多布罗加问题表现出不妥协态度,强调罗马尼亚在黑海获得广阔出海口的重要性,并通过保加利亚驻罗马尼亚大使,建议索非亚的统治者在马其顿和爱琴海地区寻求领土扩张。八天后,瓦西里·拉多斯拉沃夫指示西蒙·拉德夫在谈及保加利亚的中立性问题时"少说且慎言",以期在这种态度下获得更好的条件。⑥

在1914年9月底,保加利亚战争部部长伊万·菲切夫(Ivan Fičev)向罗马尼亚驻保加利亚使馆临时代办亚历山德鲁·古尔巴内斯库(Al. Gurbǎnescu)表示,将多布罗加(南多布罗加)归还给保加利亚是任何双边协议,尤其是合

---

① 电报全文参见: V. Radoslavov, *Bǎlgarija v Svetovna Kriza*, p. 97。
② Ibid., p. 98.
③ Ž. Popov, *Dobrudža (1913–1918)*, p. 104.
④ Al. Marghiloman, *Note Politice*, p. 165 (note from 30 July / 12 August 1914) and p. 168 (note from 7/20 August 1914).
⑤ Ibid., p. 168.
⑥ Ibid., pp. 77–78.

作协议的先决条件。① 瓦西里·拉多斯拉沃夫本人在 1914 年 9 月 22 日/10 月 5 日向同盟国的代表提出了一个问题，即在保持中立并不对罗马尼亚发动战争的情况下，保加利亚应在多布罗加地区得到领土上的回报。同一天，奥匈帝国的副外交大臣福尔加奇伯爵（Count Forgacsi）得出结论："保加利亚和罗马尼亚互相指责并使（他们的）行动保持中立。"他还认为，如果保加利亚因瓦尔达尔马其顿地区对塞尔维亚发动进攻，罗马尼亚不会攻击保加利亚。②

保加利亚对处于塞尔维亚控制下的瓦尔达尔马其顿地区的兴趣，是罗马尼亚在得到俄国保证的情况下减少对这个南部邻国行为的担忧的一个因素。③

但是，来自彼得格勒的建议是向保加利亚作出领土让步，这一建议被布勒蒂亚努拒绝了，他明确指出多布罗加对罗马尼亚的重要性（"可以没有特兰西瓦尼亚！但不能没有多布罗加！"）以及一些领土承诺可能产生的影响（"小规模领土归还的承诺会在保加利亚人中产生不切实际的期望"）。④

1914 年 10 月 16 日/29 日，土耳其军舰发动了对塞瓦斯托波尔的攻击，⑤这为协约国提供了向保加利亚承诺东色雷斯领土的机会。然而，保加利亚最重要和最紧迫的是关于马其顿地区的要求，而多布罗加也在保加利亚的权利主张清单上。

1914 年 11 月 4 日，俄国驻保加利亚大使阿列克谢·萨维斯基（Al. Saviski）收到俄国外交大臣谢尔盖·萨佐诺夫（Sergei Sazonov）的指示，即在与保加利亚、罗马尼亚结盟的情况下，不要忘记对保加利亚进行领土补偿。此前，这位俄国外交官承诺按照《圣彼得堡协议》（1913 年 4 月 26 日/5 月 9 日）支持保加利亚重新获得南多布罗加，但不包括锡利斯特拉。⑥

1914 年 11 月 12 日，英国外交大臣爱德华·格雷爵士（Sir Edward Gray, 1862-1933）请求俄国同行敦促流亡在尼什的塞尔维亚政府放弃整个瓦尔达尔马其顿地区，以换取保加利亚的支持，作为补偿，塞尔维亚将获得波斯尼亚及黑塞哥维那，并获得直接通往亚得里亚海的通道。⑦ 11 月 24 日，协约国承诺战

---

① Ž. Popov, *Dobrudža (1913-1918)*, p. 104.
② G. Markov, *Goljamata Vojna i Bălgarskijat Ključ za Evropenskijat Pogreb (1914-1916)*, p. 79.
③ Ž. Popov, *Dobrudža (1913-1918)*, p. 106.
④ Al. Marghiloman, *Note Politice*, p. 215（note dated 12/25 October 1914）.
⑤ Mircea N. Popa, *Primul Război Mondial (1914-1918)* [The First World War (1914-1918)] (Bucharest: Scientific and Encyclopedic Publishing House, 1979), pp. 195-196, 484.
⑥ Ž. Popov, *Dobrudža (1913-1918)*, p. 106.
⑦ I. Ilčev, *Bălgarija i Antantata prez Părvata Svetovna Vojna*, p. 100.

争结束后会对保加利亚的善意中立给予补偿,① 同时,1914年12月9日的联合口头照会规定会在马其顿和色雷斯地区作出让步,而阿列克谢·萨维斯基将多布罗加定性为"保加利亚的问题"。② 1914年12月,俄国驻塞尔维亚新任大使特鲁别茨科伊(Trubetskoi)亲王制定了一个计划,根据该计划,作为对善意中立的回报,保加利亚将在战争结束后获得整个瓦尔达尔马其顿(前提是塞尔维亚获得波斯尼亚和黑塞哥维那)、南多布罗加的一部分(多布里奇和巴尔基克地区),以及东色雷斯直到埃诺斯—米迪亚线。③

1914年12月16日,作为对协约国提议的回应,瓦西里·拉多斯拉沃夫在国民议会发表演讲时表示,保加利亚在保持中立的情况下只能获得最小的让步。保加利亚首相在讲话中两次提到马其顿,只有一次提到卡瓦拉-德拉莫斯-塞雷地区,而没有提及多布罗加。④

1914年至1915年冬季,由于诺埃尔·巴克斯顿(Noel Buxton, 1869-1948)的游说,英国对拉拢保加利亚加入协约国的兴趣增加了。为此,1914年底,G. 特雷维利安(G. Trevelyan)和R. 西顿-沃森(R. Seaton-Watson)分别被派往尼什和布加勒斯特,他们的任务是在大卫·劳合·乔治(David Lloyd George, 1863-1945)计划在塞萨洛尼基发起登陆行动的背景下,敦促与保加利亚进行妥协。⑤

保加利亚对协约国的要求仍然过高。因此,1915年1月29日,当接替M. 马扎罗夫(M. Madžarov)成为保加利亚驻英国大使的潘乔·哈季米舍夫(Pančo Hadžimišev, 1874-1957)在一份报告中表示,作为善意中立的回报,保加利亚可以在协约国的帮助下恢复"失去的马其顿和多布罗加的部分"时,瓦西里·拉多斯拉沃夫在回复中非常明确地表达了自己的观点:"不是去谈判,而只是重申中立的保加利亚在当时作出的所有牺牲,为此它必须得到多布罗加、马其顿和卡瓦拉作为回报!"⑥ 瓦西里·拉多斯拉沃夫在1915年2月给帕恩乔·哈吉米舍夫(P. Hadžimišev)和德米特里·斯坦乔夫(D. Stančov)的

---

① Ž. Popov, *Dobrudža (1913-1918)*, p. 107.
② Ibid., p. 107.
③ G. Markov, *Goljamata Vojna i Bălgarskijat Ključ za Evropenskijat Pogreb (1914-1916)*, p. 97.
④ V. Georgiev, St. Trifonov (eds.), *Istorija na Bălgarite 1878-1944 v Dokumenti*, p. 256.
⑤ I. Ilčev, *Bălgarija i Antantata prez Părvata Svetovna Vojna*, p. 1.
⑥ G. Markov, *Goljamata Vojna i Bălgarskijat Ključ za Evropenskijat Pogreb (1914-1916)*, pp. 107-108.

指示中重申了对马其顿和多布罗加的权利主张，以换取对协约国的善意中立。①然而，米哈伊尔·马季亚罗夫（Mikhail Madžarov）对在多布罗加问题上获得协约国的一致支持表示怀疑，特别是在英国向罗马尼亚提供贷款之后。②

同月（1915年2月），哈吉米舍夫与大卫·劳合·乔治进行了两次会晤。在第一次会晤中，这位英国政治家承诺，为了与保加利亚结盟，计划在达达尼尔海峡发动行动，将整个瓦尔达尔马其顿地区、南多布罗加和东色雷斯（直至埃诺斯—米迪亚线）交给保加利亚。在第二次会晤中，条件有所修改：仍然承诺给予保加利亚卡瓦拉和整个多布罗加，但前提是俄国放弃比萨拉比亚，以支持罗马尼亚。③

在1915年春季，东南欧地区的现状被协约国在达达尼尔海峡进行的军事行动所主导，然而这次行动以惨败告终。L. S. 斯塔夫里阿诺斯（L. S. Stavrianos）认为，这次失败加速了保加利亚转向同盟国的进程，因为三国同盟能够在对塞尔维亚的处理上提供比对立阵营更多的利益。④盖伊·戈蒂耶（Guy Gauthier）也将保加利亚沙皇斐迪南一世和拉多斯拉沃夫政府的最终选择与1915年3月的事件联系起来，但角度有所不同："当1915年3月法英两国宣布，如果取得胜利，他们将支持俄国对君士坦丁堡的要求时，斐迪南一世受到了强烈的打击。同盟国无法承诺君士坦丁堡，但至少他们可以向斐迪南一世保证保加利亚能够吞并塞尔维亚的整个马其顿部分，并且如果罗马尼亚和希腊选择协约国，那么有可能回到《圣斯特凡诺条约》划定的边界。"罗马尼亚学者康斯坦丁·约尔丹（Constantin Iordan）指出，保加利亚与协约国的谈判在1915年春季被中断，原因是在瓦尔达尔马其顿发生了血腥事件，即当地亲保加利亚武装团体发动的起义遭到塞尔维亚人的严厉镇压。⑤

1914年11月至1915年3月，布勒蒂亚努政府与协约国代表就东南欧问题进行的谈判，主要关注如何拉拢保加利亚加入对法国、英国和俄国有利的地区

---

① I. Ilčev, *Bǎlgarija i Antantata prez Pǎrvata Svetovna Vojna*, p. 133.
② Ibid., p. 134.
③ Ibid., pp. 151-154.
④ L. S. Stavrianos, *The Balkans since 1453*, p. 560.
⑤ C. Iordan, "Naţionalism, Comunism, Terorism în Balcani: Organizaţia Revoluţionară Internă Macedoneană şi Sfârşitul lui Todor Aleksandrov" (Nationalism, Communism, Terrorism in the Balkans: The Macedonian Internal Revolutionary Organization and the End of Todor Aleksandrov), in Idem, *Minorităţi Etnice în Sud-Estul Europei: Dimensiunile unei Probleme Europene* (Ethnic Minorities in Southeastern Europe: The Dimensions of a European Problem) (Bucharest: Curtea Veche Publishing House, 2001), pp. 88-89.

联盟，以及领土让步的机会和范围。总体而言，正如笔者在几年前发表的一篇文章中所指出的，布勒蒂亚努在南多布罗加问题上表现出一定的灵活性（尽管是有限的），但他始终将任何有利于保加利亚的领土让步与先前保加利亚-塞尔维亚-希腊关于马其顿的协议挂钩，这是巴尔干地区关系中真正的棘手问题。①在这个意义上，野心勃勃的罗马尼亚政治家对俄国外交官米哈伊尔·尼古拉耶维奇（Mikhail Nikolayevich, 1856-1932）的答复很有说服力，其后来被转达给亚历山德鲁·马尔吉洛曼："您来处理塞尔维亚人和保加利亚人之间的事务，然后我会解决我们与保加利亚之间的问题！"②

1915 年 4 月，在西蒙·拉德夫准备好并发送给索非亚的一份对过去 6 个月进行总结的报告中，他对一些罗马尼亚政客对保加利亚作出领土让步的意愿进行了评估。塔克·约内斯库同意罗马尼亚应放弃在 1913 年获得的大部分领土；尼古拉·菲利佩斯库（Nicolae Filipescu）认为只需要放弃多布里奇/巴扎尔吉克和巴尔基克地区；而埃米尔·科斯蒂内斯库（Emil Costinescu, 1844-1921）则认为整个四边形地区应该归还，并表示，尽管表现出强硬态度，布勒蒂亚努实际上也愿意割让巴扎尔吉克和巴尔基克地区。③ 在决议的档案中，保加利亚首相（兼任外交大臣）得出结论，认为罗马尼亚人不愿意作出让步，包括保加利亚驻罗马尼亚大使格奥尔基·德鲁西也只限于发表一些笼统的声明，如"存在妥协的可能性"。④

1914 年 11 月 9 日/22 日，布勒蒂亚努在亚历山德鲁·马尔吉洛曼面前指责塞尔维亚和希腊政府在历史上的马其顿地区的重新划分问题上的固执态度，雅典政府甚至威胁塞尔维亚，如果它对保加利亚作出让步，将遭到政治和外交报复。⑤ 布勒蒂亚努支持希腊同行埃·韦尼泽洛斯对保加利亚采取更加和解的态度，⑥ 这表明，这位罗马尼亚首相并没有提出塞尔维亚、希腊和保加利亚之间

---

① G. Ungureanu, "Ion I. C. Brătianu și Încercările Antantei de a Crea un Bloc Balcanic (noiembrie 1914-martie 1915)" [Ion I. C. Brătianu and the Entente Project to Create a Balkan Bloc (November 1914-March 1915)], in *Argesis: Studii și Comunicări, Seria Istorie* (Argesis: Studies and Communications, History Series) (Pitești: Argeș County Museum), XX, 2011, pp. 253-260.

② Al. Marghiloman, *Note Politice*, p. 222, note of 27 October / 9 November 1914.

③ *Izvori za Istorijata na Dobrudža (1878-1919)*, Tom I, vtora čast (1913-1919), pp. 271-272, doc. 30.

④ Ibid., pp. 271-272, doc. 30.

⑤ Al. Marghiloman, *Note Politice*, p. 232.

⑥ H. G. Gorun, *Relatiile Politico-Diplomatice și Militare ale României cu Franța în Primul Război Mondial*, p. 54.

的协议问题，只是为了避免在南多布罗加作出任何领土让步。① 事实上，在 1915 年 1 月，希腊首相接受了爱德华·格雷爵士的计划，通过牺牲奥斯曼帝国的利益，向保加利亚让出卡瓦拉、德拉莫斯和塞雷地区，以换取在小亚细亚地区的领土优势。与此同时，布勒蒂亚努在 12 月与法国驻罗马尼亚大使卡米耶·让·布隆德尔（Camille Jean Blondel，1854-1935）的讨论中，对保加利亚的态度有所缓和，表示愿意在南多布罗加作出领土让步，但仅限于换取保加利亚的中立。然而，罗马尼亚首相仍然坚持以保加利亚、塞尔维亚和希腊就马其顿领土问题达成协议作为前提条件。②

1915 年 1 月 21 日，瓦西里·拉多斯拉沃夫与罗马尼亚外交官亚历山德鲁·古尔巴内斯库就一项双边协议进行了讨论，该协议涉及在协约国的支持下，将多布里奇/巴扎尔吉克、巴尔奇克和图尔图坎/图尔图卡亚（可能还有卡瓦尔纳，尽管未明确提及）等城市归还给保加利亚，但不包括锡利斯特拉。③ 实际上，保加利亚首相只是在对罗马尼亚作出领土让步的可能性进行调查，因此没有谈得很深入。在他心中，另一个计划已经成形：（通过与同盟国的战争）迫使俄国将比萨拉比亚归还给罗马尼亚，而罗马尼亚反过来也会接受保加利亚的领土要求。④ 此外，保加利亚首相不相信意大利或罗马尼亚会加入协约国，只认为这些（前）盟国保持中立是可能的。⑤ 不论是否受到瓦西里·拉多斯拉沃夫这种信念的影响，1915 年 2 月，格奥尔基·德鲁西注意到他的保加利亚对话者对与罗马尼亚达成协议的兴趣有所下降。⑥

1915 年 3 月 4 日，保加利亚外交大臣尼古拉·格纳迪耶夫在部长会议上发表讲话，他认为在道义上保加利亚是不可能对塞尔维亚发动攻击的，据此提出了几种可能的方案。他得出的结论是，最有利的选项是保加利亚直接参与对奥斯曼帝国（世敌）的行动，这可能会在整个瓦尔达尔马其顿、部分爱琴海马其顿及大部分多布罗加地区取得巨大的领土利益。在南部，经过东色雷斯，到达埃诺斯—米迪亚线，塞尔维亚和罗马尼亚将由奥匈帝国进行补偿，希腊则由奥

---

① Richard G. Clogg, *Scurtă Istorie a Greciei* (A Short History of Greece), trans. by Lia Brad Chisacof (Iaşi: Polirom Publishing House, 2006), p. 99.

② H. G. Gorun, *Relatiile Politico - Diplomatice şi Militare ale României cu Franţa în Primul Război Mondial*, p. 55.

③ Ž. Popov, *Dobrudža (1913-1918)*, p. 108.

④ Ibid.

⑤ Ibid., p. 110.

⑥ A. Basciani, *Un Conflitto Balcanico*, p. 26.

斯曼帝国进行补偿。①

布勒蒂亚努也坚持要求塞尔维亚代表基于巴尔干战争之前的 1912 年条约与保加利亚达成协议。这一行为被塞尔维亚驻罗马尼亚大使帕夫莱·马林科维奇（Pavle Marinković，1866-1925）视为是令人不愉快的，他愤怒地指出，布勒蒂亚努不断提到的 1912 年条约中也包含了针对罗马尼亚的条款。②

在从奥斯曼帝国参战到达达尼尔海峡战役之间的几个月里，罗马尼亚与保加利亚的关系继续受到两个问题的困扰：

（1）如果保加利亚攻击塞尔维亚，罗马尼亚会怎么做？

（2）如果罗马尼亚攻击奥匈帝国，保加利亚会怎么做？

在 1914 年 10 月 24 日/11 月 6 日，德国驻罗马尼亚大使冯·德姆·布舍（von dem Bussche）向马尔吉洛曼表示，布勒蒂亚努与西蒙·拉德夫进行了沟通，决定取消先前关于罗马尼亚在保加利亚对塞尔维亚发动攻击时保持中立的承诺，并决定不攻击奥匈帝国。③ 几天后，西蒙·拉德夫要求瓦西里·拉多斯拉沃夫作出明确指示，以防布勒蒂亚努询问保加利亚在罗马尼亚对奥匈帝国采取行动时的立场。次日（1914 年 10 月 30 日/11 月 12 日），保加利亚首相在回复电报中指示驻罗马尼亚大使声明尚未对此事作出决定。④

然而，布勒蒂亚努考虑了保加利亚与同盟国结盟的可能性。因此，在 1914 年 11 月和 1915 年 1 月与军队的领导层会议上，制定了一项战略。根据该战略，罗马尼亚军队将在与保加利亚的边境上采取防御姿态，大部分兵力将被调往特兰西瓦尼亚。⑤ 在 1914 年 11 月 7 日/20 日收到如果保加利亚对塞尔维亚发动攻击，布勒蒂亚努将改变其态度的消息后，瓦西里·拉多斯拉沃夫向英国驻保加利亚大使亨利·博克斯-艾恩赛德（Henry Box-Ironside，1859-1929）再次重申了对罗马尼亚的友好意图。⑥

罗马尼亚和希腊在涉及保加利亚及其攻击塞尔维亚的意图问题上互相配合，这种默契对该地区的军事局势产生了影响。因此，在 1914 年 11 月 27 日/

---

① G. Markov, *Goljamata Vojna i Bǎlgarskijat Ključ za Evropenskijat Pogreb* (*1914-1916*), p. 117.

② Al. Marghiloman, *Note Politice*, p. 278 (note dated 10/23 April 1915).

③ Ibid., p. 212.

④ *Izvori za Istorijata na Dobrudža* (*1878-1919*), Tom I, vtora čast (1913-1919), p. 270, doc. 27-28.

⑤ Glenn E. Torrey, *România în Primul Război Mondial* (Romania in the First World War), trans. from English by Dan Criste (Bucharest: Meteor Publishing House, 2014), pp. 36-37.

⑥ C. Iordan, *Venizelos și Românii*, p. 133.

12月10日，保加利亚驻德国大使佩塔尔·马尔科夫（Petar Markov, 1858-1943）将军向德国外交大臣戈特利布·冯·雅戈（Gottlieb von Jagow, 1863-1935）表示，他的国家完全同情同盟国，但他们不能对塞尔维亚采取行动，除非他们获得罗马尼亚-希腊联合（反击）攻击的保证。德国官员拒绝了这个请求，保加利亚遂保持中立，而塞尔维亚军队成功地继续进行他们的反击。①

在这种情况下，罗马尼亚国内与保加利亚的贸易和运输活动也出现了问题。1914年11月22日/12月5日，西蒙·拉德夫向亚历山德鲁·马尔吉洛曼抱怨，从中欧出口到保加利亚的"货物"和"产品"受到阻碍，②并且在1915年初，运往保加利亚的石油、武器和弹药及保加利亚向西欧市场的出口也出现受阻的情况。③

反过来，罗马尼亚当局对于保加利亚对"四边形地区"的土耳其裔族群采取的宽松态度感到不满，因为这使这些土耳其裔族群能够过境土耳其，一旦到达，他们就会以志愿者身份加入奥斯曼军队。④除了一系列归咎于多布罗加的罗马尼亚行政当局的负面事实，多布罗加穆斯林的外流是保加利亚媒体和宣传中的一个非常现实的主题。⑤

根据之前提到的1915年3月的事件，1915年4月10日，保加利亚驻英国大使哈季米舍夫请求保加利亚政府授权他通告保加利亚已准备好与协约国结盟并对东色雷斯的奥斯曼帝国采取军事行动，以换取埃诺斯—米迪亚线、无争议的马其顿地区（瓦尔达尔马其顿至奥赫里德—维莱斯—克里瓦帕兰卡线）、斯特鲁马河谷和卡瓦拉、协约国在多布罗加问题上的调解及其针对罗马尼亚和希腊的保证；如果塞尔维亚向西扩张，损害奥匈帝国的利益，保加利亚的要求将增加，其目标是整个瓦尔达尔马其顿。⑥ 16天前，爱德华·格雷爵士提出的正式建议仅包括东色雷斯到埃诺斯—米迪亚线，以及建议与罗马尼亚直接协议解决多布罗加问题，没有提及卡瓦拉或瓦尔达尔马其顿。⑦

在等待协约国1915年4月提出新的正式建议时，瓦西里·拉多斯拉沃夫写

---

① C. Iordan, *Venizelos și Românii*, pp. 138-139.
② Al. Marghiloman, *Note Politice*, p. 240.
③ Ž. Popov, *Dobrudža (1913-1918)*, p. 109.
④ R. M. A. -P., G. M. S. -Office of Military Attachés (1896-1941), file no. crt. 39/1914, p. 49.
⑤ Al. Marghiloman, *Note Politice*, p. 237 (note dated 17/30 November 1914).
⑥ G. Markov, *Goljamata Vojna i Bălgarskijat Ključ za Evropenskijat Pogreb (1914-1916)*, p. 127.
⑦ I. Ilčev, *Bălgarija i Antantata prez Părvata Svetovna Vojna*, p. 156.

信给保加利亚驻法国大使德米特里·斯坦乔夫："保加利亚没有放弃,也不会放弃历史和民族的权利,它不能没有马其顿而生存,为此它流了太多的血。保加利亚要求得到整个马其顿和卡瓦拉、塞雷、德拉莫斯、多布罗加和埃诺斯—米迪亚线。发言时不要忘记强调这些事情!保加利亚将与保证其权利的一方结盟!"①根据1915年5月15日瓦西里·拉多斯拉沃夫发给保加利亚驻土耳其大使内贾尔科·科鲁舍夫(Nedjalko Kolušev,1870-1925)的电报,这些要求是保加利亚保持中立的条件,而不是协约国参战的条件。②

1915年4月24日,瓦西里·拉多斯拉沃夫向协约国提出了同样的要求,并提出将整个特兰西瓦尼亚和巴纳特并入罗马尼亚的可能性。③1915年4月29日,爱德华·格雷勋爵向保加利亚驻英国大使哈季米舍夫表示,保加利亚对马其顿争议地区(瓦尔达尔马其顿西北部地区,在奥赫里德—维莱斯—克里瓦帕兰卡线之外)的主张将面临重大困难。因此,英国外交大臣再次提出之前的提议(埃诺斯—米迪亚线)并建议保加利亚就多布罗加问题直接与罗马尼亚进行谈判。④

1915年4月29日,因某些罗马尼亚(或法国或英国和罗马尼亚)谈判代表提到了比萨拉比亚问题,谢尔盖·德米特里耶维奇·萨扎诺夫(S. D. Sazanov)愤怒地表示:"如果罗马尼亚人继续提出过分的要求,他们可能会失去整个多布罗加,转而让给保加利亚,并且不能重新获得比萨拉比亚!"⑤在俄国外交大臣看来,罗马尼亚应该将1913年获得的全部领土归还给保加利亚,他认为这是相当容易的;然而,法国外交部长泰奥菲勒·德尔卡塞在1915年5月14日为布勒蒂亚努作了辩护。⑥

同时,在法国访问的尼古拉·格纳季耶夫于1915年5月11日至12日提出了以下计划:协约国劝说罗马尼亚将南多布罗加(除了锡利斯特拉)归还给

---

① G. Markov, *Goljamata Vojna i Bǎlgarskijat Kljuć za Evropenskijat Pogreb (1914-1916)*, p. 127.

② V. Radoslavov, *Bǎlgarija v Svetovna Kriza*, pp. 105-106; G. Markov, *Goljamata Vojna i Bǎlgarskijat Kljuć za Evropenskijat Pogreb (1914-1916)*, p. 127; 也可参见 *Izvori za Istorijata na Dobrudža (1878-1919)*, Tom I, vtora čast (1913-1919), p. 273, doc. 31 (V. 拉多斯拉沃夫于1915年5月4日致D. 斯坦乔夫的电报)。

③ Ž. Popov, *Dobrudža (1913-1918)*, p. 196.

④ G. Markov, *Goljamata Vojna i Bǎlgarskijat Kljuć za Evropenskijat Pogreb (1914-1916)*, p. 131.

⑤ I. Ilčev, *Bǎlgarija i Antantata prez Pǎrvata Svetovna Vojna*, p. 171.

⑥ Ibid., p. 175.

保加利亚，并且在罗马尼亚加入战争时，保加利亚不会对罗马尼亚发动攻击。① 1915年5月27日，马其顿内部革命组织的领导人之一格奥尔基·尼科洛夫（Georgi Nikolov）在君士坦丁堡致函战友亚历山大·普罗托格罗夫（Aleksandar Protogerov，1867-1928），表示"如果罗马尼亚不将多布罗加割让给我们，那么俄国也不会割让（承认——作者注）布科维纳"。②

罗马尼亚未来可能的外交政策行动也是保加利亚和同盟国代表之间讨论的问题。因此，1915年4月，保加利亚驻奥地利大使、未来的首相安德烈·托舍夫（Andrej Tošev，1867-1944）将军向瓦西里·拉多斯拉沃夫发了一封电报，这封电报被后者的回忆录记录了下来。托舍夫在电报中表示，保加利亚能够从同盟国那里获得书面承诺，即在战争结束时，由保加利亚占领马其顿，以换取其保持中立立场，从而牵制罗马尼亚。③ 1915年4月25日，保加利亚首相要求德国保证，以善意中立为交换条件，保加利亚在战争结束时应获得整个瓦尔达尔马其顿，以及如果希腊或罗马尼亚加入协约国，保加利亚将分别获得爱琴马其顿的重要部分和多布罗加。德国方面在回复中表示，作为中立的交换条件，保加利亚只能获得瓦尔达尔马其顿的"无争议地区"（直到奥赫里德—维莱斯—克里瓦帕兰卡线），索非亚主张的其他领土只能通过武力获得。④

三

1915年春季，罗马尼亚和保加利亚之间进行了直接接触。4月29日，布勒蒂亚努告诉西蒙·拉德夫，他准备开始"关于两国联合行动"的谈判；毫不意外的是，瓦西里·拉多斯拉沃夫将其作为实施1913年4月26日/5月9日圣彼得堡议定书（保加利亚重新夺回南多布罗加，不包括锡利斯特拉）的先决条件："如果这个问题得到解决，我们可以缔结防御性的联盟！"⑤

1915年5月10日/23日意大利参战（最初仅对奥匈帝国宣战），以换取关于亚得里亚海沿岸领土的可预见承诺，这进一步减少了塞尔维亚在其他地区

---

① Ž. Popov, *Dobrudža (1913-1918)*, p. 111.
② C. Iordan, *Dobruja (1878-1940)*, p. 111.
③ V. Radoslavov, *Bǎlgarija v Svetovna Kriza*, p. 105.
④ G. Markov, *Goljamata Vojna i Bǎlgarskijat Ključ za Evropenskijat Pogreb (1914-1916)*, p. 131.
⑤ Ibid.; see also Ž. Popov, *Dobrudža (1913-1918)*, p. 110.

（马其顿）作出领土让步的意愿。这一事实，与保加利亚和协约国代表之间的讨论中所表达的要求相结合，再加上俄军遭受了严重失利，[①] 导致了一个非常不利于保加利亚加入协约国的新地区背景。

1915年5月16日/19日，协约国向保加利亚政府提交了一份联合照会。作为保加利亚加入对奥斯曼帝国作战的条件，他们得到如下承诺：

——获得东色雷斯地区，直到埃诺斯—米迪亚线；

——在战争结束时，如果塞尔维亚获得波斯尼亚、黑塞哥维那和通向亚得里亚海的出口，那么保加利亚将获得瓦尔达尔马其顿"无争议地区"（即今天北马其顿的东南部——作者注）；

——通过外交努力说服希腊政府割让卡瓦拉，并使希腊在安纳托利亚地区获得补偿；

——促进罗马尼亚与保加利亚在多布罗加问题上进行直接的谈判；

——提供财政援助。[②]

1915年7月，法俄之间关于保加利亚问题的分歧，尤其是罗马尼亚与保加利亚之间的领土争端仍然存在，而法国外交部长泰奥菲勒·德尔卡塞对俄国外交大臣萨佐诺夫支持保加利亚的立场持保留态度。[③]

协约国的条件远远低于保加利亚的要求。因此，根据保加利亚历史学家伊万·伊尔切夫的说法，在1915年夏初，享有声望的保加利亚政治家们提出了获取历史上的整个马其顿、波莫拉维亚（塞尔维亚的蒂莫克/克拉伊纳-莫拉瓦-泰莫克地区）、北多布罗加（南部可能被视为理所当然）及科索沃部分地区的问题；还有一些"头脑发热者"（这一表述来自伊尔切夫），他们梦想着一位保加利亚王子在阿尔巴尼亚加冕。[④]

罗马尼亚政府没有直接明确地回应1915年5月16日/29日协约国的提议。根据当代保加利亚最杰出的第一次世界大战专家格奥尔基·马尔科夫（Georgi Markov）院士的意见：1915年春天，布勒蒂亚努努力为他的国家争取特兰西瓦尼亚和巴纳特，而不在多布罗加问题上作出任何让步。[⑤] 鉴于1915年6月的外

[①] M. N. Popa, *Primul Război Mondial (1914-1918)*, pp. 280-281.
[②] V. Georgiev, St. Trifonov (eds.), *Istorija na Bălgarite 1878-1944 v Dokumenti*, p. 381.
[③] I. Ilčev, *Bălgarija i Antantata prez Părvata Svetovna Vojna*, p. 186.
[④] Ibid., p. 62.
[⑤] G. Markov, *Goljamata Vojna i Bălgarskijat Ključ za Evropejskijat Pogreb (1914-1916)*, p. 131.

交事件，① 上述评估应该（至少）是细致入微的。因此，6月初，罗马尼亚首相同意将巴扎尔吉克/多布里奇和巴尔奇克归还给保加利亚；② 而在6月23日，同样是布勒蒂亚努，他向萨佐诺夫表达了他接受将保加利亚两年前失去的整个南多布罗加领土归还给保加利亚的意愿。根据这位罗马尼亚首相的说法，作为这一让步的交换，保加利亚必须缓和其对塞尔维亚的要求，而塞尔维亚则必须接受将整个巴纳特并入罗马尼亚。③ 与此同时，协约国代表在保加利亚谈判对手面前提及了实施圣彼得堡议定书（1913年4月26日/5月9日）的可能性，并进行了一些对罗马尼亚有利的领土调整。④

拉多斯拉沃夫政府的要求对协约国来说过于苛刻，无法予以满足。因此，1915年7月12日，佩塔尔·甘切夫（Petăr Gančev）上校被秘密派往柏林，与同盟国谈判，以使保加利亚获得当时由塞尔维亚控制的整个瓦尔达尔马其顿和波莫拉维亚，并在罗马尼亚被同盟国击败的情况下获得整个多布罗加。⑤

从1915年7月上旬起，罗马尼亚驻保加利亚大使馆武官弗洛雷亚·采内斯库（Florea Ţenescu，1884—1941）上尉（在1940年那个不幸的夏天，他已成为将军和总参谋长）还准备了两份报告。

第一份报告编号第80号，日期为1915年7月8日⑥，内容包括保加利亚报刊文章的翻译。政府联盟中斯坦布洛夫主义（反俄）自由派的报纸《新时代》在7月2日刊登了一篇题为《罗马尼亚目前的军事重要性》的文章，其以一系列未注明来源但被认为是源自罗马尼亚将军格里戈雷·克雷尼切亚努（Grigore Crăiniceanu，1852—1935）的声明为起点。文章的基本观点是，从军事

---

① 1915年6月的外交事件涉及罗马尼亚政府与协约国之间的复杂互动，特别是罗马尼亚在寻求扩大其领土的背景下，试图从奥匈帝国获得特兰西瓦尼亚和巴纳特地区，而同时避免对南多布罗加作出任何让步。6月的外交事件反映了罗马尼亚在1915年夏天所采取的双重战略：一方面与协约国接触，以获取领土；另一方面通过不直接回应协约国的要求，避免损失在南多布罗加的利益。这些外交动作是罗马尼亚最终在1916年加入协约国阵营的前奏。——译者注

② Ema Nastovici, "Intensificarea Eforturilor Antantei de Atragere a României și Bulgariei în Război în anul 1915" (Intensifying the Efforts of the Entente to Attract Romania and Bulgaria to War in 1915), in *Analele Universității din București* (Annals of the University of Bucharest), 1976, p. 90.

③ Constantin I. Kirițescu, *Istoria Războiului Pentru Întregirea României (1916–1919)* [History of the War for the National Unification of Romania (1916–1919)] (Bucharest: School House Publishing House, 1922), vol. I, pp. 177–178.

④ E. Nastovici, "Intensificarea Eforturilor Antantei de Atragere a României și Bulgariei în Război în anul 1915," p. 88.

⑤ Ž. Popov, *Dobrudža (1913–1918)*, p. 112.

⑥ R. M. A. -P. , G. M. S. -Office of Military Attachés (1896–1941), file no. crt. 73/1915, pp. 1–15.

角度来看，罗马尼亚在失去1914年10月、1915年3月和1915年5月三次攻击奥匈帝国的有利时机之后，已经束手无策；相比之下，保加利亚被描述为持有"君士坦丁堡的钥匙"。在文章的结尾插入了以下段落："为了占领君士坦丁堡，我们只需要英法舰队的合作：克雷尼切亚努将军也知道这一点。但我们从我们的将军那里还知道的是，一旦我们决定打开达达尼尔海峡，被第一波海浪淹没的将不是罗马尼亚人，而是保加利亚人，因为巴尔干是君士坦丁堡的城墙。"①上述观点在该报7月15日的"军事专栏"中发表的文章《保加利亚、罗马尼亚和希腊》中重复出现。呼吁保加利亚人攻击君士坦丁堡被描述为是在号召国家自杀，因为这会使该国面临罗马尼亚的攻击。罗马尼亚对奥匈帝国的军事立场被描述为："今天，没有人，甚至连阿尔巴尼亚的塔克·约内斯库也不敢为对奥匈帝国的战争辩护。"保加利亚通过加入同盟国参战被视为孤立罗马尼亚和希腊的一种手段，文末还提到了罗马尼亚变成战场的情景。②

在1915年6月11日的第95号报告中，虽然没有对每种假设的可能性进行评估，但简要介绍了保加利亚参战的各种假设。因此，报告针对每个邻国（罗马尼亚、塞尔维亚、土耳其、希腊）都提出了重要假设，并且每种假设都包括两种情况：边界的安全与不安全。③ 关于罗马尼亚，弗洛雷亚·采内斯库上尉估计保加利亚可以动员约50万名士兵对付罗马尼亚，主攻方向是多布罗加，而不是多瑙河北部。④

1915年7月12日之后，当拉多斯拉沃夫在德国外交官G. 米哈埃莱斯（G. Mihaeles）面前作出决定性声明时，保加利亚与德奥土阵营之间的同盟谈判一直在顺利进行。1915年7月19日，保加利亚驻德国大使馆武官佩塔尔·甘切夫上校提交了同盟条约的草案。作为善意中立的回报，保加利亚要求获得"马其顿无争议地区和有争议地区"（整个瓦尔达尔马其顿），并且为了防止保加利亚对同盟国的善意中立与罗马尼亚和希腊对其采取敌对态度同时发生，保加利亚要求分别获得南多布罗加和历史上的马其顿的东南部地区。作为直接参与对塞尔维亚的战争的交换条件，保加利亚除了要求获得瓦尔达尔马其顿的领土，还要求获得由塞尔维亚统治的其他领土（波莫拉维亚等），而在罗马尼亚和希腊加入协约国的情况下，索非亚政府的要求则扩大到整个多布罗加和爱琴

---

① R. M. A. -P., G. M. S. -Office of Military Attachés (1896-1941), file no. crt. 73/1915, pp. 2-4.
② Ibid., pp. 11-14.
③ Ibid., pp. 16-53.
④ Ibid., pp. 19-29.

马其顿地区。[①]

四

考虑到保加利亚要求获得的领土很多，1915年8月3日协约国提出的方案不可能取得成功。法国、俄国、英国和意大利承诺向其提供"瓦尔达尔马其顿的无争议地区"，但没有提供进一步的细节，而有关卡瓦拉的声明更加混乱，多布罗加则甚至没有被提及。[②] 当然，在这样的提议下，是无法改变瓦西里·拉多斯拉沃夫和萨克森-科堡-哥达的斐迪南一世沙皇的选择的。

基于以上情况，佩塔尔·甘切夫上校于1915年8月9日被授权与同盟国签署一项公约草案，其中包括以下条款：

（1）作为善意中立的交换条件，保加利亚从塞尔维亚获得瓦尔达尔马其顿地区，从希腊获得马其顿的东南部地区（如果希腊加入了协约国），以及从罗马尼亚获得南多布罗加地区（如果罗马尼亚与同盟国作战）；

（2）作为参加对塞尔维亚战争的交换条件，在罗马尼亚和希腊保持中立的情况下，保加利亚还将获得波莫拉维亚地区，并恢复1912年条约中承诺的但因1913年《布加勒斯特条约》转而分给希腊的领土，以及根据《圣斯特凡诺条约》（1878年2月19日/3月3日），获得至切尔纳沃达—康斯坦察线的罗马尼亚的南多布罗加地区；如果希腊或罗马尼亚参加反对同盟国的战争，它们将在领土方面付出更大的代价。[③]

最终，在1915年8月24日/9月6日经拉多斯拉沃夫和G.米哈埃莱斯签署，保加利亚与同盟国缔结了一项秘密同盟条约。作为保加利亚参加对塞尔维亚战争的交换条件，保加利亚被承诺将获得整个瓦尔达尔马其顿地区和波莫拉维亚地区。至于多布罗加地区，保加利亚只被承诺恢复其1913年失去的领土，前提是罗马尼亚与协约国结盟。对希腊也有类似的规定。德国和奥匈帝国还承诺向保加利亚提供2亿法郎的财政援助，分四期在动员之日起的三个月内提

[①] G. Markov, *Goljamata Vojna i Bălgarskijat Ključ za Evropenskijat Pogreb (1914-1916)*, p. 155.
[②] I. Ilčev, *Bălgarija i Antantata prez Părvata Svetovna Vojna*, p. 198.
[③] G. Markov, *Goljamata Vojna i Bălgarskijat Ključ za Evropenskijat Pogreb (1914-1916)*, pp. 163-164.

供。① 同样，在1915年8月24日/9月6日，拉多斯拉沃夫和费蒂贝伊（Fehti-bey）签署了一项关于土耳其-保加利亚边界调整的协定。② 通过这份文件，保加利亚获得了从阿德里安堡开始的东色雷斯西部的约160个地区。③

1915年9月1日，塞尔维亚议会（Skupština）根据1912年2月29日/3月13日的双边协议，有条件地接受了向保加利亚割让瓦尔达尔马其顿东南部地区的决议。④ 然而，这并没有改变事件的进程。随后保加利亚军队进行了动员（9月10日/23日），协约国与保加利亚断交（9月28日/10月5日），与此同时，法国和英国军队开始在塞萨洛尼基登陆，然后保加利亚向塞尔维亚宣战（1915年9月30日/10月13日）。⑤

沙皇斐迪南和拉多斯拉沃夫政府的决定并未得到公众舆论和政治势力的广泛认同。⑥ 亲俄的政治家们意识到了在多布罗加可能发生的俄国-保加利亚直接军事冲突的严重性，然而，由于他们对这个最大的斯拉夫国家的亲近感，他们不能赞同沙皇和首相的决定。最激烈的反对来自年轻的党魁亚历山大·斯坦博利伊斯基（Aleksandăr Stamboliiski，1879-1923），他是保加利亚国家农民联盟（BZNS）的领导人。1915年9月17日，在国王集体接见反对党领导人时，亚历山大·斯坦博利伊斯基警告沙皇，这种选择可能不仅会让他丢了皇位，还会让他丢了脑袋，沙皇则建议他照顾好自己的脑袋，因为它更年轻、更珍贵，随后亚历山大·斯坦博利伊斯基因为"冒犯君主"而被监禁。⑦

1915年，保加利亚政治领导人的选择最终对国家产生了深远的不利影响。在迅速扩大领土的机会的诱惑下，保加利亚决策者没有正确评估全球权力平衡，并高估了自己在一场消耗战中的经济和军事实力。除了机会性错误，还存在原则性错误。基于他们自己的历史观，保加利亚领导人忽视了其要求获得的领土的族群人口统计数据，以及马其顿居民的自我身份认同。

关于保加利亚参战前罗马尼亚与保加利亚的关系，可以注意到罗马尼亚驻

---

① V. Georgiev, St. Trifonov (eds.), *Istorija na Bǎlgarite 1878-1944 v Dokumenti*, pp. 382-383.

② Ibid., pp. 383-384.

③ Nicolae Ciachir, *Istoria Popoarelor din Sud-Estul Europei în Epoca Modernă (1789-1923)* [History of the Peoples of South-Eastern Europe in the Modern Era (1789-1923)] (Bucharest: Oscar Print Publishing House, 1998), p. 460.

④ T. Velter, *Marea Britanie și Balcanii*, p. 78.

⑤ Ibid., pp. 79-80.

⑥ St. K. Pavlowitch, *Istoria Balcanilor (1804-1945)*, p. 202.

⑦ L. S. Stavrianos, *The Balkans since 1453*, pp. 561-562.

保加利亚大使馆武官弗洛雷亚·采内斯库上尉缺乏获取信息的能力和洞察力。在1915年7月23日的第97号报告中，关于奥斯曼帝国向保加利亚作出的领土让步和保加利亚为向塞尔维亚发起进攻而做的准备的非官方消息被视为毫无根据的"纯粹的谣言"，并且保加利亚参战的前景被认为相当渺茫。[1] 1915年8月15日的第124号报告总结道："然而，现在考虑保加利亚已决定最终攻击塞尔维亚并在这方面采取军事措施还为时过早。"[2] 1915年8月20日的第125号报告提到了保加利亚保持中立的一些原因：军队准备不足，巴尔干战争后经济资源枯竭、弹药短缺，无法克服亲俄-反俄的二分法，战争的沉重负担，以及"作为军人的自己无法辨别和充分了解的其他内部和外部政治秩序方面的原因"。[3] 在上述报告中，采内斯库上尉继续辩称，从军事角度看，与协约国一起参战对保加利亚来说是更容易的选择，并且在政治和领土方面更有利可图。[4]

由于很可能从其他来源获得了情报，布勒蒂亚努再次改变了他对保加利亚攻击塞尔维亚的可能性的看法；1915年7月28日，这位罗马尼亚首相对西蒙·拉德夫表示，在这种情况下，罗马尼亚将保持中立。[5]

根据亚历山德鲁·马尔吉洛曼的回忆录，在保加利亚即将对塞尔维亚发动攻击的情况下，为了获得罗马尼亚的军事支持，塞尔维亚在1915年夏季提出了一个大幅缩小保加利亚领土的计划，其中包括将罗马尼亚的统治扩展到泽泽阿加赫（Dedeagači）[6]，直到爱琴海沿岸。[7] 1915年9月4日/17日，卡米尔·让·布隆德尔向布勒蒂亚努提议与塞尔维亚和希腊结盟，以对抗即将加入同盟国阵营的保加利亚；这位罗马尼亚首相拒绝了这一计划，也不赞成雇用罗马尼亚军队参与南部的战役，但承诺在更有利的情况下在喀尔巴阡山脉另一侧采取行动。[8]

1915年9月初，保加利亚沙皇的姐夫、德国公爵约翰·阿尔布雷希特·冯·梅克伦堡-施威林（Johann Albrecht von Mecklenburg-Schwerin）访问罗马尼亚。在梅钦，阿尔布雷希特在名为"斯特凡大公"的游艇上受到罗马尼亚国王斐迪

---

[1] R. M. A.-P., G. M. S.-Office of Military Attachés (1896–1941), file no. crt. 73/1915, pp. 5–7.
[2] Ibid., file 74/1915, p. 3.
[3] R. M. A.-P., G. M. S.-Office of Military Attachés (1896–1941), file no. crt. 72/1915, p. 1.
[4] Ibid., pp. 2–34.
[5] Ž. Popov, *Dobrudža (1913–1918)*, p. 112.
[6] 泽泽阿加赫（Dedeagach），即亚历山德鲁波利斯（Alexandropolis），位于今希腊东北部。——译者注
[7] Al. Marghiloman, *Note Politice*, p. 321, note of 22 August/4 September 1915.
[8] I. Calafeteanu (eds.), *Istoria Politicii Externe Româneşti în Date*, p. 215.

南一世的接待，他指责罗马尼亚国王留用布勒蒂亚努掌权，随后对保加利亚和沙皇斐迪南进行了颂扬。[1]

罗马尼亚和希腊政府对保加利亚袭击塞尔维亚的反应不同。布勒蒂亚努保持国家中立，而埃莱夫塞里奥斯·韦尼泽洛斯重新在政府中掌权后，试图让希腊站在塞尔维亚一边参战，以回应保加利亚的举动，但遭到国王康斯坦丁及其支持者的阻挠。[2] 在经历了一系列长达 20 年的内部动荡之后，在协约国的压力下，希腊在国王康斯坦丁退位后，于 1917 年 6 月 30 日正式对保加利亚宣战。[3]

与此同时，1916 年 8 月 19 日/9 月 1 日，由于罗马尼亚在 1916 年 8 月 14 日/27 日对奥匈帝国宣战，保加利亚和罗马尼亚之间也爆发了战争。[4] 在这种情况下，保加利亚沙皇发布了一份宣言，其中提到了 1913 年的时刻[5]，并两次提到了多布罗加，但并没有对北多布罗加和南多布罗加进行任何区分。[6]

在接下来的两年（1916 年 9 月至 1918 年 9 月），保加利亚对争夺整个多布罗加的渴望受到四国同盟伙伴的反对，当这个障碍被克服时（柏林议定书，1918 年 9 月 25 日），战败已成定局。由于塞萨洛尼基停战协议（1918 年 9 月 16 日/29 日）中的一些条款，保加利亚保留多布罗加的幻想在接下来的 14 个月里逐渐破灭。尽管保加利亚关于多布罗加的宣传非常积极并且不乏附和之声，尤其是在英美圈子中，但并未带来任何实际收益，从领土角度看，保加利亚成为战败国的一员已经显而易见。《纳伊条约》（1919 年 11 月 27 日）被保加利亚人认为是"第二次国家灾难"（继 1913 年的《布加勒斯特条约》之后），该条约规定将罗马尼亚和保加利亚现有的边界维持在 1914 年 8 月 1 日的状态。[7] 经历了 62 年的不断变化，尤其是在 1913—1919 年的剧变和频繁变动后，多布罗加这块土地在政治和领土方面的命运在 1940 年被确定下来，当时罗马尼亚和保加利亚的边界恢复到了 1878—1913 年的状态。

---

[1] I. Gh. Duca, *Memorii*, vol. 2, *Neutralitatea: Parteaa II-a (1915-1916)* [Memories, vol. 2, Neutrality: Part II (1915-1916)], eds. Stelian Neagoe (Timișoara: Helicon Publishing House, 1993), pp. 34-35.

[2] C. Iordan, *Venizelos și românii*, pp. 54-55.

[3] M. N. Popa, *Primul Război Mondial (1914-1918)*, pp. 365, 503-504.

[4] I. Calafeteanu (eds.), *Istoria Politicii Externe Românești în Date*, p. 218.

[5] 指 1913 年的《布加勒斯特条约》。——译者注

[6] V. Georgiev, St. Trifonov (eds.), *Istorija na Bălgarite 1878-1944 v Dokumenti*, pp. 439-440.

[7] I. Calafeteanu (eds.), *Istoria Politicii Externe Românești în Date*, p. 235.

结　语

　　从历史的角度来看，对于罗马尼亚和保加利亚来说，第一次世界大战的第一年是解决双边领土问题（所谓的"多布罗加问题"）的一个有利时机。然而，由于两国政府（扬·布勒蒂亚努和瓦西里·拉多斯拉沃夫）在外交政策上的分歧，这个机会被错失了。这些分歧导致了相反的政治和军事选择，使解决南多布罗加问题变得不可能，尽管它对于东南欧这两个国家的重要性相对较低（旧多布罗加在地缘政治、战略和经济/商业方面对罗马尼亚具有特殊的重要性）。两国外交政策选择上的分歧的根源在于它们的其他领土诉求（罗马尼亚希望获得特兰西瓦尼亚，而保加利亚希望获得整个瓦尔达尔马其顿），以及它们对战争结果的一些考量。

　　然而，值得注意的是，罗马尼亚对特兰西瓦尼亚的权利主张，至少在宏观上是合理的，不仅在历史上，而且在民族人口统计学上，尤其是从民族认同的角度来看都是如此。同时，从广义来说，布勒蒂亚努对战争结果的评估后来被证明是现实的。至于拉多斯拉沃夫政府，我们注意到他们在原则和机会方面都犯了严重的错误。备受追捧的马其顿地区是一个民族、语言和宗教多样性极其复杂的地区，许多说斯拉夫语的马其顿人并不认同自己是保加利亚人。德军自1915年和1917年以来在东线取得的胜利，只是延缓了协约国的胜利，事实上，从协约国的人口优势，尤其是经济金融优势来看，这是可以预测的。

　　总的来说，1914—1915年，保加利亚统治者鲁莽而不切实际地希望尽快占领马其顿的大部分地区，其影响之一是使其收复1913年失去的南多布罗加领土的时间推迟了20—25年。

历史文化认同与地缘政治：南斯拉夫与苏联建交问题（1918—1940）

武 垚

摘要：第一次世界大战后，依照民族自决原则，南部斯拉夫人成立了塞尔维亚人-克罗地亚人-斯洛文尼亚人王国，并在1929年改称南斯拉夫王国。由于塞尔维亚族人在政权中占据主导优势，因此该国的外交政策大体上是由塞族人主导的。在长达20余年的时间里，王国政府一直没有和苏俄及之后的苏联建立任何外交联系。除了像欧洲其他国家一样对红色革命心有忌惮，塞尔维亚对俄国的历史文化认同，也是该国政府一直与对方保持距离的重要原因之一。同时，两战之间苏联在欧洲凡尔赛体系中的缺位，也为南斯拉夫对苏联的历史文化偏见提供了长期存在的稳定环境。第二次世界大战爆发后，随着凡尔赛体系的彻底崩溃和苏联"东方战线"的建立，南斯拉夫开始重新审视苏联在中东欧地区的重要作用。最终，南斯拉夫放弃了历史文化偏见，选择与苏联建交。

关键词：历史文化认同；地缘政治；苏联；南斯拉夫

作者简介：武垚，历史学博士，河南科技大学人文学院讲师

近代以来，东南欧地区深受欧洲大国博弈的影响。在"东方危机"中，俄国宣扬泛斯拉夫主义，大力支持塞尔维亚和保加利亚反抗奥斯曼帝国的斗争运动。由于在民族、文化和宗教上的共同之处，俄国与塞尔维亚、保加利亚之间结成兄弟般的盟友关系。第一次世界大战后，塞尔维亚人、克罗地亚人和斯洛文尼亚人组成南部斯拉夫人王国，并在1929年正式改称南斯拉夫王国。面对

新生的苏联，南斯拉夫和英法等保持一致，对其采取敌视态度。在认识到苏联无法被消灭后，1922—1934年欧洲国家先后与苏联建交。其中，既有凡尔赛体系支柱的德、意、英、法，也有南斯拉夫的盟友捷克斯洛伐克、希腊、罗马尼亚、土耳其。然而，直到1940年春，南斯拉夫一直没有与苏联建交。接着，在1940年4—6月，南斯拉夫对苏联又完成了从不承认到贸易伙伴再到建交的外交大转折。那么，是哪些因素导致南斯拉夫长期拒绝与苏联建交？又是什么原因促使南斯拉夫对苏联的外交政策在短时间内发生剧变呢？

国内学者的研究一般集中于第二次世界大战中苏德战争爆发前夕苏联与南斯拉夫的外交关系方面，而关于两次世界大战之间南斯拉夫与苏联关系的研究相对较少，也不够充分。[①] 国外对两战之间的南苏关系问题，更多的是从文化叙事、移民叙事角度探讨南斯拉夫对俄国的历史文化认同的演变。[②] 本文在吸取前人学术成果的基础上，使用了《南斯拉夫王国外交文件》《南斯拉夫国会议事录》《意大利外交文件》和《英国外交事务文件》等档案文件，系统梳理了塞尔维亚和南斯拉夫与沙俄和苏联关系的演变，着重对两战之间南斯拉夫对苏联的认知发生变化的原因进行了分析，并尝试对乌克兰危机背景下的塞俄关系走向作出判断。

一、巴尔干地区的地缘政治与塞尔维亚对俄国历史文化认同的形成

塞尔维亚对俄国的深厚情谊，根植于19世纪以来的俄国对塞尔维亚民族独立事业的巨大帮助。自19世纪初开始，巴尔干地区的塞尔维亚人、希腊人、保加利亚人就掀起了反抗奥斯曼土耳其统治的浪潮。在塞尔维亚谋求民族独立

[①] 罗志刚：《第二次世界大战爆发前后的南斯拉夫对外政策》，《历史研究》1987年第6期，第178—189页；梁强：《二战初期苏联对巴尔干地区外交政策的得失——基于〈苏南友好和互不侵犯条约〉的分析》，《俄罗斯东欧中亚研究》2020年第5期，第133—153页；张海霞：《苏南关系研究（1918—1953）》，黑龙江大学马克思主义学院，硕士学位论文，2014。

[②] Aaron J. Cohen, "'Our Russian Passport': First World War Monuments, Transnational Commemoration, and the Russian Emigration in Europe, 1918–39," *Journal of Contemporary History*, No. 4, 2014, pp. 627-651; Stanislav Sretenović, "The Invention of Yugoslav Identity: Serbian and South Slav Historiographies on World War I, 1918-2018," in *Writing the Great War: The Historiography of World War I: From 1918 to the Present*, eds., Christoph Cornelissen, Arndt Weinrich (Berghahn Books, 2021), pp. 263-301.

的过程中，俄国给予了塞尔维亚外交声援、派遣志愿军等宝贵的援助。因此，在 19 世纪后期泛斯拉夫主义和泛东正教思潮的大背景下，俄国很自然地被塞尔维亚视为斯拉夫大家庭的兄长。同时，在民族国家的构建过程中，塞尔维亚史学家将中世纪的塞尔维亚国家与拜占庭帝国相联系，这无疑又在一定程度上加强了该国对"第三罗马"俄国的历史文化认同。

（一）"东方危机"中俄国对塞尔维亚的支持

在奥斯曼帝国衰落之后，其统治下的巴尔干地区的各个民族纷纷发动起义以实现国家独立。同时，英、法、奥匈和俄国等欧洲大国，围绕奥斯曼帝国在巴尔干等地区的领土和权益问题多次进行博弈，由此引发的一系列国际问题，被统称为"东方危机"或"东方问题"。塞尔维亚对俄国深厚的历史情谊，与后者对它在"东方危机"中的帮助和声援是分不开的。

在 1389 年的科索沃战役中战败之后，塞尔维亚就成为奥斯曼帝国的一部分。近代以来，随着奥斯曼帝国的衰落和塞尔维亚民族意识的觉醒，塞尔维亚当地民众组织了一系列反抗奥斯曼帝国的起义。在 1804 年和 1815 年的起义之后，塞尔维亚获得了高度的自治权，并最终在 1834 年迎来了国家主权的部分独立。当时的塞尔维亚在名义上仍然是奥斯曼帝国的属国，并且其部分领土依然处在后者的直接统治之下。然而，与奥斯曼帝国之间的巨大实力差距，是塞尔维亚国家独立事业的最大障碍。因此，多次击败奥斯曼帝国并利用割地赔款等方式削弱对方的俄国，自然成为塞尔维亚最为得力的外援。同时，19 世纪以来俄国国内兴起了泛斯拉夫主义和泛东正教思潮，使俄国将自己视为奥斯曼帝国境内斯拉夫民族的解放者和东正教教徒的保护者。从 19 世纪初期开始，俄国就先后支持塞尔维亚独立事业的两位领袖卡拉乔尔杰维奇（Karageorgević）和奥布雷诺维奇（Obrenović）的起义活动。由于俄国在 1828—1829 年的第九次俄土战争中的胜利以及战后双方签订了《阿德里安堡和约》，奥斯曼被迫同意授予塞尔维亚高度自治权。1834 年，在俄国的直接帮助下，塞尔维亚又从奥斯曼帝国获得了东正教会的自主权。[①]

相比之下，英、法、德等国更愿意维持巴尔干地区的现状，以防止奥斯曼帝国过度衰落造成的中东和地中海地区的混乱。在东方危机的博弈中，英、法

---

① Kemal H. Karpat, "The Balkan National States and Nationalism: Image and Reality," *Islamic Studies*, 2/3 1997, Special Issue: Islam in the Balkans, p. 349.

一直对俄国在巴尔干和黑海地区扩张的迅猛势头保持高度警惕。1853—1856年，英、法出兵支持奥斯曼帝国对抗俄国，并在克里米亚战争中将它击败。战后，受制于英、法的压力，俄国不仅不能轻易发动对奥斯曼帝国的战争，而且对塞尔维亚等巴尔干地区斯拉夫人独立事业的支持也陷入低谷。

当塞尔维亚的国家独立在1875—1878年爆发"东方危机"期间遭遇重大危机时，俄国的外交支持、军事掩护和民间声援，都大大加强了两国之间的兄弟情谊。1875年，黑塞哥维那地区的农民发动起义，塞尔维亚在次年也对奥斯曼帝国宣战。然而，由于两国之间巨大的实力差距，塞尔维亚很快落败，甚至有被奥斯曼帝国重新统治的风险。1876年10月，塞尔维亚国家元首米兰大公向俄国沙皇亚历山大二世紧急求援。俄国响应了塞尔维亚的求援，明确表态支持塞尔维亚维护国家主权的军事行动，并向奥斯曼帝国发出最后通牒，要求它在48小时内同塞尔维亚休战。慑于俄国的军事威胁，奥斯曼帝国同意与塞尔维亚停战。[1] 此举可谓拯救塞尔维亚于危亡之际。对此，亚历山大二世表示："我知道全俄国都与我一道，深切关注我们的兄弟因信仰和起源问题而遭受的苦难……我一直努力并将继续努力以和平方式实现巴尔干半岛所有基督徒居民生活的真正改善。"当时仍是俄国皇太子的尼古拉二世也敦促亚历山大二世以斯拉夫事业的名义对塞尔维亚等国进行干预。[2] 1877年4月24日，亚历山大二世对奥斯曼帝国宣战。俄国国内群情激昂，"斯拉夫福利委员会"发起全国大募捐，以支援包括塞尔维亚人在内的南部斯拉夫人。[3] 1878年3月3日，俄国又一次击败了奥斯曼帝国，并迫使奥斯曼帝国在《圣斯特凡诺条约》（Treaty of San Stefano）中承诺塞尔维亚的完全独立。

除了官方的支持，俄国民间对塞尔维亚的声援对后者而言也是非常重要的。由于民间声援的情绪化特征，甚至可以说它更能反映俄国和塞尔维亚之间的斯拉夫兄弟情谊。其中，伊万·谢尔盖耶维奇·阿克萨科夫（Ivan Sergeyevich

---

[1] 陈界：《19世纪泛斯拉夫主义与俄土战争》，《史学集刊》2003年第3期，第58页。
[2] Alexis Heraclides and Ada Dialla, *Humanitarian Intervention in the Long Nineteenth Century: Setting the Precedent* (Manchester: Manchester University Press, 2015), p. 173.
[3] 陈界：《19世纪泛斯拉夫主义与俄土战争》，第58页。

Aksakov)① 领导的莫斯科斯拉夫委员会（Moscow Slav Commission）在援助塞尔维亚人的独立事业方面作出了很多贡献。在亚历山大二世对奥斯曼帝国宣战之前，1876年泛斯拉夫委员会就派遣了包括约800名前俄国军官在内的5000名志愿者参加塞尔维亚军队，与奥斯曼军队作战。不过，俄国政府并未公开支持他们，只是默许俄军军官和士兵加入塞尔维亚的军队。② 同时，阿克萨科夫积极动员俄国社会为塞尔维亚进行募捐，组织俄国红十字会赶赴塞尔维亚救治伤员。③ 在1878年6月22日召开的莫斯科斯拉夫委员会会议上，他呼吁沙皇亚历山大二世抵抗西方列强的压力，保证塞尔维亚等巴尔干斯拉夫人的合法权益。他指出，保卫塞尔维亚的独立和保加利亚的自由，事关俄国的荣誉和良知；维护斯拉夫人的权益，是俄国的历史传统和历史使命。④ 俄国作曲家彼得·伊里奇·柴可夫斯基（Peter Ilyich Tchaikovsky）受俄罗斯音乐协会（Russian Musical Society）委托，为俄国红十字会的慈善音乐会谱写了《塞尔维亚-俄罗斯进行曲》（Serbo-Russian March），以声援在战争中死伤的塞尔维亚军人。⑤ 在当时俄国社会的宣传中，他们将帮助塞尔维亚人等巴尔干地区斯拉夫民族的行动，与1812年反抗拿破仑入侵相联系，其对支援塞尔维亚的行动的重视由此可见一斑。⑥

俄国对塞尔维亚独立事业的帮助，自然让后者心怀感激。在塞尔维亚人等巴尔干地区的斯拉夫民族心目中，俄国成为斯拉夫大家庭的长兄。泛斯拉夫主义也因此得到进一步发展，组建以俄国为首的斯拉夫联盟成为共识之一。⑦

---

① 伊万·谢尔盖耶维奇·阿克萨科夫（Ivan Sergeyevich Aksakov, 1823-1886）是沙俄时期的一位斯拉夫主义者，并在19世纪后期转而支持泛斯拉夫主义。作为记者和报纸出版商，他在俄国的泛斯拉夫主义宣传中发挥了重要作用。他的兄长康斯坦丁·谢尔盖耶维奇·阿克萨科夫（Konstantin Sergeyevich Aksakov, 1817-1860）也是一位著名作家和斯拉夫主义者。参见："康斯坦丁·谢尔盖耶维奇·阿克萨科夫"，https://www.britannica.com/biography/Konstantin-Sergeyevich-Aksakov#ref291807。

② 杰弗里·霍斯金：《俄罗斯史》，李国庆等译，南方日报出版社，2013，第305页。

③ Alexis Heraclides and Ada Dialla, *Humanitarian Intervention in the Long Nineteenth Century: Setting the Precedent*, p. 186.

④ И. С. Аксако, Наше знамя-русская народность (М.: Институт русской цивилизации, 2008), c. 56-60, 转引自赵爱国：《俄罗斯"斯拉夫主义"哲学思想的学历内涵》，《俄罗斯研究》2015年第4期，第22页。

⑤ Alexis, Heraclides and Ada Dialla, *Humanitarian Intervention in the Long Nineteenth Century: Setting the Precedent*, p. 186.

⑥ Ibid., p. 187.

⑦ 白晓红：《俄国斯拉夫主义》，商务印书馆，2006，第203页。

（二）拜占庭历史文化认同的确立

除了"东方危机"中俄国对塞尔维亚的帮助，塞尔维亚民族史学构建中的拜占庭研究也进一步加深了塞尔维亚对俄国深厚的历史情谊。近代以来，俄国一直在学习西方和守护斯拉夫文化之间徘徊。19世纪，俄国国内掀起了两种思潮的大辩论。赞同维护斯拉夫文化的保守主义者认为俄国始终被英、法等西方文明所排斥，克里米亚战争就是证明。英、法等西方国家是"罗马-日耳曼"文明，俄国要团结斯拉夫世界，建设斯拉夫文明。此外，拜占庭帝国是斯拉夫文明的源流，俄国是拜占庭帝国的继承者，是所谓的"第三罗马"。

在追求民族独立的过程中，塞尔维亚不仅要通过与奥斯曼帝国的战争来扩张领土，同时也要从历史中建构民族诉求的依据。在俄国拜占庭史学研究的影响下，塞尔维亚的文化精英也将拜占庭史学视为民族史学建构的重要来源之一。他们将拜占庭视为真正的基督教信仰、东正教精神以及罗马帝国传统的守护者。[①] 塞尔维亚的文化精英认为，中世纪的塞尔维亚王国是本民族历史的黄金时代，也是近代本国独立统一事业的最终目标。[②] 当时的塞尔维亚文化精英吸收了英、法、德、俄等国的拜占庭研究成果，从正面塑造了拜占庭帝国的史学形象。在寻求塞尔维亚和拜占庭帝国之间历史继承关系的同时，他们也试图阐释双方之间的差异性。其间，拜占庭对中世纪塞尔维亚整个政治和文化生活的影响，特别是在中世纪塞尔维亚国王统治期间（1159—1367年），被塞尔维亚历史学家视为一个过程，通常被描述为政治和文化"拜占庭演变"。[③] 对拜占庭历史文化的共同追求，成为塞尔维亚和俄国兄弟情谊又一重要纽带。

二、两次世界大战之间的南斯拉夫-苏联文化认同差异

第一次世界大战结束后，战胜国与德国等战败国签订了《凡尔赛条约》等一系列条约，构建了欧洲地区的国际新秩序——凡尔赛体系。在凡尔赛体系建立之初，以英法为首的欧洲国家就着手对苏俄进行武装干涉，企图与其国内的

[①] Aleksandar Ignjatović, "Byzantium's Apt Inheritors: Serbian Historiography, Nation-Building and Imperial Imagination, 1882-1941," *The Slavonic and East European Review*, No.1, 2016, pp. 62-63.

[②] Ibid., pp. 75-76.

[③] Ibid., p. 64.

反革命势力联合起来，消灭这个新生的社会主义政权。在一系列的敌对手段失败之后，英、法、意等国逐渐接纳苏联，并在 1925—1926 年先后与它建交。到 1933 年，包括南斯拉夫邻国在内的欧洲大部分国家都已经与苏联建交。然而，自 1918 年 12 月建国以来，南斯拉夫却一直迟迟没有与苏联建立任何形式的外交关系。直到第二次世界大战爆发后，南苏两国才逐渐破冰，并在 1940 年 6 月建交。两国之所以在 20 多年的时间里没有建交，与两国在历史文化认同方面的巨大差异有密切关系。十月革命之后，苏俄取代沙俄，并在之后建立了苏联；第一次世界大战后，塞尔维亚王国政府联合伦敦委员会建立南斯拉夫王国，并在王国政治、外交、军事等方面占据主导地位。因此，南斯拉夫继承了塞尔维亚对俄国深厚的历史文化认同。这种认同既有一战盟友之谊，也有长期积淀的斯拉夫兄弟之情。

俄国长期支持塞尔维亚的独立事业，在第一次世界大战中也不例外。在萨拉热窝事件引发"七月危机"之后，俄国积极协调奥匈和塞尔维亚之间的紧张关系，力图将大战爆发的导火线掐灭。俄国先后提议由海牙常设仲裁法院（Permanent Court of Arbitration）和英、德、法、意四个中立国进行仲裁，但都被奥匈帝国拒绝。[1] 在第一次世界大战爆发后，俄国军方立即发表公告，宣称其战争目标是解放塞尔维亚人等所有斯拉夫民族。由于在 1912—1913 年先后参加了两次巴尔干战争，塞尔维亚军队损耗极大，战争物资急缺，难以对抗常年处于备战状态的奥匈帝国。为此，俄国积极为塞尔维亚提供支援，并一度成为其最大的武器装备、食品和战争物资供应国。在与奥匈帝国的战役中，俄军俘获了奥匈帝国军队中为数不少的克罗地亚人和斯洛文尼亚人，并将他们单独组建成南斯拉夫军团与奥匈作战，与塞尔维亚军队的英勇战斗遥相呼应。[2]

对于南斯拉夫而言，第一次世界大战可谓立国之战，其人民也因为战争、疾病和物资匮乏而遭受巨大伤亡。如果没有俄国等协约国盟友的帮助，南斯拉夫断然是无法仅凭一国之力击败庞大的奥匈帝国和奥斯曼帝国的。因此，在战后南斯拉夫的第一次世界大战纪念中，俄国（苏联）始终占据一个十分重要的位置。20 世纪 30 年代，南斯拉夫政府的塞尔维亚政治人士与沙俄侨民合作，

---

[1] Владимир Димитријевић, "Русијаи Србија кроз векове-100 година од 1. Св. рата," https://xn--80aaaahbp6awwhfaeihkk0i.xn--c1avg.xn--90a3ac/ctenie/svyataya-rus/441-100-godina-od-prvog-sv-rata, 访问日期：2022 年 11 月 15 日。

[2] Janko Lavrin, "The Slav Idea and Russia," *The Russian Review*, No. 1, 1962, pp. 19-20.

将俄国烈士遗体陆续从南斯拉夫的偏远地区转运到位于贝尔格莱德的新公墓,[①]并建造了一座大型纪念碑。在纪念碑的落成仪式上,塞尔维亚东正教牧首发表的讲话将两国的一战盟友之谊体现得淋漓尽致:

> 在强大的敌人从四面八方袭击小小的塞尔维亚的时候,俄国人如我们所期盼那样保卫了塞尔维亚人,并为此付出了巨大的牺牲。俄国人伟大的斯拉夫灵魂不允许他们自己冷漠地看待一个斯拉夫兄弟民族的灭亡。

每年的8月1日和一战停战纪念日,南斯拉夫政府都会组织本国社会名流和俄国移民一同在纪念碑前举行纪念仪式,并宣扬两国在第一次世界大战中的盟友情谊。在建造纪念碑之时,南斯拉夫尤其是塞尔维亚的许多政要和组织还踊跃捐款。其中,国王亚历山大一世(Alexander Ⅰ)和彼得二世(Peter Ⅱ)的政府分别捐赠了5000第纳尔和1万第纳尔。此外,南斯拉夫还积极赞助国外的俄国一战纪念活动。在捷克斯洛伐克为俄国和塞尔维亚一战烈士安葬遗骨和建造纪念碑时,南斯拉夫宗教部(Yugoslav Ministry of Religion)对其给予了大量资助。[②]

在一战俄国烈士纪念碑的建造过程中,十月革命后流亡到南斯拉夫的俄国移民起到了很大的推动作用。俄国移民之所以对纪念碑建造一事尽心尽力,很大程度上是为了鼓动塞尔维亚公众舆论反对南斯拉夫和苏联建交,进而保障本群体在南斯拉夫的权益。南斯拉夫国王亚历山大一世对俄国在第一次世界大战中的帮助一直心怀感激。作为回报,南斯拉夫接收了大量的俄国移民,并在斯雷姆斯基·卡尔洛夫奇市(Sremski Karlovci)安置了俄国东正教教会。20世纪20年代,南斯拉夫政府招募了具有军事和行政技能的俄国移民在新国家的官僚机构中任职,并邀请移民中的农民耕种当地土地。共同的宗教信仰、相似的语言和悠久的历史情谊,大大增加了南斯拉夫对这些移民的吸引力,并使该国成为仅次于法国的欧洲俄国移民社区。

[①] 新公墓,塞尔维亚语为Novo Groblje。这是始建于1886年的贝尔格莱德的第三座基督教公墓。公墓配有东正教教堂等宗教设施,逝者以东正教习俗下葬。许多塞尔维亚和南斯拉夫的政治家、科学家和艺术家等知名人士也都埋葬于此。

[②] Aaron J. Cohen, "'Our Russian Passport': First World War Monuments, Transnational Commemoration, and the Russian Emigration in Europe, 1918-39," pp. 646-649.

历史研究

  同时，一些俄国移民的文化符号也融入了两战之间南斯拉夫的社会文化当中。其中，末代沙皇尼古拉二世成为塞尔维亚东正教的殉道者，就是十分典型的一例。作为东正教大国俄国的统治者，尼古拉二世本身就是一位重要的宗教人物，而其全家遇害的悲惨遭遇，也唤起了南斯拉夫人尤其是塞尔维亚人的同情心。当时，塞尔维亚的东正教会和信徒认为尼古拉二世之死是光荣的殉道。塞尔维亚社会和军队中都流传着一些有关尼古拉二世的显圣传说，东正教修道院也为其绘制了圣像。① 为了缅怀尼古拉二世，在南斯拉夫国王亚历山大一世捐建的贝尔格莱德圣亚历山大·涅夫斯基（St. Alexander Nevsky）② 教堂中，当地教会竖立了一块尼古拉二世纪念碑，上面写着"尼古拉二世沙皇——烈士"。③ 到20世纪30年代末，在一些南斯拉夫东正教教堂当中，尼古拉二世的肖像已经成为和南斯拉夫国王亚历山大一世、彼得一世的肖像一样重要的宗教圣像装饰。④

  与一战纪念、斯拉夫兄弟情谊成为南斯拉夫与俄国移民之间情感桥梁不同，苏俄及苏联的文化政策意识形态色彩浓厚，沙俄时期的东正教、一战等历史文化遗产，一度成为苏俄及苏联的文化禁区。列宁意识到，尽管十月革命终结了沙俄罗曼诺夫王朝，但是其长期统治遗留下来的旧文化并没有立即消失，而这些旧文化残余严重阻碍了布尔什维克党的自身建设和人民群众思想文化水平的提高。为此，列宁提出要利用纸媒、教科书、讲座或影视等多种手段对群众进行文化教育，以使他们克服旧制度遗留下来的旧文化的影响。⑤ 列宁还揭露和严厉地谴责了尼古拉二世沙皇政府的战争罪责，甚至认为其在第一次世界大战中体现出的反动和掠夺性，要比其他各参战国政府体现得更加明显。⑥ 在苏联官方媒体的宣传话语中，第一次世界大战见证了革命政权与欧洲资产阶级

---

 ① Владимир Димитријевић, "Русији и Србија кроз векове-100 година од 1. Св. рата".
 ② 圣亚历山大·涅夫斯基（St. Alexander Nevsky, 1220-1263），俄罗斯历史上的著名人物，原名亚历山大·雅罗斯拉维奇。因为在伊佐拉河和涅瓦河交汇处率领俄军击败瑞典军队，他赢得了"涅夫斯基"的称号，意为"涅瓦河"。1547年，他被俄国东正教会封为"圣人"。
 ③ Владимир Димитријевић, "Русији и Србија кроз векове-100 година од 1. Св. рата".
 ④ Aaron J. Cohen, "'Our Russian Passport': First World War Monuments, Transnational Commemoration, and the Russian Emigration in Europe, 1918-39," p. 648.
 ⑤ 贾淑品、阳银银：《列宁文化领导权思想的理论精髓及其当代价值》，《当代世界与社会主义》2022年第5期，第74—75页。
 ⑥ 张盛发：《从遗忘的战争到重要的战争——俄罗斯重新评价第一次世界大战》，《俄罗斯学刊》2017年第4期，第6页。

国家的分道扬镳。① 同时，苏联史学界对第一次世界大战的研究，也受到列宁的帝国主义战争理论的深远影响。苏联史学界对于第一次世界大战的消极评价，一直到苏联末期戈尔巴乔夫当政后才逐渐有所改变。② 南苏两国对第一次世界大战和东正教截然不同的态度，无疑成为两国建交的精神文化壁垒。

南斯拉夫和苏联之间关于俄国历史文化遗产的认同差异，是导致两国迟迟不能建交的内在原因。第一次世界大战后欧洲凡尔赛体系的相对稳定，则为这种文化隔阂的持续生长提供了温床。在凡尔赛体系之下，欧洲实现了将近20年的总体和平。在这近20年的时间里，尽管出现了德国赔款、裁军、全球性经济危机、西班牙内战、莱茵兰事件、德奥合并、苏台德危机等一连串重大安全挑战，但是欧洲地区的国际环境总体相对稳定。在凡尔赛体系之下，英、法、意等国虽然先后与苏联建交并邀请它加入国联，但是在合作解决国际重大危机方面，苏联始终是个"局外人"。就南斯拉夫所在的巴尔干地区而言，作为对该地区有深远影响的大国，苏联第二次世界大战前在巴尔干问题上一直都没有发言权。两战之间苏联在欧洲和巴尔干事务中的长期缺位，使得南斯拉夫一直无视它的存在并保有对它的历史文化偏见。

三、第二次世界大战初期南斯拉夫与苏联的建交过程

在凡尔赛体系相对稳定的背景下，南苏两国在对俄国历史文化认同方面的巨大差异和苏联在欧洲事务中"无足轻重"的国际地位，是第一次世界大战后两国长时间内没有建立任何外交关系的重要原因。然而，随着第二次世界大战的爆发，凡尔赛体系彻底崩溃。之后，苏联进占波兰东部，并在从波罗的海到巴尔干半岛的广阔地带上建立了"东方战线"。在短短数月内，苏联就摆脱了欧洲和巴尔干事务"局外人"的形象，成为欧洲局势重要的操盘手之一。欧洲大陆尤其是巴尔干地区国际局势的剧变，导致南斯拉夫对苏联的历史文化偏见的外部环境消失。此时，南斯拉夫必须要调整自己的对苏政策，以适应一个全新的地缘政治格局。

---

① Aaron J. Cohen, "'Our Russian Passport': First World War Monuments, Transnational Commemoration, and the Russian Emigration in Europe, 1918-39," p. 650.

② 张盛发：《从遗忘的战争到重要的战争——俄罗斯重新评价第一次世界大战》，第6页。

(一) 南斯拉夫内外环境的变化

与20世纪20年代欧洲地缘政治格局总体稳定不同,在世界性经济危机和德、意法西斯的双重打击之下,30年代凡尔赛体系已然到了摇摇欲坠的地步。为了有效应对希特勒上台带来的种种挑战,英、法向苏联伸出了橄榄枝。1934年9月,苏联在英、法等国的邀请下加入了国际联盟;1935年5月,苏、法缔结了针对德国的互助条约。将苏联视为遏制德国重要力量的不只有英、法,也包括捷克斯洛伐克等中小国家。1934年捷克斯洛伐克与苏联建交,次年双方就缔结了与《苏法互助条约》相关联的《苏捷互助条约》。以上事实表明,苏联正在逐渐从欧洲地缘政治格局的边缘走向中心。与此同时,作为南斯拉夫盟友的捷克斯洛伐克和土耳其等国,都在推动南斯拉夫和苏联关系的改善。在捷克斯洛伐克的压力下,1934年南斯拉夫同意不反对苏联加入国际联盟。1936年10月,南斯拉夫首相米兰·斯托亚迪诺维奇(Milan Stojadinović)[①] 前往安卡拉出席土耳其共和国国庆活动,苏联驻土外交代表团也受邀参加。时任土耳其总统的凯末尔·阿塔图尔克(Kemal Atatürk)向斯托亚迪诺维奇表达了愿意调解南苏两国关系的意愿,但遭到了后者的婉拒。斯托亚迪诺维奇表示,南斯拉夫承认苏联的时机尚不成熟,但它不会再反对苏联,而是要培养南苏之间的友谊。[②] 由此可见,欧洲国家对苏联态度的整体改善,在一定程度上减少了南斯拉夫对苏联的历史文化偏见,而这种偏见的减少与第二次世界大战爆发后欧洲出现的全新地缘政治格局有着密不可分的联系。在苏德瓜分波兰之后,苏联通过苏芬战争等强硬手段在东欧地区构筑起了"东方战线",这意味着苏联重新恢复了1917年之前俄国在东欧地区的影响力。这种外部环境的剧变,在很大程度上促进了南斯拉夫对苏联认识的彻底转变。

早在第二次世界大战爆发前,南斯拉夫政界的有识之士就已经开始呼吁要转变政府对苏联的态度。在1937年南斯拉夫参议院大会第13次会议上,乌罗

[①] 米兰·斯托亚迪诺维奇(Milan Stojadinović, 1888-1961),塞尔维亚和南斯拉夫王国著名政治家。第一次世界大战后曾出任财政大臣,1935—1939年担任首相兼外交大臣。在任期间,他改善了南斯拉夫的经济状况,并与周边国家开展和解外交,尤其是密切了与德意的关系。

[②] "M. Ponsot, Ambassadeur de France à Ankara, À M. Delbos, Ministre des Affaires étrangères," 31 octobre 1936, *Documents Diplomatiques Français* (*DDF*), 1936-1939, Tome III (P. I. E. Peter Lang, 2005), p. 428.

什·克鲁利（Uroš Krulj）[①]参议员在演讲中主张与苏联建交。他的理由主要有两点：一是几乎所有国家都与苏联建立了正常的外交关系；二是苏联是国联成员，实行的是支持集体和平的外交政策，同时又反对修正主义。[②] 由此，第二次世界大战爆发前，贝尔格莱德坊间就已经开始流传南苏建交谈判的消息了。意大利驻南斯拉夫公使马里奥·英德利（Mario Indelli）认为，南斯拉夫已经原则上决定与苏联建交。然而，由于苏联和德国瓜分波兰等军事外交行动，南斯拉夫不得不谨慎行事。当时南斯拉夫是国联成员国，因此它必须等待英法对苏联的外交表态之后，才能确定自己是否与苏联建交。[③] 就南斯拉夫国内而言，其对苏德瓜分波兰的态度是复杂的。一方面，南斯拉夫人担心一旦苏联在波罗的海地区确立了主导地位，它的下一步目标就是黑海沿岸地区。到时候，南斯拉夫就有可能成为苏、德大国博弈的牺牲品。另一方面，南斯拉夫人对苏联的直接反应是"解脱"。南斯拉夫人认为苏联占领波兰东部，预示着德国在闪击波兰之后不会向罗马尼亚进军。因为如果德国进攻罗马尼亚，那么它将不得不考虑苏联在该地区的军事存在和利益。南斯拉夫人尤其是塞尔维亚人普遍认为，苏联进占波兰主要是为了阻止德国向黑海和巴尔干半岛上的斯拉夫国家发动进攻。这标志着苏联再次以俄国传统的巴尔干斯拉夫人保护者的身份出现在南斯拉夫公众面前。[④] 随着英、法对苏联态度的明朗和苏芬战争的结束，南苏建交的前景愈加清晰。为了稳妥，南斯拉夫决定先与苏联建立商业关系。

（二）南斯拉夫与苏联建交

南斯拉夫贸易大臣安德烈是两国商业关系谈判的发起人。保罗摄政王[⑤]采纳了他的意见，指示南斯拉夫外交部与苏联方面进行联络。起初，安德烈提议

[①] 乌罗什·克鲁利（Uroš Krulj，1875–1961），波黑塞族医生和政治家，在波黑社会和政治思想史上占有特殊的地位。他长期活跃在南斯拉夫政坛，并在二战时期南斯拉夫流亡政府内任职。

[②] "XIII Redovni Sastanak," *Stenografske beleške Senata Kraljevine Jugoslavije, 1936–1937*, SI AS 2058/15, Štamparija Drag, 1937, c. 291–295.

[③] "Il Ministro A Belgrado, Indelli, Al Ministro Degli Esteri, Ciano," 9 Ottobre 1939, *I Documenti Diplomatici Italiani (IDDI)*, Serie 9, Vol. 1 (Istituto Poligrafico e Zecca dello Stato P. V., 1954), p. 414.

[④] "Mr. Shone to Viscount Halifax," November 4, 1939, *British Documents on Foreign Affairs (BDFA)*, Part II, Series F: Europe, 1919–1939, Volume 15 (University Publications of America, 1993), p. 262.

[⑤] 保罗·卡拉乔尔杰维奇（Paul Karađorđević，1893–1976），塞尔维亚王国和南斯拉夫王国卡拉乔尔杰维奇王朝的皇室成员，南斯拉夫土国亚历山大一世国王的堂弟。1934年10月，亚历山大一世在马赛事件中遇害后，保罗成为摄政王，他代替尚未成年的彼得二世国王治理国家，直至1941年。

他本人代表南斯拉夫主持谈判，然而保罗摄政王否决了他的提议。保罗摄政王认为，既然南斯拉夫和苏联尚未建立任何外交关系，那么最好派遣一个前任大臣去，而非一个现任大臣。3月底，南斯拉夫外交部通过苏联驻土耳其大使向苏联政府提出重建商业关系的提议：缔结贸易条约，支付协议，在对方首都建立贸易机构。苏联政府对此表示同意，并指定对外贸易委员会负责对接南斯拉夫代表。① 1940年4月17日，南斯拉夫外交部向英、德等国驻南斯拉夫公使通报了与苏联进行恢复商业关系谈判的决定。英、德等国对谈判表示支持和认可。② 同日，南斯拉夫驻英、德等国公使也向驻在国外交部提交了相同内容的外交照会。③ 4月18日，南斯拉夫政府发表公报，宣布和苏联展开恢复商业关系的外交谈判。南斯拉夫谈判代表团的团长是米洛拉德·迪奥迪耶维奇（Milorad Đorđević），他曾于1931年担任南斯拉夫财政大臣，时任贝尔格莱德合作银行（Beogradska Zadruga）行长。代表团成员包括贸易和工业部、国家银行以及外交部的相关人员。④ 尽管南斯拉夫社会各界对与苏联建交早有预感，然而政府突然宣布这一消息，仍然在坊间引起了很大震动。人们认为由于苏联斯拉夫历史文化的吸引力，政府与苏联建交是注定的，敌视苏联的政治传统正在崩溃。⑤

商业关系谈判只是两国建交谈判的引子。对此，南斯拉夫和苏联方面的代表都心知肚明。因此，4月25日开始的商业关系谈判在友好气氛中进行。苏联方面向南斯拉夫代表团递交了贸易条约草案，双方在此基础上进行了谈判。两国商业谈判的重点是贸易支付协议以及贸易代表的外交特权和相关权限。⑥ 在商业谈判基本达成一致之后，双方就两国正式建交之前的外交承认问题进行了

---

① "L'Incaricato d'Affari A. I. a Mosca, Mascia, al Ministro degli Esteri, Ciano," 20 Aprile 1940, *IDDI*, Nona Serie: 1939-1943, Volume 4, p. 115.

② "Mr. Campbell to Viscount Halifax," April 27, 1940, *BDFA*, Series F, Vol. 20, p. 400.

③ "Mr. Dew to Viscount Halifax," April 18, 1940, *BDFA*, Series F, Vol. 20, pp. 391-392.

④ Годину, Књига XI, *Пети Политички Отсек, Совјетска Русија*, Април 1940, ИзвориЗа Историју Међународних Односа 1930-1940, Књига XI, Архив Југославије, 2015, с. 246-247. 代表团成员包括：贸易和工业部副大臣S. 奥布拉多维奇（S. Obradović）、国家银行副行长L. 米基奇（L. Mikić）、贸易和工业部外贸管理局局长R. 比恰尼奇（R. Bicianić）、国家银行执行委员会成员I. 阿夫塞内克（I. Avsenek）、外交部顾问V. 马尔科（V. Marko）和V. 马尔科维奇（V. Marković）。

⑤ "Il Ministro A Belgrado, Mameli, al Ministro degli Esteri, Ciano," 20 Aprile 1940, *IDDI*, Nona Serie: 1939-1943, Volume 4, p. 124.

⑥ "L'Incaricato d'Affari A. I. a Mosca, Mascia, al Ministro degli Esteri, Ciano," 4 Maggio 1940, *IDDI*, Nona Serie: 1939-1943, Volume 4, p. 237.

试探。南斯拉夫代表表示，本国政府已经准备好承认苏联。[1] 然而，当苏联谈判代表提出将贝尔格莱德的前俄国公使馆移交给苏联代表团时，南斯拉夫代表对此表示反对，他们指出本国政府现在还没有做好准备研究这个问题，因为这涉及复杂的财产利益归属。他们认为此时谈论这个问题为时尚早，表示在必要的调查之后再进行讨论也不迟。[2] 苏联方面对南斯拉夫在该问题上的立场表示理解，没有在这个问题上继续纠缠。[3] 如上文所述，沙俄侨民是两次世界大战之间南斯拉夫对俄国历史文化认同的重要载体。十月革命和苏俄国内战争期间，有大量沙俄侨民来到塞尔维亚及之后的南斯拉夫，其中大部分人居住在贝尔格莱德。沙俄侨民对南斯拉夫的物质和文化生活的发展作出了很大的贡献。其中，很多移民都是拥有各种艺术才能和职业技能的社会精英。这些人在新生的南斯拉夫成了医生、农业和林业专家、教授、音乐家、芭蕾舞演员、军事和海军专家。[4] 截至1940年，这些沙俄侨民的总人数大约为3万人。由于民族情感和宗教信仰的关系，南斯拉夫政府非常重视他们的地位，给予他们合法居留地位。沙俄侨民驻贝尔格莱德代表享有正式外交代表团的特权，其外交代表斯特兰德曼（Strandman）的办公地点就在原俄国公使馆，并和南斯拉夫王室关系密切。[5] 尽管南斯拉夫并没有当场"抛弃"沙俄侨民，然而从南苏商业谈判启动的那一刻，他们和南斯拉夫的俄国情结就已经一起被束之高阁了。

在相关谈判结束之后，5月11日，双方在莫斯科签订了商业和航海条约、商业代表团议定书和贸易支付协议。在苏联方面，上述协议由苏联对外贸易人民委员 A. I. 米高扬（A. I. Mikoyan）签署；南斯拉夫方面，则是前财政大臣米洛拉德·乔尔杰维奇和贸易和工业部副大臣 S. 奥布拉多维奇（S. Obradović）签署。商业和航海条约规定：根据该文件，在莫斯科和贝尔格莱德设立和运作的贸易代表团享有法律地位，代表团团长及其两名副手享有作为外交使团成员

---

[1] "L'Incaricato d'Affari A. I. a Mosca, Mascia, al Ministro degli Esteri, Ciano," 1 Maggio 1940, *IDDI*, Nona Serie: 1939-1943, Volume 4, p. 212.

[2] "Il Ministro a Belgrado, Mameli, al Ministro degli Esteri, Ciano," 11 Maggio 1940, *IDDI*, Nona Serie: 1939-1943, Volume 4, p. 309.

[3] Ibid. , p. 350.

[4] J. B. Hoptner, *Yugoslavia in Crisis, 1934-1941* (New York & London: Columbia University Press, 1962), p. 174.

[5] "Il Ministro a Belgrado, Mameli, al Ministro degli Esteri, Ciano," 4 Maggio 1940, *IDDI*, Nona Serie: 1939-1943, Volume 4, p. 240.

的所有权利和特权。① 根据贸易支付协议，1940—1941 年苏联和南斯拉夫之间的货物贸易总额将达到 1.76 亿第纳尔。苏联打算从南斯拉夫进口铜、铅和锌矿石、猪油和其他货物，并向南斯拉夫提供农业机械等生产设备、石油、棉花和其他货物。南斯拉夫从苏联进口的商品中价值 80% 以上是棉花。清算协议规定，如果南斯拉夫对苏联的贸易处于逆差地位，那么前者必须向后者支付相应的美元来添补差额。鉴于南斯拉夫糟糕的外汇储备情况，苏联和南斯拉夫签订了保密协议，规定如果南斯拉夫外汇不足，苏联可以接受第纳尔支付。上述公报一经发布，就证实了各国驻莫斯科外交人员普遍持有的观点，即南斯拉夫贸易谈判不过是为恢复与苏联外交关系作掩护。②

这样，南苏建交迈出了第一步。相关外交谈判于 5 月底开始，这次谈判由两国驻土耳其的公使负责。当时，南斯拉夫驻土耳其公使伊利亚·舒门科维奇（Ilya Shumenkovich）收到外交部指示，向苏联驻土耳其公使 A. V. 捷连季耶夫（A. V. Terentyev）提出正式建交的建议。6 月 10 日，捷连季耶夫作出回复，表示希望双方立即进行建交谈判。③ 和商业关系谈判一样，南斯拉夫也向德、意、英等国进行了通报。④ 6 月 24 日，苏联驻土耳其公使 A. V. 捷连季耶夫和南斯拉夫驻土耳其公使伊利亚·舒门科维奇互换外交照会并发布公报，两国正式建交。⑤ 7 月 11 日，南斯拉夫驻苏联公使米兰·加夫里洛维奇博士（Dr. Milan Gavrilović）向苏联最高苏维埃主席团主席米哈伊尔·加里宁（Mikhail Kalinin）递交了国书，而苏联驻南斯拉夫公使维克多·普洛特尼科夫（Viktor Plotnikov）则在 7 月 12 日将国书递交给了保罗摄政王。⑥

---

① "Годину, Књига XI, Пети Политички Отсек, Совјетски Савез (Спољна политика)," Јануар 1940, *Извори За Историју Међународних Односа 1930-1940*, Књига XI, с. 54.

② "L'Incaricato d'Affari A. I. a Mosca, Mascia, al Ministro degli Esteri, Ciano," 13 Maggio 1940, *IDDI*, Nona Serie: 1939-1943, Volume 4, p. 338.

③ J. B. Hoptner, *Yugoslavia In Crisis, 1934-1941*, p. 177.

④ "Il Ministro a Belgrado, Mameli, al Ministro degli Esteri, Ciano," 22 Giugno 1940, *IDDI*, Nona Serie: 1939-1943, Volume 5, p. 69.

⑤ "Годину, Књига XI, Пети Политички Отсек, Совјетски Савез (Спољнаполитика)," с. 54.

⑥ K. St. Pavlowitch, "Yugoslav-Soviet Relations 1939-1943 as Seen in British Sources," *The Slavonic and East European Review*, No. 3, 1978, p. 413.

四、结 语

如何对待苏俄及之后的苏联，是第一次世界大战后整个欧洲面临的极其重要的外交课题。总的来看，以英、法为首的欧洲大多数国家对苏俄及苏联的态度，基本上经历了从敌视到接纳再到重视的三个阶段。在两战之间的大多数时间里，英、法等欧洲大多数国家与苏联的关系相对和睦。然而，尽管南斯拉夫在两战之间的绝大多数国际议题上与英、法等国基本保持一致，但在对苏联的外交政策问题上，它始终拒绝与其建交。究其原因，首先，南、苏在一战、东正教等俄国历史文化认同方面的巨大差异，在很大程度上导致两国长时间互不承认。其次，苏联在凡尔赛体系中的"局外人"地位是南斯拉夫长期无视对方的客观原因。最后，第二次世界大战爆发所导致的凡尔赛体系的彻底崩溃，从根本上动摇了南斯拉夫对苏联历史文化偏见的基础，"东方战线"的建立则使得南斯拉夫意识到苏联已经恢复了之前俄国在东欧地区的影响力。正如第一次世界大战前夕塞尔维亚处在奥匈帝国和奥斯曼帝国的包围之中，第二次世界大战初期南斯拉夫也同时遭到德、意法西斯的夹击。在强邻环伺的恶劣环境中，南斯拉夫像曾经塞尔维亚求助俄国一般，向苏联伸出了橄榄枝。南斯拉夫对俄国历史文化认同中的"保护者"形象，已经悄然转移到苏联身上。这样，南斯拉夫抛弃历史文化偏见，和苏联建交，也就是水到渠成的事情了。

纵观塞尔维亚和俄罗斯的外交史，双方在历史文化方面的共性一直是两国外交中的一个关键因素。在当前的乌克兰危机中，塞尔维亚总统武契奇也曾指出俄塞数百年的历史情谊，是塞尔维亚抵抗西方压力不参与制裁俄罗斯的重要原因。[1] 除了历史文化认同的内在因素，乌克兰危机中俄罗斯的强势和冲突的局部化，则是塞尔维亚采取和保持对俄中立的外部环境。然而，随着乌克兰危机的长期化和美欧对俄制裁的不断升级，塞尔维亚对俄罗斯的态度也存在变数。在欧盟的推动下，2023 年 8 月 21 日，塞尔维亚与东欧的 10 个国家和地区签署了意在反对俄罗斯"修正主义"、支持乌克兰"独立、主权和领土完整"

---

[1] 《塞尔维亚总统拒绝制裁俄罗斯》，新华网，2022 年 6 月 11 日，http://www.news.cn/world/2022-06/11/c_1128732414.htm，访问日期：2022 年 11 月 15 日。

的《雅典宣言》。① 塞尔维亚因此被质疑 "同时坐两把椅子"，即同时与西方和俄罗斯保持良好关系。笔者认为，如果乌克兰危机未来呈现战略相持态势，那么塞尔维亚将持续反对西方制裁俄罗斯；如果西方制裁甚至参战导致俄罗斯在乌克兰危机中失利，那么塞尔维亚将很可能参与西方对俄罗斯的制裁。不过，2024 年 10 月 9 日塞尔维亚副总理亚历山大·武林表示，塞尔维亚永远不会加入对俄罗斯的制裁。②

---

① "Athens Summit Declaration," https：//www.primeminister.gr/en/2023/08/21/32363，访问日期：2023 年 8 月 21 日。

② 《塞尔维亚副总理：塞尔维亚永远不会加入反俄制裁》，俄罗斯卫星通讯社网站，2024 年 10 月 9 日，https：//sputniknews.cn/amp/20241009/1061971142.html，访问日期：2024 年 10 月 9 日。

The Bulgarian Army and the Coming to Power of the Communist Party of Yugoslavia: An Analysis Based on Yugoslav Sources

[克罗地亚] 丹尼尔·祖科维奇（Danijel Jurković）

Abstract: At the close of World War Ⅱ, the Communist Party of Yugoslavia (CPY) rose to power. The Bulgarian army, which had switched allegiance from Germany to the Soviet Union in 1944, was under Soviet command and became a crucial ally of the CPY. On October 5, 1944, an agreement between the Bulgarian and Yugoslav leadership, facilitated by Soviet political and military influence, granted Bulgarian forces the status of allies on Yugoslav territory. Bulgarian troops played a vital role in expelling German forces from Macedonia and Serbia. In 1945, they extended their operations along the Drava River, at the Yugoslav-Hungarian border, and participated in military actions in Croatia and Slovenia. Notably, Bulgarian forces captured Niš in Serbia in 1944 and Maribor in Slovenia in 1945, contributing significantly to the CPY's consolidation of power in Yugoslavia.

Keywords: Bulgaria; Soviet Union; Yugoslavia; Second World War; Communist Party of Yugoslavia; Josip Broz Tito

作者简介：丹尼尔·祖科维奇，克罗地亚萨格勒布大学历史学院克罗地亚研究系助理教授

Ⅰ. Introduction

While much is known about the establishment of the communist regime in Yugoslavia, certain aspects of the process still remain unclear to historians. The previous narrative produced by authorities in Yugoslavia created the belief that "Yugoslavia liberated itself"[①]. In addition to the above-mentioned works, which emphasize this thesis, most contemporary historiographical studies overlook the role of Soviet and, especially, Bulgarian troops in the rise of the Communist Party of Yugoslavia (CPY) to power. While some details regarding the Soviet involvement are known,[②] the contribution of Bulgarian forces remains largely unexamined. One of the rare exceptions in the regard of Bulgaria is the article by Goran Hutinec.[③] Although the partisan movement led by the CPY was undoubtedly strong and influential, its military capabilities alone were insufficient to overcome the formidable opposition it faced. This is evident from wartime documents published by Yugoslav authorities. One of the most notable examples is a letter dated July 5, 1944, in which Josip Broz Tito, the leader of the CPY and the partisan movement, appealed to Soviet leader Joseph Stalin for military intervention in Serbia. The battle for Belgrade, the capital of Serbia and the future Yugoslav federation, was especially fierce, lasting 14 days and concluding on October 20, 1944.[④] Following this hard-fought victory, Yugoslav communists, with crucial support from Soviet forces, secured control of both the city

---

[①] Nikola Anić, *Narodnooslobodilačka Vojska Hrvatske 1941-1945* (Zagreb: Savez Antifašističkih Boraca i Antifašista Republike Hrvatske, 2005), pp. 232-258; Vladimir Dedijer, *Josip Broz Tito: Prilozi za Biografiju* (Beograd: Kultura, 1953), pp. 390-391, 436.

[②] Vladimir Volkov, "The Soviet Leadership and Southeastern Europe," in *The Establishment of Communist Regimes in Eastern Europe, 1944-1949*, eds. Norman Naimark, Leonid Gibianskii (Boulder: Westview Press, 1997), pp. 55-71; Goran Hutinec, "Djelovanja Sovjetskih i Bugarskih Vojnih Postrojbi u Borbama za Oslobođenje Međimurja i Podravine 1945. Godine," *Podravina*, no. 20 (2021), pp. 9-34.

[③] Goran Hutinec, "Djelovanja Sovjetskih i Bugarskih Vojnih Postrojbi u Borbama za Oslobođenje Međimurjai Podravine 1945. Godine," pp. 9-34.

[④] Jovan Marjanović, *Narodnooslobodilački Rat: Narodna Revolucija u Jugoslaviji 1941-1945* (Beograd: Kultura, 1961), p. 126; *Beogradska Operacija* (Beograd: Vojnoistorijski Institut Jugoslovenske Narodne Armije, 1964); *Beogradska Operacija: Učesnici Govore* (Beograd: Vojnoizdavački Zavod, 1984).

and Serbia.

While historians widely acknowledge the role Soviet troops played in accelerating the end of war in Yugoslavia and establishment of communist rule in Belgrade, the significant contribution of Bulgarian forces is less commonly recognized. Yugoslav historiography has mostly ignored this data on these events. There were two reasons for this. First, Bulgaria was one of Germany's allies during the attack on the Kingdom of Yugoslavia in April 1941. In this capacity, it established an occupation regime together with German troops in Serbia and Macedonia. Second, after the Informbureau Resolution against the CPY in 1948, Bulgaria, as one of the main allies of the Soviet Union in Eastern Europe, led an economic blockade against Yugoslavia, and low-intensity clashes took place on the Bulgarian-Yugoslav borders with casualties on both sides.[1]

Contrary to the portrayals in Yugoslav historiography, wartime documents published by Yugoslav authorities suggest that Bulgarian troops were, in fact, a key factor in the establishment of the communist regime in Yugoslavia—a point this paper aims to demonstrate. The primary sources for this paper are documents from Tito's Yugoslav Army, published during the Yugoslav era. These are primarily signed by Josip Broz Tito or members of key military institutions, with a notable focus on the 3rd Yugoslav Army. Frequently referenced in this paper, the 3rd Army was led by Kosta Nađ, Branko Petričević, and Vukašin Subotić, who served as signatories of many of the documents utilized in this study. Their signatures, on behalf of the 3rd Army, provide critical insights into the army's role during the period examined.[2] These documents, as well a lesser-known speech by Josip Broz Tito from August 8, 1945,

---

[1] Danijel Jurković, "Odnosi Jugoslavije i Sovjetskoga Saveza od 1947. do 1953. u Kontekstu Informbiroa Prema Vodećim Jugoslavenskim Tiskovinama" (Doctoral Thesis, Zagreb: University of Zagreb, Faculty of Croatian Studies, 2023), pp. 164-166, 174-177; Vladimir Lj. Cvetković, "Jugoslavenska Politika Prema Zemljama Narodne Demokratije u Susedstvu 1953 – 1958. Godine" (Doctoral Thesis, Beograd: University of Beograd, Filozofski Fakultet, 2012), pp. 15-16; Milan Terzić, Mihajlo Basara, Dmitar Tasić, *Informbiro i Jugoslavenska (Narodna) Armija, Zbornik Dokumenata* (Beograd: Službeni Glasnik, 2015), pp. 197 – 201, 204 – 229; Ministarstvo Inostranih Poslova Yugoslavia, *Bela Knjiga o Agresivnim Postupcima Vlada SSSR, Poljske, Čehoslovačke, Mađarske, Rumunije, Bugarske i Albanije Prema Jugoslaviji* (Beograd: Ministry of Foreign Affairs of the Federal People's Republic of Yugoslavia, 1951), pp. 407, 432-435.

[2] *Josip Broz Tito: Sabrana Djela* (Beograd: Izdavački Centar Komunist, 1988), tom 28, p. 47.

in which the Bulgarian army, together with the Soviet army and the Albanian army of Enver Hoxha, is mentioned as the army that participated in the liberation of Yugoslavia,[①] were collected and published by the Military History Institute under the control of the Yugoslav army in two editions of the collection of documents *Zbornik Dokumenata i Podataka o Narodno-Oslobodilačkom Ratu Naroda Jugoslavije* (Collection of Documents and Data on the National Liberation War of the Nation of Yugoslavia). In addition to documents from these two editions, the biography of Josip Broz Tito from 1953 is cited as an illustrative example of a classic position of authorities in Yugoslavia on the subject of this paper, as well as information from texts of several historians who scientifically (based on archival documents) dealt with the role of the CPY in war and post-war period. Furthermore, this paper also uses Tito's speeches and articles from the last months of the war and early post-war years which were published by the *Kultura* publishing house under the title "Josip Broz Tito: Izgradnja Nove Jugoslavije" (Josip Broz Tito: The Construction of New Yugoslavia), as well as Tito's speeches and articles from the pre-war and war period, which were edited by the leading Yugoslav historians of the time and published by the *Komunist* publishing house after Tito's death in the edition "Josip Broz Tito: Sabrana Djela" (The Selected Works of Josip Broz Tito).

It is important to mention that the editorial office of the Yugoslav document collections did not make any special comments. In this context, it should be emphasized that the documents were always chosen for publication with the same goal—to reduce the contribution of Tito's allies as much as possible, and to increase the picture of the strength of Tito's army as much as possible. Only Yugoslav sources were used in the paper, without Soviet and Bulgarian sources due to the unavailability of archives.

The aim of this paper is to address the existing historiographical gap by examining available Yugoslav documents to identify which Bulgarian military units were involved in establishing the communist regime in Yugoslavia and which cities they occupied during this process.

---

① *Josip Broz Tito: Izgradnja Nove Jugoslavije* (Beograd: Kultura, 1948), II/1, pp. 102-103, 109.

II. Agreement on the Activities of Bulgarian Army in Yugoslavia

As an example of Yugoslavia's official position regarding the role of the Bulgarian army in the process of the CPY coming to power, we can use Josip Broz Tito's biography, composed and edited by one of Tito's close advisors Vladimir Dedijer. Since it was written to be translated into numerous other languages, this biography, written during 1952 and published in 1953, was used as an international "introduction" to Tito, just as Tito was about to visit Great Britain. At the time the book was printed, just before Joseph Stalin's death, Yugoslav-Soviet relations, because of the 1948 Tito-Stalin split, were still at a historic low. As a result, the Soviet Union is portrayed in an extremely negative light throughout the text, while Stalin is depicted not only as a dangerous politician, but also as a physically unattractive person.[1]

Tito's biography also included a short, but interesting and often quoted reference to Bulgaria's army, which was, through Stalin's words, pitted against Yugoslav army. Namely, Tito's biography recorded that Stalin praised the Bulgarian army with the comment that it is "a regular army, that it is a good army, that it has officers", while he treated capabilities of Tito's Yugoslav army with contempt.[2] In addition to this book, this quote is mentioned in several other Yugoslav books. However, in no case during the analysis of that statement the question was raised by the authors citing that statement—whether Stalin's criticism was correct or not. That is, Stalin's statement was interpreted exclusively in a political sense, without putting it in a military context, that is, it was approached as a potentially accurate review of the relationship between the forces of Tito's Yugoslav army and the Bulgarian army.[3]

Many years after the war, Josip Broz Tito addressed this statement in an article

---

[1] Vladimir Dedijer, *Josip Broz Tito: Prilozi za Biografiju*, p. 416.
[2] Ibid., p. 409.
[3] Nikola Popović, *Jugoslovensko-Sovjetski Odnosi u Drugom Svetskom Ratu (1941–1945)* (Beograd: Institut za Savremenu Istoriju, 1988), p. 174.

published in the Yugoslav newspaper *Politika* on December 22, 1976, which was later circulated in other Yugoslav publications. In his commentary, Tito asserted that there was no military necessity for the "participation of the Bulgarian army in operations on Yugoslav territory". He clarified that the decision was primarily political, aimed at "rehabilitating" Bulgaria for its past actions. [1]

This Tito's statement is important as an additional indicator that, during the Yugoslav period, the question of the role of the Bulgarian army in the process of the CPY coming to power was interpreted exclusively in a political context, while the military context was completely ignored. In other words, in Yugoslavia, the Bulgarian role was interpreted as an expression of Tito's good will towards the communist leadership of Bulgaria, and indirectly towards Stalin himself. The document that has a character of the main source for the described interpretation of the Bulgarian military role in the establishment of the communist regime in Yugoslavia is a letter Trajčo Kostov Spiridonov, the President of the Council of Ministers and Secretary of the Central Committee of the Bulgarian Communist Party, had sent to Tito on November 2, 1944. In the letter, Kostov stated "our people feel guilty towards the Yugoslav peoples, and especially towards the Serbian and Macedonian people", and that he is therefore ready "to give his all, not to regret even the blood of his best sons in general fight against Hitlerism, to erase as best and as quickly as possible the shameful memory of what just happened and to pave the way for eternal and unbreakable friendship, for a close fraternal alliance among all South Slavic peoples". [2]

However, Kostov's letter may raise questions regarding its authenticity. As editor of the document collection, Pero Damjanović notes that this document is "probably a translation from Bulgarian" since "the original has not been found". [3] While the absence of the original Bulgarian text alone does not definitively undermine its authenticity, the existence of another document with a similar message from the same collection that has been proven false casts doubt on Kostov's letter. This pertains to the

---

[1] *Zbornik*, II/14 (Beograd: Vojnoistorijski Institute, 1981), p. 233, note 4.
[2] *Josip Broz Tito: Sabrana Djela* (Beograd: Izdavački Centar Komunist, 1982), tom 25, pp. 244–245.
[3] *Josip Broz Tito: Sabrana Djela* (Beograd: Izdavački Centar Komunist, 1982), tom 24, p. 246.

letter Tito and Aleksandar Ranković sent to the CPY Provincial Committee for Serbia on December 14, 1941, which has rigorously challenged, providing compelling arguments against its authenticity. ①

Considering all of this, Yugoslav interpretation of the role of Bulgarian army in the establishment of communist regime in Yugoslavia should not be considered relevant in a factual sense, because it is an expression of the political attitude of Yugoslav leadership towards Bulgaria and not a reflection of the factual situation from the period of the Second World War. Instead, it is necessary to focus on authentic Yugoslav documents, as well as specific information from Yugoslav sources about Bulgarian troops on the territory of Yugoslavia at the end of war.

The first and probably the most important document for understanding the Bulgarian role is the agreement signed by Tito and two Bulgarian politicians, Dobri Terpešev and Dmitar Todorov. The source for the concluded agreement is a press release of the Cabinet of the President of the National Committee for the Liberation of Yugoslavia (Kabinet Predsjednika Nacionalnog Komiteta Oslobođenja Jugoslavije) dated October 5, 1944. The brief statement indicated that the two parties reached an agreement on two issues:

"1. Military cooperation against the common enemy—the German invader.

2. All issues arising from neighborly relations and friendly cooperation between Bulgaria and Yugoslavia, to be resolved in the spirit of fraternal and general interests of the peoples of Yugoslavia and Bulgaria."②

The first point of the agreement between Bulgaria and Yugoslavia, which outlines the military cooperation between the two nations, warrants closer examination for the purposes of this article. While this clause clearly identifies Germany as the target of their joint military efforts, it notably avoids specifying the precise geographic area where this cooperation would take place. As the editors of the Collection noted in the comments, in sheer practice, the cooperation was carried out in Macedonia and Serbia,

---

① Vladimir Šumanović, "Pitanje Autentičnosti Pisma Josipa Broza Tita i Aleksandra Rankovića Marka Pokrajinskom Komitetu Komunističke Partije Jugoslavije za Srbiju od 14. Prosinca 1941. Godine." *Časopis za Suvremenu Povijest*, Zagreb, 2015, vol. 47/br. 1, pp. 61–79.

② *Zbornik*, II/14, p. 232.

that is, in two of the six republics of the Yugoslav state. [1] In a note below the text of the agreement, the editors of that document noted that cooperation was carried out in Macedonia and Serbia, that is, in two of the six republics of the Yugoslav state. [2] Taking this information into account, it is obvious that cooperation should have been carried out exclusively on the Yugoslav territory and that bypassing this information in the text of the agreement was a strong political concession to the Yugoslav and not the Bulgarian side. Namely, by avoiding information about the area where military cooperation was to be carried out, an attempt was made to create the appearance that the signatories of the agreement are equal. However, the reality was different. Within the framework of Eastern and Central Europe, Bulgaria was a strong state with a large army, while Yugoslavia was a state in the making, i.e. a political project burdened by a long-term civil war waged according to ideological and ethno-confessional criteria.

By comparing the Yugoslav press release and other available Yugoslav documents, it is evident that the agreement between Bulgaria and Yugoslavia, in addition to the military and political level, also had an important economic background. However, the economic background is completely hidden in the Yugoslav interpretation of relations with Bulgaria. The reason for this is the intention of Yugoslav authorities to conceal the extent of Bulgarian economic aid to Yugoslavia at the end of 1944. Due to a lack of written sources on this topic, the only document that shows the character of Bulgarian economic aid to Yugoslavia is the message that Tito sent to the Main Staff of the National Liberation Army (NLA) and Partisan Units (PU) of Serbia on November 11, 1944. The text of the message is important because it shows in what necessities and in what quantities Bulgaria helped Yugoslavia. The text of the message states:

"Send on behalf of your headquarters one person to receive from the Bulgarian government for the needs of your army 500 tons of flour, 500 tons of corns, 500 tons of beans, 500 tons of salt, 25 tons of grape marmalade, 25 tons of honey, 15 tons of oil, 10 tons of sugar, 10 tons of eggs. In all, 2085 tons of food; 500 new and 2000 old uniforms and 500 short fur coats. The government of the Patriotic Front has been

---

[1] *Zbornik*, II/14, p. 232.
[2] Ibid.

informed about this."[1]

It is evident from the quoted text that Bulgarian government sent the mentioned aid to Yugoslavia for military purposes. It is unclear to which units of Tito's Yugoslav army the aid was sent, but it is very likely that they were units on the territory of Serbia. The economic aid was an integral part of aid that Bulgaria provided to Yugoslavia in military sense, that is, the participation of Bulgarian troops, and can be considered an integral part of the first point of the agreement concluded between Bulgaria and Yugoslavia.

Regarding the subject of the agreement between Bulgaria and Yugoslavia, the last but not least important piece of information is related to the place where the agreement was concluded. According to Yugoslav sources, the agreement was concluded in Craiova, a city in Romania.[2] At the time of the agreement, that part of Romania was under military control of the Soviet Army. The fact that Tito arrived in Craiova with a small entourage on a Soviet military plane is important for the political context of the conclusion of the agreement.[3]

III. Bulgarian Army in Operations in Southern Serbia and Kosovo

Published Yugoslav documents on the role of Bulgarian army in the establishment of communist regime in Yugoslavia are seriously flawed. However, even from such scarce documents, it is clear that the Bulgarian army played a significant role in CPY coming to power.

An immediate proof of this is a radio message that Tito sent to Koča Popović, the commander of Tito's forces in Serbia, on October 14, 1944. Tito informed Popović that "at the request of the commander of the Soviet troops," he allowed "Bulgarian troops also to participate in the attack on Niš," and that he decided so because "the

---

[1] *Josip Broz Tito: Sabrana Djela*, tom 24, p. 208.
[2] *Zbornik*, II/14, p. 232.
[3] Vladimir Dedijer, *Josip Broz Tito: Prilozi za Biografiju*, p. 383.

enemy is too strong, and our troops are still insufficiently armed with heavy weapons".① In the capture of Niš, both the Bulgarian troops and Tito's Yugoslav troops were under Soviet tactical command. The attack plan was designed by members of the headquarters of the 3rd Ukrainian Front of the Soviet Army, and according to that plan, Bulgarian troops were supposed to occupy Niš. Tito agreed to this, which is evident from the document he signed on October 14, 1944. The document was written in Russian and can be found in the archive in Russia. A Serbian translation of the document was published in Yugoslavia. ②

In the collection of documents containing the referenced document, the editor noted that on October 14, 1944, joint Bulgarian and Yugoslav troops, accompanied by a smaller Soviet tactical group, successfully seized control of Niš. This operation involved the 6th division of the 2nd Bulgarian army, along with the 22nd and 46th divisions from the Yugoslav army, as well as the 23rd brigade from the 45th division. ③ The presence of the German SS division Prinz Eugen in Niš was also documented. ④ Despite being surrounded, the Prinz Eugen division managed to evade capture and only surrendered after the war's conclusion, on May 11, 1945, within Slovenian territory. The unit responsible for accepting their surrender was the 3rd division of the Yugoslav army, as indicated in a report submitted to the 2nd Yugoslav Army on June 8, 1945. ⑤

A few days before occupying Niš, Bulgarian troops also entered a nearby town called Leskovac. This information was recorded in a document sent by Tito to the head of the Yugoslav army, Arso Jovanović, on October 14, 1944. In a letter to Jovanović, Tito stated that the town of Leskovac in Serbia "was captured by Bulgarians with the help of our units" and that "our and Bulgarian units are fighting fierce in the Niš sector".⑥ Regarding the occupation of Leskovac, the compilers of the collection of documents noted that it happened a few days before occupation of Niš, i. e. most

---

① *Zbornik*, II/14, p. 232.
② *Josip Broz Tito: Sabrana Djela*, tom 24, p. 76.
③ Ibid. , p. 264.
④ Ibid. , p. 263.
⑤ *Zbornik*, XI/2 (Beograd: Vojnoistorijski Institute, 1969), p. 558.
⑥ *Josip Broz Tito: Sabrana Djela*, tom 24, p. 68.

likely on October 11, 1944, and that Bulgarian and Yugoslav troops entered the town on the same day when, several hours earlier, the German troops withdrew from there. According to that source, Tank Brigade of the 2nd Bulgarian Army and the 15th Brigade of the 47th Division from the Yugoslav troops entered Leskovac. ①Date provided by the compiler indicates on that day, units of the 2nd Bulgarian Army occupied another town in that area. It was a small town called Bela Palanka. From the available sources, it is not known which unit of the Bulgarian army entered the city, as well as whether it was accompanied by a unit of Tito's Yugoslav army. ②

In describing Bulgarian army, the compilers of the collection of documents noted that the 2nd Bulgarian army had five infantry and one cavalry division and one independent tank brigade. ③ Therefore, it is obvious that only a small part of the 2nd Bulgarian Army, the 6th Division and the Tank Brigade, took part in the fighting in southern Serbia.

Relations between Bulgarian and Yugoslav troops in the area were frequently strained. This is evidenced by preserved documents noting that Bulgarian forces seized military equipment abandoned by the German army during its retreat from Niš, which prompted Yugoslav commanders there to plead with Tito to mediate with Bulgarian commanders so that the material could be handed over to their units. This request can be seen in the letter that Tito sent to the General Staff of the NLA and PU of Serbia on October 16, 1944. ④ It is not known whether the Yugoslav request was accepted—Yugoslav sources do not reveal this. Also, Yugoslav commanders were not satisfied that the Bulgarian 6th Division remained in Niš as a permanent garrison, together with a smaller Soviet unit. ⑤

Yugoslav historiography asserts that Tito lodged a protest with the Soviet command regarding the presence of the Bulgarian 6th Division, resulting in the relocation of that division from Niš. ⑥However, available sources point to a significantly different conclusion.

---

① *Josip Broz Tito*: *Sabrana Djela*, tom 24, p. 263.
② Ibid., p. 251.
③ Ibid., p. 264.
④ Ibid., p. 84.
⑤ *Zbornik*, Ⅱ/14, p. 291.
⑥ Ibid.

The Bulgarian division in question withdrew from the city already on October 17, 1944. However, not because of Tito's request, but because of "participation in operations in Kosovo", an autonomous area with a majority Albanian population within Serbia and because a part of the German Army Group E that withdrew from Greece arrived in that area. For this reason, the Bulgarian 6th Division, together with units of the 13th Corps of the Yugoslav Army, was sent to that area. ①

Available sources show that Tito did not demand the withdrawal of one Bulgarian division from Niš, but the departure of all Bulgarian troops from the territory of Serbia and Kosovo. Proof of this is Tito's radio messages to Koča Popović from October 16 and 17, 1944. In the first message, Tito communicated that he asked the Soviet command to "immediately stop the movement of Bulgarian troops towards Kosovo and vacate the territory of Serbia". ② The second message contained the text of the first along with Tito's comment that "nothing can be changed anymore". ③ The content of Tito's second message to Popović is not completely understandable, but from further development of events it can be concluded that it most likely referred to the fact that the Soviet side rejected Tito's request. The editors of the collection of documents containing Tito's message to Popović stated that the Soviet military command "insisted that the Bulgarian troops, despite their improper behavior, should remain in Yugoslavia". ④

After going to Kosovo, the Bulgarian 6th Division, together with Yugoslav troops, took part in heavy battles against German army. The fighting on Kosovo territory continued until November 19, 1944, when Prishtina, the capital of Kosovo, was captured. Before Prishtina, in the following period, German troops were pushed from Gjakova/Đakovica on November 9, from Peć/Peja and Uroševac/Ferizaj on November 17, and from Prizren on November 18, 1944. ⑤

As in the battles in southern Serbia, German troops in Kosovo had the goal of breaking out of the encirclement and retreating to territory of Bosnia. The described

---

① *Zbornik*, II/14, p. 292.
② *Josip Broz Tito: Sabrana Djela*, tom 24, p. 85.
③ Ibid., p. 95.
④ Ibid., p. 268.
⑤ *Zbornik*, II/14, p. 380.

German intention can be seen from the text of a message sent by Josip Broz Tito to the Main Staff of the NLA and PU of Macedonia on November 3, 1944. In the document, it is recorded that German troops were "suddenly withdrawing" from the south towards Kosovo, from where they were "trying to break through Sandžak towards Sarajevo", that is, to territory of Bosnia. In this regard, Tito concluded that in the area between Kumanovo and Prishtina, German troops were "seriously threatened by our and Bulgarian troops".① It is evident from very brief Yugoslav descriptions of those battles that German troops from Kosovo did manage to break through to Sandžak.② It is less well-known that, during the battles in Kosovo, alongside Bulgarian troops, forces from the 5th Division of Albania's People's Liberation Army, under the command of Albanian communist leader Enver Hoxha, were also actively involved on the Yugoslav side. After the German breakthrough, according to the decision of the General Staff of the Albanian Army, Albanian military continued "further persecution of Germans in the Balkans", that is, fighting in the area of Sandžak and Bosnia.③ Taking this information into account, it is obvious that Bulgarian army played a primarily military and not a political role in the battles in southern Serbia and Kosovo. That is, its arrival in that area was conditioned by the fact that Tito's army was not capable of expelling German troops from that area by itself. That is why Albanian troops were also sent to that area in addition to Bulgarian troops.

IV. Battles in Macedonia

German troops withdrew from Macedonia at approximately same time as they withdrew from Kosovo. There is no literature on the movement of the German army in that area, since it is Yugoslav and post-Yugoslavian historiography. In Yugoslav historiography, as in the case of Serbia, the role of Bulgarian army in these operations was systematically downplayed, creating the impression that the role played by Bulgarian

---

① *Josip Broz Tito: Sabrana Djela*, tom 24, p. 172.
② *Zbornik*, II/14, p. 380.
③ *Josip Broz Tito: Sabrana Djela*, tom 25, p. 83.

troops in these events was not important.

For example, in one of descriptions of those events, Tito noted that "out of thirteen major towns in eastern Macedonia, units of the Main Headquarters of the NLA and PU of Macedonia liberated eight (among them Skopje); three towns were liberated together with Bulgarians, while Bulgarian troops liberated two towns".① Tito's biography recorded that units from the 1st and 4th Bulgarian armies fought in the territory of Macedonia on the Yugoslav side, but without specific information on the names of these units, or on the towns that they had occupied. ②

The limited available information on these events indicates that on October 14, 1944, Soviet Marshal Fyodor Tolbukhin, commander of the 3rd Ukrainian Front, ordered the "participation of Bulgarian troops in the liberation of parts of eastern Macedonia, advancing towards Tsarevo Selo (Delčevo), Kočani, Štip, Veles, and Skopje". The Bulgarian General Staff assigned units from the 1st and 4th Bulgarian Armies for the operation. The 1st Army was deployed in the northern part of the area, while the 4th Army operated further south, advancing towards the tri-border region between Yugoslavia, Bulgaria, and Greece. ③

Despite Yugoslav historiography downplaying the role of Bulgarian troops in the capture of Skopje, Macedonia's capital, evidence from available Yugoslav sources clearly shows that Bulgarian forces were, in fact, present in the city during the period that followed. Details about the presence of Bulgarian troops in Skopje after Yugoslav forces had taken the city are documented in the commentary by the editor of the Yugoslav collection of documents. According to this source, units of the 1st Bulgarian Army were in the Macedonian capital, with their presence governed by two orders from the Main Staff of the NLA and PU of Macedonia, dated November 13 and 18, 1944. The first order stipulated that Bulgarian troops could not enter Skopje without permission from the Main Headquarters, while the second limited the movement of Bulgarian soldiers within the city. ④

Taking the above into account, it is obvious that, during November 1944, units

---

① *Josip Broz Tito: Sabrana Djela*, tom 25, p. 281.
② Vladimir Dedijer, *Josip Broz Tito: Prilozi za Biografiju*, p. 264.
③ *Josip Broz Tito: Sabrana Djela*, tom 24, p. 264.
④ *Josip Broz Tito: Sabrana Djela*, tom 25, p. 253.

of Bulgarian army were present in as many as six Macedonian cities, including the capital of Macedonia, Skopje. Unlike Skopje, which they apparently entered later, the other five cities were captured in battles against German army.

V. Bulgarian Army at the End of 1944 and during 1945

By the beginning of December 1944, the CPY had established a government system in eastern parts of Yugoslavia, i. e. in the territory of three of the six Yugoslav republics: Montenegro, Macedonia and Serbia. In two of those three republics, the Bulgarian army played an important role. However, the Bulgarian army remained on the territory of Yugoslavia even after stabilization of the CPY government. This has been recorded in the case of the 1st Bulgarian Army, whose forces participated in battles in the north-eastern area of Macedonia. According to Yugoslav sources, that army was composed of 5 divisions, which numbered approximately 100,000 soldiers. [1]

On December 21, 1944, the troops of the 1st Bulgarian Army, together with Yugoslav troops from the 1st Corps, replaced Soviet troops from the 68th Corps, which were withdrawn to Hungary. The area where the Bulgarian and Yugoslav troops arrived is known as the "Srijem Front". At that time, it was the main battlefield in the territory of Yugoslavia. According to Yugoslav sources, the 3rd and 8th Divisions of the 1st Bulgarian Army occupied the area east of the Sotin-Berak line. Those two divisions were located in that area until December 27, 1944, when, according to the decision of the command of the 3rd Ukrainian Front, i. e. the main Soviet military unit in that area, were moved to Hungary. [2] One Yugoslav document preserved from that period confirms the presence of the Bulgarian army in that area: an order Tito sent to the 1st Corps on December 18, 1944. Tito's order stated that "the sector should be handed over to the 1st Bulgarian Army as we had previously agreed with their Chief of Staff". [3] Although units of the 1st Bulgarian Army were withdrawn from

---

[1] *Zbornik*, II/14, p. 424.
[2] *Josip Broz Tito: Sabrana Djela*, tom 25, p. 272.
[3] Ibid., p. 124.

the territory of Yugoslavia by the beginning of 1945, in the last year of the war they played an important role in the northern part of the Yugoslav front. This conclusion is evident from published Yugoslav documents.

In that period, units from the 3rd Yugoslav Army cooperated closely with units of the 1st Bulgarian Army. Both of these military units were under Soviet command, that is, under the command of the 3rd Ukrainian Front of the Soviet Army. The first order from the Soviet side in this direction was sent to leadership of the 3rd Yugoslav Army on February 10, 1945. According to that order, units of the 3rd Yugoslav Army as well as units of the 1st Bulgarian Army were to withdraw to area north of Drava River, i. e. to territory of Hungary. [1]

From the Hungarian territory, units of the 1st Bulgarian Army fought in the area south of Drava River. The CPY considered that area part of the Yugoslav territory, that is, an integral part of the Republic of Croatia. On the other hand, the government institutions of the Independent State of Croatia (ISC), a state that, like Bulgaria, was an ally of Germany until 1944, operated in that area. Therefore, units of the 1st Bulgarian Army clashed with German army and ISC army in that area.

Available Yugoslav documents show that during February 1945, the 16th Division of the 1st Bulgarian Army operated in that area. The task of that division then was to "liquidate" the opponent's bridgehead on Drava River. In that task, that division was part of a tactical group under Soviet command, which included Soviet and Yugoslav troops. The document in which this information is stated is the order that Josip Broz Tito sent to leadership of the 3rd Yugoslav Army on February 21, 1945. [2] Until that order was received, the task of the 16th Division from the 1st Bulgarian Army was to defend the area along Drava River up to its confluence with Danube River, including the town of Donji Miholjac. This task is evident from the text of the order that Tito sent to leadership of the 3rd Yugoslav Army on February 15, 1945. [3] During March 1945, the fighting in that area continued, with 16th division taking part in the fighting on the Bulgarian side. [4] German troops left the bridgehead near

---

[1] *Zbornik*, II/15 (Beograd: Vojnoistorijski Institute, 1982), p. 185.
[2] Ibid. , p. 270.
[3] Ibid. , p. 193.
[4] Ibid. , p. 268.

Donji Miholjac on March 22, 1945. ①

During April 1945, the units of the 1st Bulgarian Army remained focused on that area. However, during this period, the 3rd Division replaced the 16th Division. The presence of the 16th Division in Donji Miholjac area was recorded in the reports of leadership of the 3rd Yugoslav Army sent to Main Staff of the Yugoslav Army during second half of April 1945. In the first report, dated April 16, 1945, it is recorded that one battalion from the 3rd Bulgarian Division had "led heavy battles with the enemy" in a village located near Donji Miholjac. ② Another Yugoslav document dated April 23, 1945, states that "the enemy garrison in Donji Miholjac was destroyed", in which units of the 3rd Bulgarian Division also participated. ③ In April 1945, another division from the composition of the 1st Bulgarian Army participated in unit area. It is the 11th division, whose 13th regiment is a village near the town of Pitomača. However, its presence is poorly documented in Yugoslav sources. It is recorded only in the report of leadership of the 3rd Yugoslav Army to the Main Staff of the Yugoslav Army dated May 11, 1945. It is evident from that report that the capture of that village took place on April 30, 1945. ④

In April 1945, units of the 1st Bulgarian Army, particularly the 10th Division, were active in Croatia's Međimurje region, located north of the Drava River near the Hungarian border. This is documented in Yugoslav records detailing the fighting in the area. However, most Yugoslav army documents mentioning the presence of Bulgarian forces there remain unpublished. One notable exception is a report from a small Yugoslav unit, the "Kalmol National Liberation Unit", dated April 10, 1945. The report confirmed the presence of Bulgarian troops in Međimurje and noted that the unit leadership was "in close contact with the Bulgarian army headquarters". It also criticized the behavior of Bulgarian soldiers toward the local population, describing their actions as looting. ⑤

During the last months of war, units of the 1st Bulgarian Army operated on

---

① *Zbornik*, II/15, p. 230.
② *Zbornik*, XI/3 (Beograd: Vojnoistorijski Institute, 1976), p. 278.
③ Ibid., p. 340.
④ *Zbornik*, V/39 (Beograd: Vojnoistorijski Institute, 1979), p. 578.
⑤ Ibid., p. 426.

territory of another Yugoslav republic—Slovenia. In their operation on the territory of Slovenia, units of the 1st Bulgarian Army occupied Maribor, the second largest city in Slovenia, and captured ISC units, which they had handed over to Yugoslav units. Data on these events can be found in two published Yugoslav documents. In the first of those two documents, dated May 11, 1945, Tito ordered leadership of the 3rd Yugoslav Army to "receive from the Bulgarian Army the city of Maribor and northern territory up to Mura River".[1] In the commentary to Tito's order, the collection editors stated that Maribor was captured by joint forces on May 10, 1945, by Bulgarian and Yugoslav troops, with the participation of the 3rd and 12th divisions of the 1st Bulgarian Army on the Bulgarian side and 51st division from the 3rd Yugoslav army on the Yugoslav side.[2] The second document is dated May 16, 1945, and is also an order that Tito sent to leadership of the 3rd Yugoslav Army. The order is short, and it states that units of the 3rd Yugoslav Army should "receive Ustasha troops" (another name for ISC units) "disarmed by the Bulgarians", because the commander of the 3rd Ukrainian Front, Marshal Tolbukhin, "gave permission" to do so.[3] Unlike the first of these two documents, Tito's order of May 16, 1945 is relatively well-known in modern historiography, because in the context of post-war crimes committed by Tito's Yugoslav army against Croatian soldiers and civilians, it was cited as an important document by Croatian historian Vlatka Vukelić.

VI. Conclusion

The Bulgarian army played a crucial yet often overlooked role in the CPY's ascent to power. While Yugoslav historiography downplays this contribution, wartime documents—published in *The Selected Works of Josip Broz Tito* and *Collection of Documents and Data on the National Liberation War of the People of Yugoslavia*—clearly indicate the importance of Bulgarian forces. Tito himself acknowledged this in

---

[1] *Josip Broz Tito: Sabrana Djela*, tom 28, p. 29.
[2] Ibid., p. 168.
[3] Ibid., p. 49.

a speech on August 8, 1945, thanking not only the Soviet army but also the Bulgarian and Albanian communist forces.

Despite this, after the 1948 Informbureau Resolution, Yugoslav narratives began to downplay the Bulgarian army's involvement, framing it as more of a political gesture aimed at rehabilitating Bulgaria for its previous alliance with Nazi Germany rather than a military necessity. This interpretation, however, contrasts with the actual wartime documents and Stalin's reported assessment of the Bulgarian army as a formidable force, stronger than Tito's own troops.

An agreement between Tito and Bulgarian leaders, Dobri Terpešhev and Dmitar Todorov, signed in Craiova on October 5, 1944, formalized Bulgarian involvement. While political motivations were certainly present, the Bulgarian army's participation was primarily due to the imbalance of military forces on the ground. Tito's letter to Koča Popović reveals that Bulgarian troops were allowed to join the attack on Niš because, in Tito's own words, "the enemy is too strong, and our forces are still inadequately equipped with heavy weaponry".[①]

Bulgarian troops played a key role in capturing several cities, including Niš, Leskovac, Bela Palanka, and quite probably Skopje. They were operationally subordinate to Soviet Marshal Fyodor Tolbukhin and worked closely with Yugoslav and Soviet units across Serbia, Kosovo, and Macedonia. Their involvement extended into the "Srijem Front" and the northern parts of Yugoslavia, fighting alongside Soviet and Yugoslav forces in Croatia and Slovenia until the final days of the war.

While Yugoslav sources provide valuable insight into the Bulgarian army's contributions, they are far from comprehensive. Further research based on Russian, Bulgarian, German, and Albanian sources could provide a more detailed and balanced understanding of the full scope of Bulgarian involvement in the CPY's rise to power, shedding light on these lesser-known aspects of the region's complex wartime history.

---

① *Zbornik*, II/14, p. 232.

从舶来品到本土化的经济模式：南斯拉夫社会主义初期的经济试验（1945—1952）

[塞尔维亚] 亚历山大·拉科尼亚茨（Aleksandar Rakonjac）撰，
涂冰玥 译

摘要： 第二次世界大战后，南斯拉夫的经济体制经历了动荡发展，从接受苏联以全面计划为特点的经济管理和组织方法，到逐渐修正并创造了一种全新的、从本土实际出发的工人自我管理模式。笔者试图从历史情景的动态变化视角进行考察，介绍南斯拉夫战后经济体制的发展情况。

关键词： 南斯拉夫；苏联；社会主义；计划经济；工人自我管理

作者简介： 亚历山大·拉科尼亚茨，塞尔维亚当代史研究所副研究员，主要从事南斯拉夫社会史与经济史的研究

译者简介： 涂冰玥，首都师范大学国别区域研究院科研秘书

第二次世界大战不仅是同盟国与轴心国两个阵营间的碰撞，也是三种政治经济体制间的冲突。最终，资本主义和社会主义两种对立的制度一起打败了纳粹主义所代表的第三种制度。苏联在英、美帮助下击败了纳粹德国，随后又联合打败了日本。[①] 同盟国对轴心国的胜利引发了新的世界重组，苏美两个新兴

---

① Ivan T. Berend, *Ekonomska Istorija Evrope u XX Veku: Ekonomski Modeli od Laissez-Faire do Globalizacije* (Beograd: Arhipelag, 2009), str. 174-176.

的超级大国开始调整对外关系并划分各自的利益范围。① 欧洲大陆以1945年美苏军队会师的易北河为分界线,集团分裂的轮廓已清晰可见。苏联式社会主义制度在欧洲大陆东部盛行,而由于英、美军队的影响,自由资本主义制度确保了其在西欧的稳固地位。② 与西方资本主义的自由市场不同,苏联为世界提供了另一种选择——计划经济。伴随着苏联红军的胜利,经济管理中计划方法的流行在1945年达到顶峰。在第二次世界大战胜利后,许多国家将苏联的经济体制视为解决本国问题的"灵丹妙药"。③

一

第二次世界大战行将结束时,南斯拉夫共产主义运动在军事上取得的胜利对苏联经济理论在东南欧地区的传播产生了决定性影响。1943年11月29日,在亚伊采召开的南斯拉夫反法西斯人民解放委员会(Anti-Fascist Council of the People's Liberation of Yugoslavia,以下简称"人民委员会")第二次会议决定实施革命性举措并建立新政治体制下的机构,1944年10月贝尔格莱德解放后,改革迫在眉睫。④ 南斯拉夫当时成立的两个经济机构在接下来的十年中发挥了重要作用,第一个临时性经济机构——经济委员会(Economic Council, EC)最先成立于1944年底,以苏联最高国民经济委员会和两次世界大战期间其他欧洲国家设立的类似机构为模板。此后,国家经济重建委员会(Commission for Economic Reconstruction of the Country,以下简称"经济重建委员会")成立,随后变为联邦计划委员会(Federal Planning Commission, FPC)。经济委员会负责管理和协调所有与经济事务相关的部委,某种程度上,它代表了国家经济领域的总指挥部,而经济重建委员会负责执行,努力组织后方的重建和生产。在

---

① Ivan T. Berend, *Centralna i Istočna Evropa 1944-1993: Iz Periferije Zaobilaznim Putem Nazad u Periferiju* (Podgorica: CID, 2001), str. 25-29; Volter Laker, *Istorija Evrope 1945-1992* (Beograd: Klio, 1999), str. 34-44.

② Mark Mazover, *Mračni Kontinent: Evropa u Dvadesetom Veku* (Beograd: Arhipelag, 2011), str. 259.

③ Ivan T. Berend, "Industrial Policy and Its Failure in the Soviet Bloc," in *Industrial Policy in Europe after 1945 Wealth: Power and Economic Development in the Cold War*, eds. C. Grabas and A. Nützenadel (London: Palgrave Macmillan, 2014), p. 284.

④ Branko Petranović, *Istorya Jugoslavije 1918-1988*, I—III (Beograd: Nolit, 1988), str. II/414; Branko Petranović, *AVNOJ i Revolucionarna Smena Vlasti 1942-1945* (Beograd: Nolit, 1976), str. 333-335.

1945年3月世界主要大国向国际社会承认新的南斯拉夫国家之前，这两个机构已经建立起一种复杂的组织结构。①

当时的南斯拉夫领导层已经根据苏联经验开始初步构想未来的经济结构，并考虑了根据南斯拉夫的国情执行这些构想的可能性。南斯拉夫共产党人强调，南斯拉夫是继苏联之后第一个满足向计划经济过渡的所有条件的国家。②对他们来说，工业化问题与当时以计划方式发展宏观经济的现象密不可分。根据他们的理解，通往工业社会的道路需要全面的计划来引领。③甚至在第二次世界大战结束前，苏联的经济解决方案就成为南斯拉夫当局制定经济政策的主要指导方针。④尽管南共领导人希望在经济方面尽可能地引入苏联方案，但他们很快意识到，南斯拉夫的历史发展特性与苏联的情况是截然不同的。因此，实施计划经济的问题需通过分析南斯拉夫现有的实际可能性来解决。南斯拉夫的经济规划者开始考察发展计划经济的一般先决条件。⑤南斯拉夫共产党人认为，计划经济实施的先决条件产生于夺取政权后社会和经济结构的根本改变。南斯拉夫共产党要达到的第一个条件是确保其在经济中的主导地位，并创造可能，使经济发展方向符合整个国家和社会的需要。因此，国家经济计划成为经济管理的基本要素。计划经济的第二个基本条件是国家社会和经济结构的改革。大部分重要的经济部门应置于国家管理之下，尤其是重工业、黑色和有色金属冶炼业、采矿业、林业、运输业、大型银行和批发贸易。国有经济部门成为国家经济发展的基础，从而保证了计划的基本要素。⑥根据共产党人的理解，

---

① B. Petranović i Čedomir Štrbac, *Istorija Socialističke Jugoslavije*, Priređivači, Ⅰ-Ⅲ (Beograd: Radničkaštampa 1977), str. Ⅱ/125; Branko Petranović, *AVNOJ i Revolucionarna Smena Vlasti 1942-1945*, str. 337.

② Historical Archives of Belgrade (HAB), Fund 2157, Legacy of Blagoje Nešković and Branislava Perović (LBNLP), 11, A Comparative Overview of Our Five-Year Plan with the Soviet Five-Year Plan and the Czechoslovak Two-Year Economic Plan (1947-1948), 17. 6. 1947.

③ Dušan Čalić, *Planiranje Privrede FNRJ* (Zagreb: Školska Knjiga 1950), str. 5-15.

④ HAB, Fund 2821, Legacy of Vlajko Begović (LVB), 8, Socialist Economic System, str. 7-8; Archives of Yugoslavia (AY), Fund 507, The League of Communists of Yugoslavia (LCY), Ⅺ-1/21, Planning Opportunities and Tasks in the Economy of Yugoslavia, 1946.

⑤ AY, 507, Ⅺ-1/21, Planning Opportunities and Tasks in the Economy of Yugoslavia, 1946.

⑥ Boris Kidrič (eds.), *O Petogodišnjem Planu* (*Člancii Predavanja*) (Beograd, Politička Uprava Jugoslovenske Armije, 1947), str. 28; Dušan Bilandžić, *Kratak Pregled Razvitka Društveno-Ekonomskih Odnosa u SFRJ 1945-1965* (Beograd: Centar za Ideološko-Političko Obrazovanje Radničkog Univerziteta "Đuro Salaj", 1965), str. 3-9.

计划经济是一种将消除资本主义在国家和全球范围内产生的"灾难性"经济危机的武器。通过计划经济的机制，社会主义国家能够对整个经济有全面的掌握，将全部权力"握在手中"，"通过将所有生产环节纳入单一计划，有计划并融洽地发展生产"。①

可以说，1945年1月，拟订联邦计划委员会的第一稿组织草案，标志着南斯拉夫决定开始正式采用苏联对经济的计划和管理方法。仿照苏联国家计划委员会（Госплан）结构拟订草案的同时，南斯拉夫共产党政治局决定以行政集中制原则管理经济和社会，指导国家发展。② 经济重建委员会秘书博扬·库格勒（Bojan Kugler）在第一稿中提出建立中央计划委员会（Central Planning Commission）及其基本组织结构，并提出起草法律使该机构合法化。除联邦计划委员会外，人民委员会内还应设有从属于中央经济管理机构的共和国计划委员会和县计划委员会。负责经济的各部及其下属的主要行政部门和企业也应设置计划部门。这些部门无论从垂直组织方式还是从水平组织方式上看，都能组成一个单一的等级结构。③

然而，这一计划的实施因为需要等待更加有利的时机而被推迟了，艰难的战事使得开始国家解放区的重建进程问题更为紧迫。④ 经济重建委员会在此期间研究了国家的经济和财政潜力并起草了各项重建规划，为向全面计划经济过渡提供了必要的初步认知。但在1945年，经济重建委员会没能完成政府布置的所有任务。一方面，它没有为向全面计划经济过渡做必要的方法论准备。⑤ 另一方面，铁托对经济政策的不满表明，1946年初的经济重建进程比这位南斯拉夫共产党领导人预期的要慢。铁托认为，造成这种局面的罪魁祸首是经济政

---

① AY, Fund 11, Ministry of the Electric Power Industry of the FPRY Government (MEPIFPRYG), 5-19, Planned Economy and Planning in Industry.

② Savo Dautović i Branko Petranović, *Jugoslavija, Velike Sile i Balkanske Zemlje 1945-1948: Iskustvo "Narodne Demokratije" kao Partijske Države* (Beograd: Istorijski Institut Crne Gore, 1994), str. 29-37; Aleksandar Rakonjac, "Počeci Privrednog Planiranja u Jugoslaviji 1946. Godine: Ideje, Organizacijai Institucionalizacija," *Tokovi Istorije*, 2/2016, str. 155-156.

③ AY, Fund 41, Federal Planning Commission (FPC), 1-1, Draft Proposal of the Planning Commission, 23.1.1945.

④ Aleksandar Rakonjac, "Obnova Jugoslovenske Industrije 1944-1947: Ideje, Planovi, Praksa," *Istorija 20. Veka*, 2/2018, str. 87-90.

⑤ AJ, 41-1-1, Federal Planning Commission Review Report.

策制定得不够完善，以及管理人员在执行政府决策时不够努力。[1]

1945年12月，苏联经济顾问的到来为南斯拉夫计划经济的立法和组织结构的形成注入了新动力。这些顾问很快活跃在南斯拉夫国家建设的众多领域。[2] 1946年1月颁布的宪法率先为计划经济奠定了法律基础。联邦计划委员会主席被纳为政府成员，从而清晰体现出其在未来制度中的作用。[3] 这为建立最高一级的计划机构提供了一个法律平台，宪法赋予其涵盖一切经济和社会事务的权限，并与执行部门紧密协调。[4] 因为南斯拉夫新的宪法体系是效仿苏联建立的，当时在很大程度上采用了苏联的宪法和政法方案，虽然宪法决议将南斯拉夫定义为联邦制国家，但确立的却是中央集权制的国家制度结构，对苏联模式的效仿最终导致了整个经济和社会的官僚化和国有化。[5]

同时期南斯拉夫发生的另一经济转型进程，也与苏联的计划经济模式密不可分，即国家经济部门的集中化，苏联顾问到来后这一工作立即得到迅速开展。[6] 强制性迅速过渡到以苏联为蓝本的计划经济体制，意味着要重新定义经济生活中的各个环节。国有部门（主要是工业）的集中化是实施彻底变革中极为重要的一环。南斯拉夫党和国家的领导层效仿苏联，开始在两个层面开展集中化。在第一个层面，即上层，国家将全部国有工业部门纳入自身掌控之中，从而建立起一个单一等级制的管理组织，同时开始对下层的工业进行重组。经济重组的目的是将所有经济部门统一在一个中央管理机构之下，并按照现代的组织原则发展经济。在这一工作中，经济规划者的主要任务是清理效率低下的企业，合并相关经济领域内的大量小型工厂，同时创建多个生产单元，通过完整的生产流程满足高效企业的所有标准。他们认为，这样做是为了确保生产最大限度地获得盈利。[7] 经济委员会主席兼工业部长鲍里斯·基德里奇（Boris Kidrič）认为，在建立社会主义经济制度的过程中，其组织和技术形式与资本

---

[1] Branko Petranović (eds.), *Zapisnici sa Sednica Politbiroa Centralnog Komiteta KPJ: 11. Jun. 1945-7. Jul. 1948* (Beograd: Službeni List), str. 140.

[2] Diplomatic Archive of the Ministry of Foreign Affairs, Republic of Serbia (DAMFARS), Political Archive (PA), 1945, USSR, f. 30, d. 7041, List of Soviet Citizens Sent to Work in Yugoslavia, 21.11.1945.

[3] "Ustav Federativne Narodne Republike Jugoslavije," *Službeni List FNRJ*, 10/46.

[4] Viljem Merhar (eds.) *Boris Kidrič, Socijalizam i Ekonomija* (Zagreb: Globus, 1979), str. 3-16.

[5] B. Petranović, *Istorija Jugoslavije 1918-1988* (Beograd: Nolit, 1988), str. III/67-68.

[6] AY, Fund 17, Ministry of Industry of the FPRY Government (MIFPRYG), 9-9, Economic Experts from the USSR, 30.9.1946.

[7] Mijo Mirković, *Uvod u Ekonomiku FNRJ* (Zagreb: Naprijed, 1959), str. 17.

主义的公司没有什么不同。1947年初，基德里奇指出，新兴的社会主义组织形式必须摆脱"过时的官僚主义工作方法"，"利用技术和运营管理方法，现代的技术和运营方法，典型的资本主义托拉斯模式"，以尽快掌握生产运营方式，在未来超越资本主义的商业经营。①

宪法颁布后，起草"联邦计划委员会法"的相关活动也加紧进行。这一过程中，负责编制法律的苏联经济专家伊万·埃文科（Ivan Evenko）向其南斯拉夫同事们介绍了苏联以往在计划方面的经验。他编写了一份关于苏联计划部门25年发展历程的简短报告，为联邦计划委员会的最初架构提供了范例。曾于1945年初撰写有关计划委员会组织结构第一份提议草案的库格勒协助埃文科共同起草"联邦计划委员会法"。埃文科和库格勒主要负责设置各等级的计划委员会。② 他们改进了库格勒之前的想法，制定了组织规划。联邦计划委员会的行政机构"横向上"由一系列特殊部门组成，在这些部门下面，"纵向上"按照等级设立各个下属分支和组织。联邦计划委员会下属各部门将根据其对经济的重要性被划分为不同模块。因此，工业或能源等一些优先发展的经济产业被划分为单独部门，而医疗保健和社会保障等其他领域则因其相互依赖性而被合并为一个部门。③ 此外，联邦计划委员会还要管理共和国计划委员会的工作，发布制定计划的指令，并对计划的准备工作的形式和方法进行指导。共和国计划委员会负责管理县计划委员会，县计划委员会又负责管理区计划委员会。整个计划部门系统必须以统一的组织和计划方法为基础。④ 通过将国家审计署、标准化委员会和专利局等机构纳入联邦计划委员会，计划管理工作统一了经济生活的所有分支领域，委员会从成立之初就成为政府的经济"总指挥部"。委员会的组织结构具有一定弹性，可根据计划需要、国家经济与行政结构的变化进行调整。⑤

---

① AY, Fund 40, Economic Council of the FPRY Government (ECFPRYG), 2-6, Records from the Conference Held on January 27, 1947, in the Ministry of Industry of the Federal Republic of Yugoslavia Regarding the Reorganisation of the Main Administrations; Momčilo Zečević and Bogdan Lekić (eds.), *Zapisnici Privrednog Saveta Vlade FNRJ 1944-1953*, Ⅰ-Ⅳ (Beograd: Arhiv Jugoslavije, 1995), str. Ⅰ/67-72.

② AY, 41-1-1, Ivan Evenko's Report on the Organisation of the Planning Commission, 19.2.1946.

③ Ibid.

④ AY, Fund 836, Marshall of Yugoslavia's Office (MYO), Ⅲ-1-b/1, Proposed Law on the Establishment of the Federal Planning Commission of the FNRJ with an Organisational Structure and a List of Positions in the FPC, 1945; AY, 41-1-1, Ivan Evenko's Report on the Organisation of the Planning Commission, 19.2.1946.

⑤ Ibid.

就在南斯拉夫共产党为尽快建立计划经济体制而耗费心力的时候，其领导层内部发生了第一次重大冲突。党内危机的起因是南斯拉夫工业部长安德里亚·海布兰格（Andrija Hebrang）给副总理爱德华·卡德尔（Edvard Kardelj）的一封信。海布兰格在自己被排除在赴苏开展谈判的贸易代表团之外后发出了这封信。从莫斯科发来的电报看，将海布兰格从贸易代表团中除名的真正原因是约瑟普·布罗兹·铁托（Josip Broz Tito）怀疑海布兰格的个人野心和自命不凡。愤怒的海布兰格在信中表达了对铁托是否信任自己的经济管理方式的质疑。①1946年4月下旬，政治局内仍然存在分歧，多数派就一些经济问题与海布兰格进行交锋，后者被指责没有在加快实现计划经济的方向上实行一以贯之的经济政策，而这是开启国家工业化和电气化最重要的前提条件。在财政部长斯雷滕·茹约维奇（Sreten Žujović）的支持下，海布兰格指出不应急于实施苏联的计划方法，先重建国家、稳定制度并废除对农民的压迫以防止社会动乱才是重中之重。米洛万·吉拉斯（Milovan Đilas）在讲话中强调，中央委员会在经济政策上分裂出两条路线，这是由于海布兰格和茹约维奇两位部长无法按时准备好经济报告，政治局会议没能对经济问题进行充分讨论导致的。海布兰格和茹约维奇提出了一系列悬而未决的经济问题，试图为此前的失败辩解，并否认存在两种不同政策的说法。经工业部长海布兰格和财政部长茹约维奇最终同意且被政治局内大多数人认可的结论是，由于所采用方法的不同，前一时期出现了许多"徘徊"现象，今后必须在经济中执行统一的经济政策。这场发展理念冲突的结果是，1946年5月，海布兰格被逐出了南斯拉夫共产党中央政治局。不久后，海布兰格将经济委员会主席和工业部长的职位移交给了鲍里斯·基德里奇（Boris Kidrič）。②

事实证明，人事变动对于计划机构建设的完成和计划方法的法律制定十分关键。海布兰格被解除南斯拉夫的经济领导权仅一个月后，"国家总体经济计划与国家计划机构法"的起草工作就完成了。该法律设想在国家经济计划内设置两类计划。第一类是远景或长期计划，决定了较长时间的经济发展方向；第二类是一年或当年计划，是为较短时期制定的。国家总体经济计划涵盖由联邦当局直接管辖的所有国家行政部门、企业和机构的基本经济计划。此外，该法

---

① AY, 836, Ⅰ-3-b/623, Andrija Hebrang's Letter to Edvard Kardelj, Belgrade, 17.4.1946.

② A. L. Veličanskaja and others (eds.), *Jugoslavija-SSSR, Susreti i Razgovori na Najvišem Nivou Rukovodilaca Jugoslavije i SSSR 1946-1964* (Beograd: Arhiv Jugoslavije, 2014), str. I/645; B. Kidrič, *O Izgradnji Socijalističke Ekonomike FNRJ* (Beograd: Borba, 1948), str. 29-34.

律在其主要内容中还囊括了共和国、县、区及城镇的经济计划。长短期国家经济计划均具备法律效力，这意味着从国家行政部门到国有企业和合作社，每个部门都有义务确保计划得到执行。[1] 该法律为未来几年的经济体制发展奠定了基础。法律框架建立后，计划部门的组织工作也随之开始。[2]

二

联邦计划委员会经过近两年的努力才得以最终成立。除主席海布兰格以外，克罗地亚的博扬·库格勒、塞尔维亚的米连科·雅科夫列维奇（Milenko Jakovljević）、斯洛文尼亚的多尔夫·沃格尔尼克（Dolfe Vogelnik）和苏联经济顾问伊万·埃文科作为副主席也在委员会成立与职员招募方面发挥了重要作用。其中，埃文科是战后苏联的知名经济学家之一，也是《苏联的计划经济》这篇重要文章的作者。他的到来与苏联为南斯拉夫提供的专业援助有关。[3] 1946年初，埃文科来到南斯拉夫后被委派协助组建经济机构，指导南斯拉夫规划者制定新方针。[4] 同年夏天，计划经济的基础得到稳固。尽管最重要的机构——联邦计划委员会——在很大程度上依赖于苏联模式，但仍主要遵循了南斯拉夫的国情。由于南斯拉夫经济结构的特殊性，规划者不可能完全"照搬"苏联国家计划委员会的组织体系，于是联邦计划委员会的组织结构最终也根据南斯拉夫经济的情况和需求进行了调整。[5] 当时采用的组织结构并非固定不变，其设计者强调，组织形式"必然"会随着经济的发展而变化。[6] 根据临时规定手册里的内部组织结构，联邦计划委员会办公室由22个部门、4个独立部门、

---

[1] AY, 41-136-259, Law on National Economic Plan and State Planning Authorities, General Provisions, 1946; D. Čalić, *Metodologija Planiranja Proizvodnje* (Beograd: Borba, 1948), str. 5-7.

[2] AY, 40-37-85, Law on National Economic Plan and State Planning Authorities, 1946.

[3] Ljubodrag Dimić and others (eds.), *Jugoslovensko-Sovjetski Odnosi 1945-1956: Zbornik Dokumenata* (Beograd: Ministarstvo Spoljnih Poslova Republike Srbije/Ministarstvo Inostranih Poslova Ruske Federacije, 2010), str. 36-38.

[4] AY, 41-2-2, The Meeting of the Vice Presidents of the Federal Planning Commission from September 23, 1946.

[5] AY, 41-1-1, Provisional Rulebook on the Internal Organisation and Operations of the Office of the Federal Planning Commission, 1946.

[6] AY, 41-557-862, Bojan Kugler's Report from the Conference of the Federal Planning Commission (according to the content of the report, most likely June-July 1946).

秘书处、国家统计局、国家审计署、标准化委员会、经济研究所和专利局组成。①

集中管理将联邦计划委员会变成了处理经济事务的所有行政活动的整合中心。负责经济的政府部门和委员会有义务通过其计划部门将一切数据和计划草案发送给下属的行政部门。所有国家行政机构、下级计划委员会、国营和私营企业以及合作社都必须遵守这一程序。包含在国家经济计划内的机构和企业都必须有自己的计划部门。联邦计划委员会监督各共和国计划委员会的活动，而各自治省、区、地区、市和镇的计划委员会则在各共和国的管辖下分级垂直开展工作。联邦计划委员会作出的决定具有全国性意义，对所有下级计划委员会都具备法律效力。为尽可能成功地实施计划，所有计划委员会和计划部门制定计划的方法必须统一。② 编制全国长期经济计划期间，各级计划委员会必须制定从最高到最低层级都能适用的长期计划，并且要按照同样的原则持续编制计划。③

联邦计划委员会包含总体计划部、物资平衡部、劳动人事部和财务部。这四个部门是委员会的"大脑"，整个计划的成功与否取决于它们是否能正常运作。④ 委员会的第二类部门是贸易、投资和物价部门，它们对于计划经济取得成功同样重要。⑤ 其他部门都归属于第三类，由于这些部门都集中在各自负责的领域，它们的任务没有重叠，所以最开始处于次要地位。⑥ 联邦计划委员会办公室由主席领导，副主席协助开展工作。副主席根据主席的指示来管理各类部门、国家统计局和联邦标准化委员会的活动。⑦

由于工作量较小，各共和国计划委员会的组织结构远比联邦计划委员会简单。所有委员会采用的组织类型都是一致的。在设计组织方案时，规划者特别注意确保了提出的模式符合各共和国经济结构的特点。每个共和国的计划委员会中，总体计划部、物资平衡部、劳动人事部和财务部是主要组成部分。联邦

---

① AY, 41-1-1, The Federal Planning Commission Organisational Chart, 1946.
② Ibid.
③ AY, 41-136-259, Law on the General State Economic Plan and State Planning Authorities, Adoption of the General State Economic Plan, 1946.
④ AY, 41-1-1, Provisional Rulebook on the Internal Organisation and Operations of the Office of the Federal Planning Commission, 1946.
⑤ Ibid.
⑥ Ibid.
⑦ Ibid.

计划委员会中一些经济领域拥有各自的独立部门，而在共和国计划委员会中，它们则根据其生产性质被整合到了一个共同的部门。由于某些共和国的计划委员会的下属部门人手不足（主要是波黑、黑山和马其顿），这些部门的工作由相关部委的计划部门接管，而共和国计划委员会的任务在于从中协调，使它们的计划合并为一个计划。①

根据经济发展的优先领域，南斯拉夫联邦和共和国各部委的计划部门于1946年成立。第一批拥有计划部门及其专家局的部委是工业部（包含重工业部和轻工业部）、矿业部、电力工业部和农业部。这四个部委有着相同的组织结构，都下设六个局，即生产计划局、基本建设计划局、财务计划局、人事计划局、记录局和运输计划局。农业部的不同之处仅在于其生产计划局又被划出多个分支，涵盖了更广泛的农业领域。② 其他部委的计划部门始建于1946年秋。1947年上半年，这些计划部门的组建仍在继续。③ 在最基层的计划机构中，区和市/县人民委员会下设对应级别的计划委员会。区计划委员会的组织结构与市/县计划委员会相同，唯一不同的是前者管辖范围更大。④

南斯拉夫共产党高层称第二次世界大战结束后的头两年为"过渡阶段"，他们计划在此期间对国家社会和经济结构进行彻底改革。就在《国家总体经济计划和国家计划机构法》颁布后，关于在发展计划经济体制方面应采取的进一步举措的初步说明相继出台。当时，南斯拉夫当局对经济领域的现实情况进行了总结，得出的结论是，国家经济和社会制度中包含许多"相互矛盾的因素"。这些矛盾体现在国营部门和私营部门（私营工业、私营贸易、个体手工业和大约200万个乡村小农场）的共存。在这种情况下，以一个总体计划来涵盖整个经济几乎是不可行的。⑤ 为了增强整个体系的凝聚力，使各部门能够更全面地被纳入计划，当局耗费了大量精力来阐释苏联的集中化模式。1946年初，工业、采矿业和电气工业处于复苏中，这些关键经济领域所承担的巨大责任要求其在管理方式上进行重大变革。为了加强运营管理，南斯拉夫仿照苏联的"总

---

① AY, 41-557-862, Bojan Kugler's Report Drawn up at the Conference of the Federal Planning Commission.

② AY, 41-1-1, Proposal for the Organisation of Planning Sectors of Ministries.

③ AY, 41-2-2, Reports Drawn up at the Conference of the Federal Planning Commission Held on 1, 2 and 3 X 1946, Reports Composed by the Representatives of Federal Ministries and Committees.

④ AY, 41-1-1, Functions of the District People's Committee in the Planned Economy, Article 47; AY, 41-1-1, Proposal of the Organisation Scheme of County and City Planning Commissions.

⑤ AY, 41-557-861, Explanation of the Law on the National State Plan and State Planning Authorities, 1946.

管理局"（Glavki）引入新的管理模式，建立了总行政机构（main administrations）。总行政机构的作用是在各部委和企业之间建立一个中间环节，它们通过基本的指令监督和管理某个下属企业的工作。南斯拉夫于1946年年中通过国有经济企业基本法批准了这一新举措，授权行政运营管理局（Administrative Operational Managements，AOM）极大的权力管理企业。因此，行政运营管理局成为国家利益在工厂中的直接代表和监管者，除了拥有最大的行政权力，该机构还负责任命总经理或厂长。这些总行政机构的总部设在各共和国的首都。总部负责的特定经济部门在联邦内是否是发展水平最高的，这决定了总部的所在地。① 这些机构虽然是中央国家机器的一部分，但其经费并不来自国家预算，而是来源于由其监管的经济部门所属企业的年收入。② 这意味着流入计划指令机构的资金数额直接取决于计划的完成情况。③ 如果某个企业的年收入超过了计划规定的额度，计划外利润的50%将作为计划机构的经费。国家希望通过这种物质激励措施鼓励竞争精神，提高经济生产力。④

经济计划化和集中化的相关问题解决后，最后一个开启社会主义工业化所不可或缺的相关重大问题也在1946年底得到解决。1946年底，在南斯拉夫顺利参加完巴黎和平会议后，国际形势变得有利起来，因此《私营企业国有化法》最终得以通过。南斯拉夫的这一举措使得整个经济的集中化结构及根据重要性进行排序都得到了圆满安排。随后，国有产业成为最重要的经济部门，而重工业、黑色和有色金属冶炼业、采矿业、林业、运输业、银行业和批发贸易尤为重要。国有经济成为国家经济发展的基础，从而实现了向全面计划经济过

---

① AY, Fund 106, FPRY Government's Ferrous Metallurgy General Directorate (GFMGD), 4 – 10, Establishment of the Main Administrations within the Ministry of Industry of the FPRY, 6.7.1946; The Croatian State Archives (CSA), Fund 238, Ministry of Industry of the People's Republic of Croatia (MIPRC), box (b.) 238, Decision on the Establishment of the Main Administration of the Electric Power Industry; *Osnovni Zakon o Državnim Privrednim Preduzećima*, eds. Boris Kidrič (Beograd: Službeni List FNRJ, 1949).

② AY, Fund 140, Directorate-General of the Federal Metal-Working Industry (DGFMWI), 5 – 22, Report on the Operations of the Directorate-General of Federal Metalworking Industry for the Plan Year 1949, June 22, 1950.

③ AY, Fund 50, Presidency of the FPRY Government (PFPRYG), 17 – 34, Decree on Bank Accounts of Profits of State Economic Enterprises and Their Administrative and Operational Managers, December 31, 1946.

④ AY, 40 – 1 – 3, Excerpt from the Introductory Report and Closing Remarks of the President of the Economic Council, 6 – 7; Branko Petranović, *Politička i Ekonomska Osnova Narodne Vlasti u Jugoslaviji za Vreme Obnove* (Beograd: ISI, 1969), str. 251 – 252.

渡的基本设想。① 国有化法律颁布后，当局立即按照重要性将企业分类。通过将 300 余家对国家发展具有重要性且联邦政府对其拥有专属管辖权的大型企业组织起来，国家建立起通过行政运营管理局运转的经济上层建筑，并由此完成了大规模经济体制的创建过程。② 南斯拉夫经济一体化的远大抱负最终在一个独特的超国家经济体上得到体现。③

1947 年初，在国家开始实施广泛的工业化和电气化计划前，出于深化管理运作形式的考量，总行政机构被调整为总指挥局（General and Main Directorates）。总指挥局的成立改善了经济部委与其下属企业之间的协调机制。这些"中间环节"的目的在于加强运营管理，它们是"连接组织"，没有它们，经济就无法运转。当时，妨碍国家经济集中化计划的主要问题之一是缺乏专业人员。于是，所有具有专业经验的管理者都被优先委派到最重要的总指挥局和企业。由于国内人才匮乏，南斯拉夫从德国和其他欧洲国家聘请外国专家，请他们帮助改革指挥局和企业的工作组织、生产和管理方法。由此，一个"从上到下"、层次分明的垂直管理体制得以运作：部委—指挥局—企业。凭借这一体制，1945 年以后开展的经济"托拉斯化"工作成效显著，而集中化管理也达到了顶峰。④

1947 年初，向全面计划经济过渡的先决条件得到了保证，实施国家经济计

---

① Dušan Bilandžić, *Kratak Pregled Razvitka Društveno-Ekonomskih Odnosa u SFRJ 1945-1965*, str. 3-9.

② AY, Fund 185, Federal Administration of the Textile, Leather and Footwear Industry (FATLFI), 2, List of General and Main Directorates of the Ministry of Industry of the Federal Republic of Yugoslavia and Industrial Enterprises that Were under Their Administrative and Operational Management. 在组织结构方面，共和国的企业尽可能照搬了联邦的模式。不过，也有许多自行提出方案和进行尝试性试验的例子。当然，联邦政府管辖下的企业主要是重工业，其组织结构要复杂得多，因此共和国的企业不可能完全照搬这种组织模式。在南斯拉夫工业较发达的北部地区，如斯洛文尼亚、克罗地亚和塞尔维亚，由于其工业传统和物质财富积累，企业在组织方面要先进得多。1949—1950 年是一段临时性时期，在此期间，当局探索了更多的组织模式，其中之一就是根据生产类型对联邦和共和国的企业进行"托拉斯化"。(AY, 40-3-8, Reports Drawn up at the Meeting of Ministers in the Economic Council from February 23, 1949.)

③ AY, 50-4-10, List of Enterprises of National Significance, December 31, 1946.

④ AY, Fund 108, Central Directorate of the Federal Engine Industry (CDFEI), 2-10, The Work of the General or Main Directorates in Regard with Solving the Task Set by the Economic Council, October 7, 1948; AY, 185-2, List of General and Main Directorates of the Ministry of Industry of the Federal Republic of Yugoslavia and Industrial Enterprises that Are under Their Administrative and Operational Management; Zečević & Lekić, str. I /159-169; Ljubiša Korać, *Organizacija Federacije u Socijalističkoj Jugoslaviji 1943-1978* (Beograd: Arhiv Jugoslavije/Globus, Beograd/Zagreb, 1981), str. 282.

划所需的基本知识也已经具备。① 当时，南斯拉夫第一个五年计划的草案已经根据德国专家在战前和战时收集的南斯拉夫自然资源信息起草完成。该计划的草案后来又被稍作修改，于1947年初成稿，并预见了重工业的大力发展。该草案最大限度地兼顾了各个方面，成为南斯拉夫第一个工业化五年计划的最终文本。大体上，该五年计划更多的是为长远建设"指明方向"，而没有触及五年内切实可行的问题。②

三

就在那时，由于国家经济的很多方面发生了重大变化，联邦计划委员会进行了第一次重组。关于组织结构改革的讨论于1947年3月初启动，因为当局对联邦计划委员会内部额外职责的分配产生了异议，相应地，对是否再多任命一名负责总体事务与配额的副主席也存在疑虑。③ 据评估，经济部门之间的划界不够明确，经济部门与计划局之间没有建立恰当的合作关系，这是委员会难以运作的主要原因。因此，为了更好地界定经济部门内各计划局的职责，当局制定了一项重组计划，但组织结构仍以最初确定的四个基本经济部门为基础。④ 委员会副主席级别的经济部门领导人不再是苏联顾问伊万·埃文科及其南斯拉夫同事——建立计划机构的关键人物——博扬·库格勒。他们的位置被弗拉伊科·贝戈维奇（Vlajko Begović）和杜尚·查利奇（Dušan Čalić）代替，前者来自联邦控制委员会，担任配额计划局局长，后者从莫斯科学习政治经济学归来，被任命为总体计划和记录局局长。⑤ 1947年底左右，标准化办公室主任、

---

① State Archive of Serbia (SAS), Fund 29, People's Republic of Serbia Planning Commission (PRSPC), 1, Organisation of the Planning Commission of Serbia, 7.7.1946; Aleksandar Rakonjac, "Počeci Privrednog Planiranja u Jugoslaviji 1946. Godine: Ideje, Organizacija i Institucionalizacija," str. 151-176.

② AJ, 41-3-3, Reports of the Conference of the Heads of the Federal Planning Commission on the Problems of the Five-Year Plan, January 5, 1947.

③ AJ, 41-1-1, Proposal of the FPC Organisational Chart, March 3, 1947.

④ AJ, 41-1-1, Work and Problems of the Federal Planning Commission from May 7 to 30, 1947.

⑤ AJ, 41-1-1, Organisation Scheme of the Federal Planning Commission, July 9, 1947; HAB, 2821-1, Personal file, Vlajko Beogović.

工程师鲍里斯·普里克里尔（Boris Prikril）就任联邦计划委员会副主席。① 由于经济的多样性，各共和国计划委员会无法实现统一的组织结构，因此各共和国在遵循总体指导方针的基础上，根据自身需要进行调整。1948 年 1 月改组后，负责经济的各部委使其组织结构与重工业部相一致。② 1947 年，计划机构的发展步入更高层次，当局开展了大量工作，在下级计划机构和工厂内组建计划部门。③

由于计划部门的扩大，重组带来了人员短缺问题。配额计划局雇用了 14 名职员，生产计划局雇用了 21 人，投资计划局雇用了 13 人，总体计划和记录局雇用了 33 人。据当时预估，除此之外，经济领域还缺 87 名专业人员，而联邦计划委员会的管理层认为，所需人员的 50%可从大学和中等技术经济学校的应届毕业生中选拔。④ 经济委员会主席兼工业部长鲍里斯·基德里奇（Boris Kidrić）坚持认为，人事政策应与其在苏联一样获得重视。首先，这意味着接受斯大林关于人事"能解决一切问题"的观点，也意味着接受了一个前提，即只有具备足够技能的人员才能应对经济现代化的挑战。基德里奇强调，有必要培养一种"新型"人才，他们不仅要有专业知识，还要有契合社会现实变化的政治素养。社会主义社会需要"社会主义者"，也需要"社会主义干部"来建设新社会。⑤ 联邦计划委员会是一个新型机构，有权执行部分独立的人事政策。它享有一定的特权，可以从一开始就选择自己的职员，并在某种程度上在选拔中有优先权。⑥ 尽管委员会一时间汇聚了合适数量的专业人员，但由于绝大多数人不了解新的工作方式，在执行日常任务时遇到了困难。这些困难反映在工作分配不均上。经常出现的情况是，某些部门的负责人自行完成指定任务，而不是通过平均分配职责的方式让所有工作人员都参与进来，从而拖慢了工作进

---

① AJ, 41-1-1, Secretariat of the Vice-President for the Production Plan, Decision on Reimbursement of Expenses for Official Travel, October 21, 1947.

② AJ, 41-1-1, Organisation of Planning Sectors of Ministries, 1948.

③ AJ, Fund 10, Ministry of Light Industry of the FPRY Government (MLIFPRYG), 73 75, Report on the Performed Inspection of the Company "Jugoslovenski Kombinat Gumei Obuće Borovo", April 30, 1948.

④ AJ, 41-1-1, Federal Planning Commission's Need for Staff, 1947.

⑤ B. Kidrič, *Sabrana Dela: Člancii Rasprave 1946-1948* (Beograd: Kultura, 1959), str. 110-120.

⑥ AJ, 41-1-1, Report of the Personnel Department to the Presidency of the FNRJ Government, August 9, 1946.

度。① 正因这种情况以及与计划经济相关的其他困难，工作人员必须参加专业课程，学习为满足专业发展需要而翻译过来的苏联书籍。②

随着1947年4月底联邦议会通过了第一个五年计划，南斯拉夫领导人对从苏联和捷克斯洛伐克采购资本设备抱有极大希望。在随后的几个月里，南斯拉夫外贸代表在东欧签订了许多重要协议，其中与捷克斯洛伐克的投资协议尤为重要，因为它确保了工业化所不可或缺的大部分资本设备。联合国善后救济总署（UNRRA）的粮食援助项目于春季结束，则导致南斯拉夫政府在夏末秋初面临严重的经济困难。由于收成不好，加之农产品收购政策并不成功，南斯拉夫面临出现社会骚乱的风险。此外，到年底，苏联、捷克斯洛伐克和其他东欧国家根据所签合同出售的工业设备显然无法按商定的时间和数量运抵。同时，南斯拉夫的一些重要国情使得局势雪上加霜：一个不利的情况是，南斯拉夫工厂战前继承的技术结构主要来自西方，战后联合国善后救济总署在工业设备、拖拉机和卡车方面提供了大量援助，援助的一部分还来源于德国英占区和美占区的赔偿。所有这一切导致南斯拉夫经济过于依赖于美国和英国政府，而英美政府又将南斯拉夫共产党视为自身在该地区利益的最大威胁。1946年，南斯拉夫的规划者就得出结论，没有美国拖拉机就无法播种，没有美国卡车就无法运输，这说明南斯拉夫的经济严重依赖西方大国。对南斯拉夫处境产生不利影响的另一个情况是，从东方进口的劣质燃料不适合需要高辛烷汽油的美国发动机。在这方面，南斯拉夫对西方的依赖更大，因为英美石油公司控制着世界上

---

① AJ, 41-2-2, Reports from the Meeting of Heads of Departments, Heads of Divisions and Representatives of the Federal Planning Commission, Held on November 21, 1946.

② 主要有以下苏联经济学家的著作：A. Kurskij, *Socijalističko Planiranje Narodne Privrede SSSR* (Moskva, 1945); J. Ganopoljski, *Kontrola Izvršenja Proizvodnog Plana Industrijskog Preduzeća* (Moskva, 1944); L. Volodarski, *Planiranje Mesne Privrede i Kulturne Izgradnje* (Moskva, 1945); A. Petrov, *Kurs Industrijske Statistike* (Moskva, 1944); V. Bunimovič, *Cena koštanja i Način Snižavanja* (Moskva, 1945); A. Leontjev, *Sovjetski Metod Industrijalizacije* (Moskva, 1946); V. Kovaljenkov, *Automatizacija Proizvodnih Procesa u Industriji* (Moskva, 1939); Journal "Planovoje Hazyaystvo", 1945-1946; G. Sorokin, *Staljinski Petogodišnji Planovi* (Moskva, 1946) (AY, 41-111-197, Soviet Economic Literature, 1945)。

80%的优质汽油生产。此外,定期维护现有机器所需的备件也必须从西方采购。①

因此,南斯拉夫政府为获得购买资本设备所急需的资金,被迫开始与美国就解冻战前储存在纽约的南斯拉夫货币储备进行谈判。此外,两方还就解决其他争议问题进行了谈判。与此同时,南斯拉夫还启动了与英国及其他西方集团国家的贸易谈判。1947年底,由于农业政策的彻底崩溃,南斯拉夫政府被迫改变了之前对农民的态度,启动了市场交换机制。由于与英美的谈判陷入僵局,南斯拉夫加快了同其他西方国家谈判的进度,其中首先与意大利和瑞士展开了谈判。1948年上半年,南斯拉夫领导人总结认为,这两个国家对南斯拉夫工业化的贡献超过了苏联集团的任何国家。此外,南斯拉夫还意识到,没有英美的机器,就无法实现预期的工业化速度。② 南斯拉夫领导人产生这种看法与苏联、捷克斯洛伐克、匈牙利和波兰未按合同交付资本设备有关,因为这些国家的大部分经济生产能力都被用于苏联经济的重建。在这种情况下,南斯拉夫不得不另谋出路。1948年2月在莫斯科举行的贸易谈判中,南斯拉夫试图说服苏联使自己得以购买资本设备或者苏联能在其他方面援助其购买设备,但未能成功。南斯拉夫方面意识到,只要南斯拉夫坚持违背苏联利益的政策,经济协议就不可能得到履行。南斯拉夫受到了苏联的直接指责,因为它大幅减少了向苏联出口的战略原材料并将其在世界市场上出售,以及与英美开始举行经济谈判。苏联方面的行为预示了两国政治关系的中断,而3月底苏联的做法更是令南斯拉

---

① AY, Fund 54, Reparation Commission at the FPRY Government (RCFPRYG), 64 - 139, Brief Information on the Work of the Reparation Commission of the Government of the Federal Republic of Yugoslavia for the Period 1946–1953 and the Realisation of Reparations and Restitution Requests, 1.3.1954; AY, 836, Ⅰ-4-a/31, Information on the Manner of Distribution of UNRRA's Goods for Industrial Reconstruction, 1946; AY, Fund 9, Ministry of Foreign Trade of the FPRY Government (MFTFPRYG), 186, "Jugopetrol," Elaborate on Fuels Needed for Yugoslav Industry, 1947; John R. Lampe, Russell O. Prickett, Ljubisa S. Adamovic, *Yugoslav-American Economic Relations since World War Ⅱ* (Durham and London: Duke University Press, 1990), pp. 21–23; Aleksandar Rakonjac, "Obnova Jugoslovenske Industrije 1944–1947: Ideje, Planovi, Praksa," str. 99.

② *Foreign Relations of the United States* (*FRUS*), 1947, Eastern Europe, The Soviet Union, Volume Ⅳ, Document 583, The Ambassador in Yugoslavia (Cannon) to the Secretary of State, Belgrade, November 18, 1947; DAMFARS, PA 1948, Yugoslavia, f. 91, Yugoslavia Lacks Industrial Equipment from the USA and Great Britain, 10.5.1948; DAMFARS, PA, 1948, Yugoslavia, f. 91, Some Machines Exhibited at the Yugoslav Fair, 11.5.1948; AY, 836, Ⅰ-3-6/323, Agreement on Trade Relations and Economic Cooperation between the Federal People's Republic of Yugoslavia and the Republic of Italy.

夫大吃一惊。①

苏南冲突的爆发和对南斯拉夫领导层中"不忠分子"的清洗,对计划机构产生了重大影响。② 1948年5月,海布兰格被解除了联邦计划委员会的领导职务,而在鲍里斯·基德里奇上任后,他宣布将在计划经济领域采取更果断的行动。③ 基德里奇将经济委员会和联邦计划委员会主席的职务合二为一,启动了对整个经济等级制度的规制。可想而知,国家也面临着来自东方日益明显的政治和经济压力。基德里奇在两个最高经济机构的联席会议和委员会中强调,"让各共和国享有更多自由权力是非常危险的",因为国家没有"物质基础"让它们享有更大的独立性。他认为,尽管国家实行联邦制,但经济组织仍必须保持中央集权制,不过他仍鼓励各共和国的计划委员会提出建议,以便更妥善地执行最高层的倡议。④

四

1949年初,经济的计划范围越来越广泛,这迫使基德里奇及其同僚开始思考如何在已经等级分明、组织结构严密的计划机构中更平均地分配工作和责任。联邦计划委员会再也无法同时履行大量职能,于是基德里奇被迫将责任下放给下级机构。各部委、总指挥局和企业内的计划部门负责规划业务与执行计划。年度计划被细分为季度、月度和旬计划。1949年,计划覆盖到了约13,000

---

① Central Intelligence Agency Records Search Tool (CREST), GCIAR, CIA – RDP82 – 00457R002300670005 – 2, Yugoslavia and the Cominform, February 15, 1949; Vladimir Dedijer, *Izgubljena Bitka J. V. Staljina* (Beograd: Rad, 1978), str. 122–123.

② Dinko A. Tomasic, "The Problem of Unity of World Communism," *Marquette University Slavic Institute Papers*, 1962, No. 16, pp. 1–7. Vladimir Bakarić, *Ekonomski i Politički Aspekt Socijalističkog Samoupravljanja* (Sarajevo: Svjetlost, 1975), str. 28–32; Najdan Pašić and Kiro H. Vasilev, "Komunistička Partija Jugoslavije u Borbi za Izgradnju Temelja Socijalizma i za Odbranu Nezavisnosti Jugoslavije (1945–1948)," in *Pregled Istorije Saveza Komunista Jugoslavije*, eds. Rodoljub Čolaković (Beograd: Institut za Izučavanje Radničkog Pokreta, 1963), pp. 423–463.

③ AY, 836, II – 5 – a – 1/13, Explanation of the Prime Minister of the FPRY, Josip Broz Tito, as to the Proposal for the Dismissal of Ministers of the FPRY Government, Sreten Žujović and Andrija Hebrang at the Session of the Presidium of the National Assembly of the FNRJ, Belgrade, May 5, 1948.

④ Momčilo Zečević and Bogdan Lekić (eds.), *Zapisnici Privrednog Saveta Vlade FNRJ 1944–1953*, str. II/200–201.

个生产集体，每家企业每年必须向上级主管部门提交600份至800份的不同报告。夸张的行政要求导致中央经济机构不断被各种文件淹没，以至于保存在联邦计划委员会档案馆的年度经济计划文件重达1吨多。偶尔的行政混乱和政令统治在大多数情况下很难行得通，因此企业主要坚持总休计划的内容，而计划的执行则绝大多数交由下面的工厂管理者自行决定。总之，如果没有处在经济结构下层的部门的积极参与，将经济作为一个庞大的企业来管理是难以为继的。①
1949年上半年，为了将计划的方针尽可能深入地贯彻到经济结构中，基德里奇在各级开展了积极的活动。他鼓励开设了许多短期课程，聘请教师尽快培训下级计划机构中未来的规划者，以便在1950年开展更复杂的计划工作。② 日益复杂的计划需求迫使联邦计划委员会于1949年夏季开始将部分职责移交给各共和国计划委员会，并加紧准备让县、区、镇计划委员会也承担更多职责。③

在国家工业化进程中，一方面，经济的增长产生了日益复杂的组织形式，而孕育了这一进程的复杂行政系统开始产生冗杂的文件。④ 另一方面，与苏联的关系破裂也使得南斯拉夫采取了新的国家政策，1949年12月23日通过了关于建立和运行国有企业工人委员会的指示，1950年6月27日通过的《工人集体管理国有企业和高级经济协会的基本法》则明确确认了这一政策。⑤ 由此，南斯拉夫共产党调转国家发展方向，实际上开始寻找自己的社会主义道路。这意味着放弃当时苏联的经济方针，实施国家和社会的民主化、权力下放和国家机关的去官僚化。经济重组带来了逐渐严重的官僚主义倾向，正是为了抵制这一倾向，所有计划部门做起了"减法"。⑥

1950年春的经济重组对联邦计划委员会的进一步活动产生了深远影响。由

---

① Branko Horvat, *Privredni Sistem i Ekonomska Politika Jugoslavije：Problemi，Teorije，Ostvarenja，Propusti*（Beograd：Institut Ekonomskih Nauka，1970），str. 27；Ljubomir Madžar and Aleksandar Jovanović, *Osnovi Trorije Razvojai Planiranja*（Beograd：Savremena Administracija，1995），str. 176–179.

② Momčilo Zečević and Bogdan Lekić（eds.），*Zapisnici Privrednog Saveta Vlade FNRJ 1944–1953*，str. Ⅳ/334–335.

③ AY, 41-4-4, Records on the Consultation of the Presidents of Regional, City and District Planning Commissions Held on Saturday June 11, 1949 in the Premises of the Planning Commission of the People's Republic of Croatia in Zagreb.

④ HAB, 2821-8, Working Class, Workers' Councils, str. 7–11.

⑤ AY, 507, Ⅺ-1-80, About Workers' Councils, Nevember 3, 1952.

⑥ Momčilo Zečević and Bogdan Lekić（eds.），*Zapisnici Privrednog Saveta Vlade FNRJ 1944–1953*，str. Ⅱ/701.

于经济朝着工人自我管理的方向全面调整,因此需要进行新的重组。① 在新形势下,联邦计划委员会的内部职位需要重新确定,雇员人数由此大幅减少,最后该机构只剩下了 32 名雇员。采用新的组织形式意味着要持续实施经济权力下放,清理技术官僚和减少行政管理措施。重组工作于 6 月完成,自此之后,联邦计划委员会与新成立的机构——生产改进管理局和记录管理局密切合作,负责制定基本的计划配额。② 随后,根据联邦议会主席团 5 月 31 日的命令,共和国计划委员会主席加入了联邦计划委员会。③ 换句话说,联邦计划委员会变为了一个咨询机构,与在经济中实施自我管理的进程相一致。④

权力被削弱的联邦计划委员会参与的最后一项事务是提议将第一个五年计划的执行时间延长一年。议会两院通过了《关于延长 1947—1951 年〈南斯拉夫国民经济发展五年计划法〉执行期限法案》的提案,从而将《南斯拉夫国民经济发展五年计划法》的执行期限延长了一年。该法案于 1951 年 1 月 1 日生效,南斯拉夫政府被授权确保该法案的实施,并采取一切必要措施执行五年计划到 1952 年底的剩余任务。⑤ 1951 年 3 月,联邦计划委员会进行了最后一次重组。从那时起,联邦计划委员会的工作范围仅包括编制和起草当前国民经济计划并向联邦政府提交,以及确保各经济领域的均衡发展。至于各共和国的计划委员会,联邦计划委员会的任务是审查这些委员会的长期计划与当前计划,并使之与国家计划相协调。⑥

来自东方的经济制裁和政治压力不仅动摇了国家的经济生活,也使人们对以往的社会和国家建设方向产生了怀疑。当局重新思考了采用苏联管理方法的合理性,以及寻找新的社会组织模式的必要性。直接生产者管理自己的事务,是马克思主义和其他社会主义哲学流派的基本理念。工人民主的实现需要社会

---

① The Archives of the Republic of Slovenia (ARS), Fund 1522, Personal Collection of Boris Kidrič (PCBK), box (b.) 2, Exposition on the Organisation of State Management of Our Economy, February 5, 1950.

② AY, 41-1-1, Records from the Meeting of the Collegium of the Federal Planning Commission, Held on May 19, 1950 at 9:00 a.m.

③ "Ukaz o Sastavu Savezne Planske Komisije," *Službeni List FNRJ*, 38/50.

④ AY, 40-5-10, Records from the Session of the Economic Council of the FPRY Government, Held on June 7, 11 and 12, 1950.

⑤ *Narodna Skupština FNRJ, Stenografske Beleške Drugog Redovnog Zasedanja Saveznog Veća i Veća Naroda (27-29. Decembra 1950)* (Beograd: Prezidijum Narodneskupštine FNRJ, 1951), str. 151.

⑥ AY, 41-1-1, Scope of Work of the Federal Planning Commission after the Reorganisation of the Economy in 1951.

组织的多种合作形式，而苏联体制则是社会组织采用单一健全形式的典型。这是两个根本对立、不可调和的极端。在这种情况下，工人自我管理的思想不仅是对马克思主义基本理念的一种回归，也是南斯拉夫共产党人对抗苏联时强大的意识形态武器。

1950年1月，经济委员会和南斯拉夫工会联合会中央委员会通过了关于在大型工业和运输企业建立享有咨询权的工人委员会的指示。新政策的制定者认为，工人必须通过"积极参与执行企业的所有任务"来承担责任。该指示公布后不久，全国215家大型企业通过无记名投票选举出了工人委员会。这些工人委员会开始参与解决企业组织、执行计划任务、降低成本价格等问题。到《工人自我管理法》通过时，设立工人委员会企业的数量从215个增加到约1000个。这些工人委员会成为未来直接生产者管理机构的雏形。1950年6月，南斯拉夫联邦议会通过了《工人集体管理国有企业和高级经济协会的基本法》。随后，6319家企业举行了工人委员会选举，登记在册的868,904名工人和干部中有84.1%参加了投票。共有155,166人当选为工人委员会成员，其中妇女20,895人，突击工人[①]20,894人，南斯拉夫共产党党员和预备党员40,508人（占总人数的26.16%）。在实施工人自我管理的过程中，由于工作的细致性和新承担的许多责任，南斯拉夫共产党必须解决工人的经济教育问题，于是南斯拉夫工会联合会中央委员会在1951年初制定了一个工人经济教育框架计划。许多企业和工业中心都举办了研讨会、课程与讲座，为使参与自我管理的工人能在最短时间内掌握基本经济学知识付出了巨大努力。不过，在现实中，国家仍然控制着整个经济，只是所有按照苏联模式设立的机构都被取消，或者经历重组改变了名称和职能。

20世纪50年代初的范式转变与之前从苏联"照搬"的国家经济组织和行政集权化管理方法形成了鲜明对比。废除原有的工厂国有制，将其转变为工人直接管理下的社会所有制，并"让价值规律自由运行"，这对重新定义以往的计划经济路线产生了根本性影响。[②] 随着体制改革的推进，联邦计划委员会失去了其成立之初的作用。按照新方针开展工作已是一纸空文，在这次重组后不到一个月，国家最终决定撤销联邦计划委员会。不久之后，各级计划机构也迎

---

① 突击工人（英文为 shock worker，或以俄语音译成 udarnik），常用于在苏联、东欧和其他社会主义国家中，意指有高生产力的工人。——译者注

② AY, 40-6-11, Records from the Conference of the President of the Economic Council of the FPRY Government, Held on March 30, 1951.

来了同样的命运。各级计划委员会的职权均归属于经济委员会和新成立的计划总指挥局,后者在新秩序中在科研与咨询方面具有独特的作用。① 然而,国家通过大规模的宏观经济计划来管理经济的模式的结束,并不意味着将计划作为一种管理方法的模式的结束。计划部门在企业的微观层面依然存在,随着向新经济体制的过渡,它们在规划直接生产单位的发展和经济增长方面仍发挥着重要作用。

结　语

南斯拉夫在第二次世界大战结束后的前五年中所采取的措施,从根本上改变了国家的经济状况。南斯拉夫当局制定的经济政策目标在于清除以手工业为主的中型、小型和微型企业,因为其认为这些企业是过去的残余,是现代工业发展的障碍。在国家经济政策一体化的抱负下,多个大型经济企业被建立,当局还通过在经济等级中具有明确地位的众多机构,将经济整合为一个由联邦政府管理的单一实体。② 在20世纪40年代末期的整合过程中,南斯拉夫的经济成为一个巨型集体企业,能够协调众多个体的行动,并将短期和长期计划相互联系起来。在第一个五年计划期间,快速的工业化进程表明经济发展取得了明显的进步。经济结构变化的轮廓在20世纪50年代初就已初露端倪。除了生产发展,我们还可以看到战前基本分散的工业出现了明显的集中。技术进步和现代化发展的同时,产业工人的数量也增加了一倍多。第二次世界大战前,员工人数超过500人的公司只有102家,而到1951年底,员工人数超过500人的公司已超过200家。此外,战前只有5家公司拥有超过3000名员工,而战后则有10家公司拥有超过4000名员工。③ 1948年,南斯拉夫与苏联的关系破裂预示着中央计划和经济集中化组织管理的终结。1949年底,随着第一批工人委员会的成立,以及将管理权直接移交给生产者的趋势,集中组织模式开始让位于合

---

① AY, Fund 129, Central Planning Administration (CPA), 2-5, Elaboration of Planning Methodology, 1951.

② Nikola Čobeljić, *Privreda Jugoslavije: Rast, Struktura i Funkcionisanje* (Beograd: Savremena Administracija, 1977), str. 11-18.

③ AY, 507, XI-1/91, Some Data on the Development of Our Economy Compared to the Situation before the War, 1952.

作模式。1950年第一次经济重组的结果表明了国家政策的新方向,即打破以前按照苏联计划经济和集中化模式建立的经济管理和组织形式。① 自此,南斯拉夫的经济管理者凭借丰富的管理与组织实践经验,开始基于工人自我管理的理念设计自主的经济组织形式。

---

① ARS, 1522-2-10, Exposition on the Organization of State Management of Our Economy, February 5, 1950.

158

乌斯塔沙与克罗地亚分裂主义运动
（1948—1956）

杨 东

摘要：克罗地亚分裂主义运动，指那些希望克罗地亚从其他政权下独立出来的政治活动，其思想渊源可以追溯到 19 世纪克罗地亚的民族主义。在 20 世纪上半叶，极右翼的法西斯主义组织乌斯塔沙是该项活动的极端代表。第二次世界大战后，随着"克罗地亚独立国"的败亡，克罗地亚分裂主义分子流亡海外，该运动的中心也转移到美洲的阿根廷。20 世纪 50 年代，伴随移民构成的变化，乌斯塔沙内部发生分裂，诞生出新的分裂主义运动。

关键词：克罗地亚；分裂主义；乌斯塔沙；巴尔干；阿根廷

作者简介：杨东，中央社会主义学院副编审，首都师范大学国别区域研究院兼职研究员，主要从事国际关系史和统一战线相关研究

巴尔干常常被称为欧洲的"火药桶"，概因此地是文明交汇之地，宗教、民族矛盾错综复杂。巴尔干地区的国家形态从帝国之一部分，转为独立的国家，之后进入联盟与独立国家的循环。联合和分裂是此地一个值得关注的现象。其中，克罗地亚分裂主义运动就是联合与分裂现象的推动者之一。克罗地亚分裂主义运动，指那些希望克罗地亚民族从其他政权下独立出来，建立民族国家的政治活动。克罗地亚独立的政治目标与欧洲民族国家的概念直接相关，它可以追溯到 19 世纪。在 19 世纪，这个理想又与左派的社会主义、右派的极端的民族主义交织。而它的对手是统一的"南斯拉夫"理念。在几乎整个 20 世纪，克罗地亚一直处在其他政权的统治之下，比如南斯拉夫王国、南斯拉夫

联邦人民共和国（1963年改名为"南斯拉夫社会主义联邦共和国"）。因此，克罗地亚独立运动可以说就是一种分裂主义运动。从上述思路出发，"乌斯塔沙"是克罗地亚分裂主义运动的一部分，它是克罗地亚独立理想与极右翼思想结合的产物。建立独立的克罗地亚国家是乌斯塔沙的核心目标。很多克罗地亚分裂主义者争辩说，第二次世界大战前和战时的乌斯塔沙与战后的克罗地亚分裂主义运动有很大的不同，但这并不能否认两者之间千丝万缕的联系，而且在南斯拉夫联邦人民共和国建立后，乌斯塔沙残余势力与克罗地亚分裂主义活动是合一的。随着冷战格局逐步形成，乌斯塔沙残余势力不再是克罗地亚分裂主义运动的唯一代表，从它的内部产生了新的分裂主义运动。20世纪40年代末到50年代中期，克罗地亚分裂主义活动的中心伴随移民的流动方向，从欧洲转到了美洲。

一、克罗地亚分裂主义运动的代表——乌斯塔沙

要理解冷战时期克罗地亚分裂主义思想的起源、演变和行为，就需要了解克罗地亚极右翼民族主义从19世纪中期到第二次世界大战结束这一时间段里是如何发展的。形成现代克罗地亚民族主义意识形态的最重要因素是"历史权利"的概念。对这一概念贡献最大的是19世纪的政治家和作家安特·斯塔尔切维奇（Ante Starčević），他认为中世纪的克罗地亚王国从未被真正取消，因此，独立的国家地位是克罗地亚人民应得的一项历史权利，这项"历史权利"高于所有民族表面上享有的自然的国家权利。根据这一思想，尽管克罗地亚在1102年被匈牙利王国吞并，在1527年受哈布斯堡王朝统治，但克罗地亚的政治结构保有连续性，以及克罗地亚王公在贵族中占有一席，说明克罗地亚是"政治民族"，并且从未完全失去自治权。[①] 坚持克罗地亚拥有国家主权的人主张，克罗地亚是国家，这是一个事实而不仅仅是一种愿望；是外国的霸权行为——特别是布达佩斯和维也纳——否认和侵犯了这一"事实"，但也未能破坏克罗地亚国家的本质。第一次世界大战后，南斯拉夫王国（塞尔维亚人-克

[①] Nevenko Bartulin, "From Independence to Trialism: The Croatian Party of Right and the Project for a Liberal 'Greater Croatia' within the Habsburg Empire, 1861-1914," in *Liberal Imperialism in Europe*, eds. Matthew P. Fitzpatrick (New York: Palgrave Macmillan, 2012).

罗地亚人-斯洛文尼亚人王国）诞生，但这并没有摧毁历史权利信徒们的信念。对许多克罗地亚民族主义者而言，"南斯拉夫主义"——最低限度是建立政治联盟，最高限度是将所有南部斯拉夫人纳入一个国家——只不过是将克罗地亚民族的统治权从奥地利人和匈牙利人手中转移到塞尔维亚人手中。最激进的反对者是克罗地亚权利党（Hrvatska Stranka Prava，HSP），它的前身是安特·斯塔尔切维奇和欧根·克瓦泰尔尼克（Eugen Kvaternik）在1861年创建的权利党（Stranka Prava，SP）。克罗地亚权利党持排他性民族主义立场，不仅拒绝与其他民族进行政治合作，而且认为这种合作本质上有害于克罗地亚民族。①

在被南斯拉夫王国统治的头十年，克罗地亚独立还只是空洞的说辞。1928年克罗地亚农民党领袖斯捷潘·拉迪奇（Stjepan Radić）遇刺，国王亚历山大一世借此于1929年1月6日建立起君主专制，从此，事情发生转折。王国的所有民族政党都被解散，由于担心国王会打击克罗地亚民族主义者和政治强硬派，许多克罗地亚权利党成员流亡国外，主要逃往墨索里尼统治下的意大利。流亡者中的激进人士聚集在克罗地亚权利党的前党魁安特·帕韦利奇（Ante Pavelić）周围，这位年轻的律师是该党的新星，他开始招募一群有牺牲精神的极端民族主义者，这些人希望开展武装斗争。1932年，这一组织被正式称为"乌斯塔沙"（Ustaša，意为"起义"），即"克罗地亚革命组织"（Hrvatska Revolucionarna Organizacija）。

克罗地亚民族主义者只有在流亡期间才真正变得激进，这在很大程度上是因为他们参与了"跨国实践"。逃到意大利后不久，帕韦利奇与两个以武装斗争为核心政治纲领的组织建立了联系。第一个是"马其顿内部革命组织"（VMRO），该组织与帕韦利奇签署了一份共同开展斗争的协议，目标是摧毁南斯拉夫国家和塞尔维亚人对克罗地亚人、马其顿人的霸权。第二个是墨索里尼的法西斯党。墨索里尼一直认为，第一次世界大战后意大利取得的成果不完满，他有许多要求都指向南斯拉夫的领土。因此，意大利乐意支持反南斯拉夫的人，以此破坏南斯拉夫的稳定。在"马其顿内部革命组织"和意大利法西斯党的鼓动和支持下，乌斯塔沙将政治暴力和恐怖主义落实为"行动"。乌斯塔沙在意大利北部的波维格诺（Bovegno）、匈牙利的扬卡-普斯塔（Janka-Puszta）建立了营地，训练成员，学习恐怖主义和游击战的战术和方法。1929年至1934

---

① Ivo Banac, *The National Question in Yugoslavia: Origins, History, Politics* (Ithaca, NY: Cornell University Press, 1984), pp. 260-270.

年，乌斯塔沙在南斯拉夫王国开展了一系列的恐怖主义活动，包括：暗杀；在警察局、政府大楼、火车上安放炸弹；渗透到克罗地亚韦莱比特地区（Velebit），希望引发一场人民起义，但未成功。这些活动引起当局的不安，作为回应，南斯拉夫政府制定了一系列严格的安保措施。第二次世界大战前，乌斯塔沙最臭名昭著的暴力行为是刺杀了南斯拉夫国王亚历山大一世。1934年10月9日下午，亚历山大一世国王对法国进行正式国事访问时，他的车队在法国港口城市马赛遭遇枪击，亚历山大一世和与他同车的法国外长巴尔杜双双身亡。刺客是"马其顿内部革命组织"成员弗拉多·切尔诺泽姆斯基（Vlado Chernozemski），但刺杀行动是由乌斯塔沙策划和准备的。弑君的目的是想以此令南斯拉夫王国分崩离析，为克罗地亚的独立铺平道路，但未能得逞。在克罗地亚，弑君者受到广泛谴责，民众的反应不是掀起革命热情，而是不安、疑虑甚至悲伤。① 在国际上，此次刺杀事件迫使墨索里尼打压乌斯塔沙。意大利逮捕了刺杀的策划者安特·帕韦利奇和欧根·克瓦泰尔尼克，将其监禁两年，其余的乌斯塔沙成员被流放到西西里的利帕里岛（Lipari）。1937年，墨索里尼与南斯拉夫王国签署了一项友好协议，其中包括全面禁止乌斯塔沙在意大利活动。直到第二次世界大战爆发，乌斯塔沙都在应付组织支离破碎、一盘散沙的局面。

如果没有第二次世界大战，乌斯塔沙将会销声匿迹。即便是在战时，帕韦利奇也不是纳粹德国首选的傀儡政权"克罗地亚独立国"（NDH）的领导人，因为克罗地亚农民党领导人弗拉德科·马切克（Vladko Maček）曾两次拒绝担任该职。不过，帕韦利奇展示出其他纳粹占领地区代理人所无法比拟的狂热。在德、意法西斯的帮助下，帕韦利奇将民族主义与暴力结合在一起，强烈反对共产主义、资本主义和自由民主。他认为，只有消灭所有内部和外部威胁才能维护克罗地亚民族的统一。为此，乌斯塔沙实施了残酷程度堪比战时欧洲任何法西斯国家的种族灭绝计划。"克罗地亚独立国"政府残酷地迫害境内的塞尔维亚人、犹太人、罗姆人和反法西斯者。在距离萨格勒布约100千米的亚塞诺瓦茨村（Jasenovac），乌斯塔沙民兵建立了多个集中营。战争结束时，乌斯塔沙在亚塞诺瓦茨至少杀害了5万人，实际人数可能接近这个数字的两倍。② 1941—1945年，乌斯塔沙杀害的塞尔维亚人多达35万，境内4万犹太人中的

---

① Dejan Djokić, *Elusive Compromise: A History of Interwar Yugoslavia* (London: Hurst and Company, 2007), p. 98.

② Alexander Korb, "Understanding Ustaša Violence," *Journal of Genocide Studies* 12, nos. 1-2 (March-June 2010), pp. 1-18.

3.2万人被杀害或被送到纳粹的灭绝营,境内2.5万罗姆人几乎全部被消灭。战时南斯拉夫损失的100多万人口中,60%死于"克罗地亚独立国"。在纳粹占领的整个欧洲,这一数字仅次于苏联和波兰,位居第三。[1]

1945年,同盟国战胜轴心国,铁托领导的游击队在巴尔干击败纳粹和乌斯塔沙,"克罗地亚独立国"灭亡。在战争接近尾声时,数以万计的克罗地亚士兵和平民担心遭到游击队的报复,试图越境到奥地利,向英军投降,避免被共产党俘虏。但当他们抵达布莱堡附近的边境时,英国人拒绝了他们的投降请求,并将他们交给铁托的部队。南斯拉夫游击队向停在边境上的士兵和平民发出最后通牒,但乌斯塔沙的指挥官置若罔闻,于是游击队发动了进攻,导致数千人死亡、逃散。布莱堡遣返事件至今仍有很多争议,很难准确地还原历史事实。在接下来的几周里,剩下的人开始了长达800千米的"死亡行军",途中有许多人死亡,死亡人数也是个极具争议的问题。最近的估计表明,在1945年5月抵达奥地利边境的20万人中,约有7万人丧生,其中5万人是克罗地亚人。[2] 布莱堡事件成了克罗地亚人受害者情结的基石,这一情结渗透到了战后克罗地亚人,尤其是海外流亡群体的身份构建之中。

大多数乌斯塔沙成员通过移民来应对南斯拉夫重建的新现实,但仍有一些人继续为克罗地亚的独立而斗争。第二次世界大战刚结束的几年里,被称为"十字军"(Križari)的由前乌斯塔沙成员组成的游击队对新成立的南斯拉夫共产党政权进行了持续的武装袭扰。[3] 他们破坏通信和铁路,暗杀政府官员,袭击警察和军事设施,甚至摧毁集体农场。南斯拉夫安全部门实施了一项名为"保卫者行动"(Operacija Gvardijan)的平叛行动,重点针对"十字军"。行动的高潮出现在1948年夏天,当时"十字军"发动了他们最大规模的行动,代号"四月十日行动"(Akcija 10. Travnja)[4]。在充分掌握了关于这项行动的情报后,南斯拉夫安全部队诱捕了18个"十字军"武装小组,共96人,包括行动领导人博日达尔·卡夫兰(Božidar Kavran)。此后,到20世纪50年代,虽然

---

[1] 被杀害的人数至今仍有很大争议。David Bruce MacDonald, *Balkan Holocausts?: Serbian and Croatian Victim-Centered Propaganda and the War in Yugoslavia* (Manchester: Manchester University Press, 2002).

[2] Pål Kolstø, "Bleiburg: The Creation of a National Martyrology," *Europe-Asia Studies* 62, No. 7 (September 2010), pp. 1153-1074.

[3] Tomislav Jonjić, "Organised Resistance to the Yugoslav Communist Regime in Croatia in 1945-1953," *Review of Croatian History* 3, No. 1 (February 2007).

[4] 4月10日是"克罗地亚独立国"的建国日。

仍有"十字军"小组偶尔露面，但乌斯塔沙在南斯拉夫境内已偃旗息鼓。与第二次世界大战前一样，争取克罗地亚独立的分裂主义者只能在海外继续活动。

二、难以死灰复燃的乌斯塔沙

"十字军"的冒险是基于这样一种信念——铁托和共产党政权得不到人民的支持，人民起义随时可能爆发。但事实证明，这种信念是一种妄想。铁托和南共联盟在1948年夏天取得大胜，将国内活跃的前乌斯塔沙成员消灭殆尽。在克罗地亚和波黑，仍有反对派和"克罗地亚独立国"的拥护者，但这两种人都已退出了政治舞台。不过，乌斯塔沙并没有被彻底消灭，战争结束时，有25万人从克罗地亚逃往海外，不仅有通敌者及其亲属，还有反共人士、战争难民等，他们大多被安置在奥地利、意大利边境的难民营，从那里再转到传统的移民目的国，比如美国、加拿大、澳大利亚，以及战时同情法西斯的阿根廷、乌拉圭、西班牙，此外还有德国。

乌斯塔沙的残余势力根据这一现实试图在海外移民中东山再起，不过此时已与20世纪30年代初的情况不同，南斯拉夫国内境况和国际局势激发了流亡的克罗地亚民族主义者和反铁托人士之间的内讧，这又导致海外分裂主义运动的分裂，各方为了争夺运动的领导权和侨民社区的控制权而争斗不止。虽然乌斯塔沙在1945年之后得以残存，但在20世纪60年代之前，恐怖主义和政治暴力已不再是该运动的中心任务。

（一）流亡中的乌斯塔沙分子

逃亡海外的克罗地亚人中包括一些"克罗地亚独立国"的最高级别的官员。例如：亚塞诺瓦茨集中营的总指挥官维耶科斯拉夫·卢布里奇（Vjekoslav Luburić）将军，他定居在西班牙；亚塞诺瓦茨集中营的另一位指挥官丁科·沙奇克（Dinko Šakić）在阿根廷生活了近半个世纪；"黑色军团"（Crna Legija）的指挥官拉斐尔·博班（Rafael Boban）在战后失踪了，但有证据表明，他在朝鲜战争期间曾在美国陆军中服役；[1] 安德里亚·阿尔图科维奇（Andrija Artukovich）曾任"克罗地亚独立国"的"内政部长""司法部长"和"宗教部长"，被称

---

[1] Zdravko Dizdar, *Tko je tko u NDH: Hrvatska 1941-1945* (Zagreb: Minerva, 1997), p. 42.

为"巴尔干半岛的希姆莱①",他最终在美国南加州开始了新生活。其他设法逃脱抓捕并前往西方的官员还有:"工艺和贸易部长"维耶科斯拉夫·弗兰契奇(Vjekoslav Vrančić)、"副总统"扎菲尔-贝格·库莱诺维奇(Džafer-beg Kulenović)、"外交部长"斯蒂耶波·佩里奇(Stijepo Perić)。

在国外开始新生活的前乌斯塔沙成员中,最有名的人物恰恰是安特·帕韦利奇。他先是逃到奥地利,然后又逃到意大利,最终落脚在阿根廷。同许多逃亡海外的前乌斯塔沙成员一样,帕韦利奇是通过克罗地亚方济各会牧师克鲁诺斯拉夫·德拉加诺维奇(Krunoslav Draganović)②的偷渡路线前往阿根廷的。③

帕韦利奇在阿根廷试图重新确立自己的乌斯塔沙"元首"(poglavnik)地位,并重振克罗地亚分裂主义运动。他成立了一个新的政党——克罗地亚建国党(Hrvatska Državotvorna Stranka,HDS),由前"克罗地亚独立国""外交部"的官员奥斯卡·图里纳(Oskar Turina)担任主席。克罗地亚建国党就是个换了包装的乌斯塔沙,之所以改头换面是为了更容易被西方政治领导人接受。在党内,帕韦利奇牢牢掌握着权力,而在公众面前,他则大肆宣扬该党是民主和反共的。帕韦利奇还创办了一份名为《克罗地亚》的刊物,在意大利出版,主要在意大利和奥地利的难民营中发行。

1951年4月10日,帕韦利奇在布宜诺斯艾利斯宣布建立克罗地亚流亡政府,之所以选择这个日期,是因为这一天是"克罗地亚独立国"成立十周年纪念日,帕韦利亚希望以此表明两个政府之间的连续性。同时,战后逃到叙利亚的前"副总统"扎菲尔-贝格·库莱诺维奇被提升为"总统";"内政部长"是帕韦利奇在阿根廷的得力助手维耶科斯拉夫·弗兰契奇;其他官员包括"外交部长"马尔科·佩贾耶维奇(Marko Pejačević)和"文化部长"伊利亚·安德里奇(Ilija Andrić),两人都居住在英国;新任命的"陆军部长"是拉斐尔·博班将军,据说当时他仍在克罗地亚境内打游击。④

---

① 海因里希·希姆莱(Heinrich Himmler),纳粹德国党卫军司令,犹太人大屠杀的主谋。

② 德拉加诺维奇的官方身份是克罗地亚天主教圣热罗尼莫堂(San Girolamo degli Illirici)的秘书,其非官方身份是帕韦利奇在罗马教廷的代表。在第二次世界大战结束后的5年里,德拉加诺维奇成为克罗地亚乌斯塔沙领导人逃离欧洲的主要渠道。

③ Mark Aarons and John Loftus, *Unholy Trinity: The Vatican, the Nazis, and the Swiss Banks* (New York: St. Martin's Press, 1998).

④ PAAA, Abteilung 7 (Bestand B12), Band 562, Dok.: 684/56. "Die jugoslawische Emigration von 1914 bis zur Gegenwart, 1956" (June 20, 1956), p.73. quoted in Mate Nikola Tokic, *Croatian Radical Separatism and Diaspora Terrorism during the Cold War* (West Lafayette, Indiana: Purdue University Press, 2020).

帕韦利奇还重建了"克罗地亚武装力量"（Hrvatske Oruane Snage，HOS）。因为1944年年中"内政部长"姆拉登·洛尔科维奇（Mladen Lorković）和"武装力量部长"安特·沃基奇（Ante Vokić）发动了政变，① 为了防止此类事件，确保所有军队控制在"元首"手中，帕韦利奇在1944年底成立了"克罗地亚武装力量"。1945年5月，在英国将布莱堡的克罗地亚士兵遣返给南斯拉夫后，"克罗地亚武装力量"大部分被消灭，其余人流亡海外。1951年重组时，"克罗地亚武装力量"按照地域划分为四个部分，均由帕韦利奇的亲信担任指挥官：南美分部由伊万·阿桑恰伊奇（Ivan Asančaić）领导，北美分部由鲁道夫·埃里克（Rudolf Erić）领导，澳大利亚分部由斯雷奇科·罗弗（Srećko Rover）领导，欧洲分部由维耶科斯拉夫·卢布里奇领导。"克罗地亚武装力量"的核心力量是总部设在阿根廷的"克罗地亚家园保卫者"（Hrvatski Domobran），它是一个准军事组织，成立于1928年南斯拉夫王国时期，1931年在南美重建。"克罗地亚武装力量"集合了很多战后的流亡者，他们中的许多人在第二次世界大战时就曾是该组织的一员。

19世纪以来，许多克罗地亚政治家都坚信克罗地亚独立的关键在于大国的庇护。正是这种庇护关系使得乌斯塔沙在20世纪30年代声名鹊起，然后在1941年得以获得实际权力。然而，战后国际环境很快发生变化，到1947年，战时的反法西斯同盟已成为记忆，取而代之的是一场新的全球冲突——美苏冷战。鉴于国际格局的变化，帕韦利奇力图重新定位乌斯塔沙运动，即在"必将到来"的社会主义阵营和资本主义阵营间的冲突中发挥作用，以此来换取大国的承诺——允诺建立一个独立的克罗地亚国家。当然，战后的政治环境并不是特别有利于帕韦利奇及其追随者，毕竟他们在第二次世界大战中站在了纳粹一方。不过，20世纪20年代的国际政治活动经历让帕韦利奇明白，推动大国战略的是机会主义和权宜之计，而不是意识形态原则。这种经验意味着他不一定只与西方大国打交道。在第二次世界大战临近尾声的日子里，这位乌斯塔沙的领袖曾考虑与苏联单独媾和，以换取未来的克罗地亚苏维埃国家独立于塞尔维

---

① 洛尔科维奇是克罗地亚的律师和政治家、乌斯塔沙的高层，第二次世界大战期间担任"克罗地亚独立国"的"外交部长"和"内政部长"。沃基奇曾任"克罗地亚独立国"的"交通部长"和"武装力量部长"。洛尔科维奇领导沃基奇与克罗地亚农民党接触，试图与之建立联合政府，转投盟国阵营。1945年4月，两人作为叛变者被处决。

亚或南斯拉夫。① 1948 年，斯大林将南斯拉夫逐出共产党和工人党情报局，当时普遍认为苏联和南斯拉夫会发生冲突，许多流亡海外的克罗地亚分裂主义分子认为这是其实现独立的机会。乌斯塔沙领导集团的重要成员，主要是维耶科斯拉夫·弗兰契奇，与布宜诺斯艾利斯和维也纳的苏联官员进行过接触。弗兰契奇提出：如果苏联决定出兵南斯拉夫将铁托赶下台，乌斯塔沙在海外的武装力量将返回南斯拉夫，与苏联红军并肩作战；交换条件是在取胜后，苏联解散南斯拉夫，允许建立一个实行社会主义制度但独立的克罗地亚。② 为了证明这一提议是认真严肃的，弗兰契奇命令除奥地利之外的其他地区的"十字军"开始配合苏联军事和外交官员，协助苏联的准备工作。

不过，苏联最终没有出兵南斯拉夫，因此克罗地亚人的提议也没有取得任何结果。20 世纪 50 年代初，随着冷战逐渐成形，帕韦利奇和他的追随者认同当时许多政治观察家的结论——东西方之间的对抗不可避免。③ 许多流亡的克罗地亚分裂主义者并不担心这种冲突会带来怎样的灾难，而是期待莫斯科和华盛顿之间的直接对抗。帕韦利奇认为，东欧和东南欧的解放只能伴随着战争，一场由"自由"的西方人民对布尔什维克俄国和世界布尔什维克主义的战争。他认为这场战争中西方必将获胜，由此当前的欧洲政治格局也会崩溃，在此后的新世界里，大国将不再需要支持一个像南斯拉夫那样的"人为的"多民族国家，从而让克罗地亚人可以自由地追求国家独立的梦想。

流亡的克罗地亚分裂主义者试图将自己定位为西方的重要盟友。帕韦利奇和其他流亡的分裂主义领导人把克罗地亚人定义为坚定的民主主义者和模范、忠诚的公民，希望以此在未来的欧洲重组过程中被认为是一个配得上拥有"国家"的民族。帕韦利奇本人在 1957 年写给北大西洋公约签署国的一封信中透露了这一愿望，他宣称：

  克罗地亚民族，特别是目前居住在海外的克罗地亚武装部队的前

---

① PAAA, Referat ⅡA5 (Bestand B42), Band 98, Dok.: 1222/61. "Die kroatischen Exil-Ustaschen: Nationalistischer Extremismus und kommunistische Unterwanderung/Zum Stuttgarter Zwischenfall" (December 1, 1961), pp. 5-6. quoted in Mate Nikola Tokic, *Croatian Radical Separatism and Diaspora Terrorism during the Cold War*.

② Ibid.

③ NARA, CIA, "Argentina/Yugoslavia, Current Activities of Ante Pavelic" (April 25, 1951), p. 1. quoted in Mate Nikola Tokic, *Croatian Radical Separatism and Diaspora Terrorism during the Cold War*.

军官和现役军官，都经历过反游击队战争……由于这些事实，克罗地亚解放运动已经能够制定有效的反游击战计划，并拥有进行干部训练的必要人员，我们愿意用这些人员为克罗地亚民族和所有其他被奴役人民的解放以及保卫"自由世界"作出贡献。①

此外，朝鲜战争为帕韦利奇提供了"以反共斗争中的'盟友'身份进入公众视野的绝佳机会"。当时，阿根廷民众强烈反对派遣阿根廷部队出国参加这场两大阵营之间的冲突。庇隆总统的解决办法是利用刚从欧洲来到阿根廷的政治流亡者，让这些流亡者组成一支"反共军团"，因为他们尚未完全融入阿根廷社会，在战争或武装冲突发生时可以根据需要进行部署。找到这类人并不难。帕韦利奇不仅与阿根廷军方关系密切，而且与庇隆本人也有密切联系，他急切地提出由新成立的"克罗地亚武装力量"来承担这一任务。帕韦利奇承诺组建一支克罗地亚移民部队，与"联合国军"一起参加朝鲜战争。

帕韦利奇对西方示好，但收效甚微，因为西方对克罗地亚分裂主义者缺乏兴趣。不过，西方大国没有接受乌斯塔沙，这并不是因为乌斯塔沙在第二次世界大战中的恶名。到20世纪50年代初，随着苏联的威胁日益增大，反共的优先性超过了任何亲法西斯者的黑历史。所谓"苏联入侵欧洲的危险"为极右翼的生存提供了可能性。西方不愿意接受乌斯塔沙的示好，关键在于西方希望拉拢南斯拉夫。1948年铁托和斯大林的不和直接导致南斯拉夫调整对内和对外政策。铁托的目标是打造"南斯拉夫式的社会主义"，包括与西方建立紧密的联系。西方急于利用东方阵营的这条裂痕，因此接受了贝尔格莱德的转向，并承诺支持南斯拉夫的领土完整。西方各国相信，一个强大而统一的南斯拉夫将成为抵御苏联在中欧、东欧和南欧扩张的堡垒。只要冷战的基本格局不变，西方就很少有人会去挑战南斯拉夫的现状。正是国际政治的这一变化，导致了克罗地亚分裂主义者的边缘化。

同时，而帕韦利奇重新开始的政治活动也引起了南斯拉夫政府的注意。1951年，在帕韦利奇宣布"克罗地亚流亡政府"成立后的几天内，铁托向阿根廷政府和联合国转达了引渡帕韦利奇和其他前乌斯塔沙成员的请求。专注于

---

① PAAA, Abteilung 7 (Bestand B12), Band 562, Dok.: "Letter from the HOP to the Signatories of NATO" (December 1957). quoted in Mate Nikola Tokic, *Croatian Radical Separatism and Diaspora Terrorism during the Cold War*.

拉拢铁托的美国及其盟友显然不会与克罗地亚分裂主义者建立任何关系，这一立场也影响了阿根廷等国。20世纪50年代，庇隆总统希望改善与美国的关系，他不再公开支持反南斯拉夫的活动，以免引起华盛顿的不满。帕韦利奇发现自己的活动受到了限制，到20世纪50年代中期，他在阿根廷已经不能进行任何反对铁托政权的煽动活动。

（二）乌斯塔沙分子的困扰和竞争对手

冷战初期，不利的国际政治现实一直是帕韦利奇重建克罗地亚之梦的主要障碍。但作为自封的战后克罗地亚分裂主义运动的领袖，国际政治并不是他面临的唯一问题。事实上，战后的克罗地亚侨民社区远非团结一致，那些继续把争取克罗地亚独立作为个人使命的群体也深受分裂和竞争的困扰。自从"克罗地亚独立国"崩溃后，帕韦利奇就面临着争取新老克罗地亚移民支持的激烈竞争。随着时间的推移，这种竞争定义了克罗地亚分裂主义运动的政治活动，对侨民社区领导权的争夺在一定程度上限制了分裂主义组织的发展。

1. 老移民的否定

帕韦利奇面临的第一个复杂问题是，需要与既存的克罗地亚移民社区争夺政治空间。克罗地亚人大规模的移民早在19世纪中期就开始了，其目的地主要是美洲和大洋洲。19世纪末，新大陆——尤其是美国的工业发展吸引了希望摆脱长期贫困的东南欧人，赴美的克罗地亚移民的数量急剧增加。1890—1915年，约有36万人（包括克罗地亚人）从东南欧赴美。第一次世界大战期间，大约有10万克罗地亚人移民；1918—1941年，有10.9万克罗地亚人到国外寻求美好生活。[1] 由于20世纪20—30年代美国的移民政策趋紧，这些克罗地亚移民中的大多数人定居在南半球，比如阿根廷、智利、澳大利亚、新西兰。

然而，第二次世界大战前在海外的近60万克罗地亚移民却不是帕韦利奇的天然盟友。

首先，1945年之前的老移民缺乏强烈的"克罗地亚人"意识。在20世纪上半叶的大部分时间里，更不用说19世纪，民族身份并不是个人交往和身份

---

[1] Dubravka Mlinarić, "Emigration Research in Croatia: An Overview," in *Transnational Societies, Transterritorial Politics: Migrations in the (Post-) Yugoslav Region, 19th-21st Century*, eds. Ulf Brunnbauer (Munich: Oldenbourg Verlag, 2009), p. 189.

认同的依据,尤其是在东南欧的农村地区和教育水平较低的区域,而大多数克罗地亚移民恰恰来自这些地区。虽然"克罗地亚人"的概念对这些早期移民来说并不算陌生,但这个标签通常只被当作一种地域概念,如达尔马提亚人、斯拉夫人或伊斯特拉人,而且在他们的头脑中,"克罗地亚人"与"南斯拉夫人"并不是不相容的。因此,许多第二次世界大战前的移民即使在某种程度上认为自己是"克罗地亚人",也没有思考过其政治含义,他们不认为一个独立的克罗地亚是理所当然的。与此形成鲜明对比的是,第二次世界大战后的大多数克罗地亚移民则痛恨"南斯拉夫人"的概念。

其次,老一辈移民的政治观点普遍比 1945 年后流亡的"通敌者"更为左倾。[①] 与意大利、希腊、波兰等国的移民一样,第二次世界大战前的克罗地亚移民绝大多数是来自经济落后的农村的年轻人,他们多在"新世界"迅速发展的重工业部门,尤其是在工厂、采矿和造船行业中寻找就业机会。经济和社会地位的不确定性导致他们建立了以民族为基础的兄弟互助会,以此类组织为移民提供金融、社会和政治方面的帮助。与其他民族的互助组织一样,这些克罗地亚人(通常情况是"南部斯拉夫人")中的工人阶级成为早期工人运动和社会主义运动的天然招募对象。许多社团首先是作为社会主义俱乐部而组织起来的,其次才是作为民族互助组织。在美国,这些俱乐部最终组成"老左派"的主要政党——社会主义工党、社会主义党和共产党,并建立起一个所谓的共同语言联盟系统,成为 20 世纪早期美洲工人运动的一个主要特征。1939 年,共产国际七大决定在资本主义国家建立工人阶级反法西斯的统一战线和各民主阶层反法西斯的人民阵线。这一战略增强了左翼分子在南部斯拉夫人移民中的影响力。共产党可以自由地与任何愿意反对法西斯主义的政党结成联盟,它们加倍努力地融入到许多代表移民工人的兄弟会中。在北美的克罗地亚人社区,共产党的首要合作对象是"克罗地亚兄弟会"(Hrvatska Bratska Zajednica,HBZ),它是当时最大和最有实力的克罗地亚移民互助组织。尽管共产党最终没能掌握"克罗地亚兄弟会"的领导权,但他们确实成功地在第二次世界大战爆发前的一段时间里对该组织的发展施加了相当大的影响。到 1938 年,共产党人已经控制了"克罗地亚兄弟会"40%的分会。[②]

[①] Dubravka Mlinarić, "Emigration Research in Croatia: An Overview," p. 172.

[②] John Kraljić, "The Croatian Section of the Communist Party of the United States and the 'United Front': 1934-1939," *Review of Croatian History* 5, no. 1 (2009), pp. 137-145.

即便是对工会或共产党的意识形态不感兴趣的移民,也不会对乌斯塔沙和"克罗地亚独立国"有什么兴趣。第二次世界大战的初始阶段,特别是在北美,不同政治派别的克罗地亚移民大多都谴责纳粹,支持自己的住在国。这种忠诚感在1941年12月14日帕韦利奇对美国宣战后反而更加坚定。乌斯塔沙的法西斯主义意识形态和严酷的种族政策,以及它与希特勒、墨索里尼的关系,令那些希望建立克罗地亚国的侨民团体也望而却步。同时,由于共产党在"克罗地亚兄弟会"等团体内的强大影响,所以它们自然支持同盟国。

此外,铁托是公认的反法西斯阵营的宝贵盟友,他提供了一个南斯拉夫国家的愿景,这符合许多移民的政治偏好。战后,铁托试图在南部斯拉夫人移民特别是克罗地亚人中争取支持。南斯拉夫政府向友好的移民组织注资,还通过各种各样的社会、文化和经济项目来吸引移民群体。例如,南斯拉夫政府向移民免费分发文化机构"克罗地亚马提卡"(Matica Hrvatska)办的杂志,还在世界各地的旅行社和移民文化中心放映电影、幻灯片,展示新南斯拉夫取得的社会和经济成就。南斯拉夫政府甚至安排移民组织的高级代表免费返回"祖国",亲身体验南斯拉夫的进步。第二次世界大战前出国的那一代克罗地亚侨民多数认为,铁托领导的南斯拉夫即便不算是一个巨大的成功,但肯定是一条解决"民族问题"的途径,而这个问题已困扰东南欧100多年。因此,建立一个独立的克罗地亚并不是首要事项,当然更不是值得流血的事业。同时,他们把帕韦利奇和乌斯塔沙视为追随希特勒的卖国贼,是许多早期移民向往的新生活的对立面。甚至那些渴望看到克罗地亚有一天从"塞尔维亚共产主义"的"魔爪"中"解放"出来的移民——克罗地亚天主教信徒——也发现,与帕韦利奇和乌斯塔沙残余势力联合是站不住脚的。

2. 竞争对手——克罗地亚农民党

对于战前和战后渴望克罗地亚独立的移民来说,除了帕韦利奇,他们还有另一个选择——流亡中的弗拉德科·马切克及其领导克罗地亚农民党。在两次世界大战之间,克罗地亚农民党曾是南斯拉夫王国中最重要的克罗地亚民族主义政党,在塞尔维亚人主导的议会中担任主要反对党。克罗地亚农民党当时得到了大多数克罗地亚人的支持。第二次世界大战结束后,该党也在侨民中活动,吸引了年龄较大的移民和一些要与"克罗地亚独立国"及其战争罪行之间划清界限的前乌斯塔沙成员。马切克是温和派,但依然是克罗地亚国权利的捍卫者,他代表了极端法西斯主义和共产主义的中间地带,是战后克罗地亚政治话语的主流。

1928年6月20日，克罗地亚农民党领袖斯捷潘·拉迪奇在南斯拉夫王国议会中被黑山塞族议员普尼沙·拉契奇（Puniša Račić）开枪击伤后，马切克成为农民党的新领导人。马切克不具有拉迪奇那样广泛的号召力，但他是克罗地亚利益的坚定维护者。第二次世界大战临近爆发时，马切克与南斯拉夫王国首相德拉吉沙·茨韦特科维奇（Dragiša Cvetković）谈判达成协议，同意在南斯拉夫王国境内建立一个享有相当大自治权的克罗地亚省（banovina）。1929年南斯拉夫王国宣布实行专制统治后不久，马切克和帕韦利奇之间有过接触甚至短暂合作。即便如此，乌斯塔沙并不信任马切克，他曾被关进亚塞诺瓦茨集中营几个月，战时大部分时间他都处于软禁中。

战争结束后，马切克首先移民到法国，最后定居在美国。与渴望克罗地亚独立的乌斯塔沙的流亡人士相比，马切克致力于建立一个实行西式民主的克罗地亚国家，并向英、美寻求支持。事实上，对马切克来说，在克罗地亚土地上实现民主要高于实现独立。马切克提出了所谓的"基督教民主国家多瑙河联邦"的设想，该联邦主要包括奥匈帝国瓦解后的各个部分，包括奥地利、匈牙利、捷克、斯洛伐克、斯洛文尼亚、塞尔维亚、克罗地亚。这个联邦的所有成员将都受同样的政治结构和原则约束，包括政教分离、宗教和民族平等、尊重少数民族的权利但不允许它们独立。虽然离在一个更大的联邦内实现自治与建立民族国家仍有距离，但马切克认为这个办法是在克罗地亚实现民主的唯一可行的机制。马切克倡导建立这个联邦的另一个目的是想借此防止塞尔维亚、奥地利或匈牙利霸权的恢复。

马切克对"克罗地亚问题"的理性和谨慎的立场在战争结束初期为他赢得了不少支持者，但到了20世纪50年代，温和的立场反倒给他带来了灾难。无论马切克多么渴望建立一个独立的克罗地亚，他始终都坚信克罗地亚人与塞尔维亚人分离是不可能的，除非发生"流血"。因此，马切克寻求同任何有能力促进"南斯拉夫联邦"构想的政治领导人建立关系，以实现克罗地亚的相对自治。这就意味着要与来自巴尔干其他地区的流亡政治人物开展谈判，比如：康斯坦丁·福蒂奇（Konstantin Fotić）和米兰·加夫里洛维奇（Milan

Gavrilović),① 他们都是南斯拉夫王国流亡政府的重要成员,都是塞尔维亚人;还有反共的斯洛文尼亚人民党(Slovenska Ljudska Stranka,SLS)党魁米哈·克雷克(Miha Krek);等等。另外,这一策略意味着也要与铁托谈判。20 世纪 50 年代中期,马切克和铁托都开始关注如何遏制塞尔维亚人日益增强的影响力。两位领导人寻求一种安排,即流亡的克罗地亚农民党及其支持者可以返回南斯拉夫,条件是:一方给予大赦,另一方宣誓效忠南斯拉夫政府。② 如同与其他流亡政治人物的会谈一样,马切克与铁托的会谈也无果而终。许多战后的克罗地亚移民认为,马切克与铁托进行谈判是一种背叛。对他们而言,对克罗地亚的北部和西部邻居保持温和,与同克罗地亚人的假想敌——塞尔维亚人或共产党——结盟,性质是完全不同的。马切克总是小心翼翼,从不发表独立建国的言论。总之,马切克的态度和行为导致许多拥护克罗地亚农民党的人在 20 世纪 50 年代中期抛弃了他和他的政党。考虑到当时"克罗地亚问题"所处的政治环境,马切克的立场可以说是明智的,但几乎没有人支持这种立场,尤其是那些致力于独立建国的人。战后初期马切克获得的支持是短暂的,他未能在克罗地亚侨民中保持自己的政治地位。1964 年,84 岁高龄的马切克去世,那时他在克罗地亚国内和克罗地亚侨民中间已变得无足轻重。

三、乌斯塔沙分子内诞生出新的分裂主义运动

帕韦利奇想要成为克罗地亚政治性移民的领导者,需要与第一波移民和克罗地亚农民党的残余势力进行党争。他在 20 世纪 50 年代遇到的情况与 20 世纪 30 年代相似。从一开始,乌斯塔沙残余势力主要依赖于新政治性移民的支持,而不是老的经济性移民,帕韦利奇比温和派的马切克更能吸引激进的分裂主义者。然而,在阿根廷生活意味着远离具有战略意义的欧洲,这种疏离让帕韦利

---

① 康斯坦丁·福蒂奇(1891—1959),1935—1944 年任南斯拉夫王国驻美国大使,在美国的塞尔维亚侨民中很有影响力。米兰·加夫里洛维奇(1882—1976),农业党党魁,曾参加"切特尼克"组织;1940—1941 年任南斯拉夫王国驻苏联大使、特使、临时代办,1942 年任南斯拉夫王国流亡政府的司法部长;第二次世界大战后流亡美国。

② PAAA, Abteilung 7 (Bestand B12), Band 562, Dok.: 5197/55. "Die Verhandlungen zwischen Dr. Vlatko [sic] Maček und Tito" (December 16, 1955), pp. 1-3. quoted in Mate Nikola Tokic, *Croatian Radical Separatism and Diaspora Terrorism during the Cold War*.

奇很容易受到那些希望夺取全球克罗地亚分裂主义运动领导权的人的挑战。

帕韦利奇首先受到了自己的早期盟友之一布拉尼米尔·杰利奇（Branimir Jelić）博士的严重威胁。1927年，杰利奇担任克罗地亚权利共和青年团的领袖，开始步入政坛，这个组织是克罗地亚权利党的青年组织，帕韦利奇曾担任权利党书记。1928年，杰利奇创建了"克罗地亚家园保卫者"，后来成为"克罗地亚武装力量"的核心。和帕韦利奇一样，杰利奇在南斯拉夫王国专制统治时期因参与激进的政治活动而被迫流亡。在整个20世纪30年代，杰利奇是帕韦利奇最得力的副手。乌斯塔沙运动成立后不久，帕韦利奇派杰利奇前往南美，为克罗地亚独立事业争取侨民支持。这一时期，"克罗地亚家园保卫者"组织开始在世界各地建立分支机构。回到欧洲后，杰利奇成为乌斯塔沙的宣传主任。杰利奇在柏林编辑出版《克罗地亚家园保卫者》杂志，还担任乌斯塔沙官方报《克罗地亚独立国》（Nezavisna Hrvatska Država）的编辑和出版人，该刊物在欧洲和美洲都有发行。

第二次世界大战之前，杰利奇担任帕韦利奇与西半球克罗地亚移民的主要联络人，这一工作使杰利奇得以避免犯下战争罪。1939年9月第二次世界大战在欧洲爆发时，杰利奇正在美国进行筹款。帕韦利奇急于召集这位他最信任的伙伴，命令杰利奇尽快返回欧洲。但杰利奇的回程受到阻挠，战时英国政府认为他与刺杀亚历山大一世国王事件及纳粹有关，因此1939年10月2日英国海军在直布罗陀海峡拦下了他乘坐的船只，拘捕了他。在被关押了9个月后，杰利奇被转移到英国本土，在这里他作为战俘度过了整个战争时期。

入狱的经历使杰利奇成为战后移民眼中的"耀眼"人物。首先，与其他乌斯塔沙前领导人相比，杰利奇更能与帕韦利奇政权所犯下的暴行撇清关系。同样，也不能指控他曾与纳粹直接合作，或在1939年至1945年与同盟国对抗。海外克罗地亚民族主义者普遍认为西方的支持是推翻南共联盟的必要条件，并且清楚"盟国对（帕韦利奇的）纳粹法西斯背景的不友好态度"，这使得杰利奇特别有吸引力。[1] 其次，杰利奇没有受到帕韦利奇战时妥协行为的消极影响。帕韦利奇曾为建立"克罗地亚独立国"而作出一些妥协，其中最有名的是向意大利割让了达尔马提亚的大部分地区、亚得里亚海上几乎所有的岛屿及部分克罗地亚滨海地区。最后，杰利奇没有与帕韦利奇战后领导的两个重大失败案

---

[1] NARA, CIA, "Yugoslavia/Argentina, Ustasha Activity Abroad" (October 2, 1951), quoted in Mate Nikola Tokic, *Croatian Radical Separatism and Diaspora Terrorism during the Cold War*.

例——布莱堡事件和"十字军"——扯上关系。

综上所述,所有这一切赋予了杰利奇在海外克罗地亚人心目中独一无二的"道德资本"。因此,他拥有一个"完美的形象",可以让克罗地亚的独立事业重获声誉。1950年10月,杰利奇建立了"克罗地亚人民委员会"(Hrvatski Narodni Odbor, HNO)。该委员会得到了许多乌斯塔沙知识分子的支持,包括臭名昭著的牧师德拉加诺维奇。该委员会是一个伞形组织,包含所有争取克罗地亚独立的人,不论其政治派别,唯一的限制条件是:排除极端主义意识形态的信徒。这里的极端主义者一方面指共产主义者,另一方面指法西斯主义者。正如"克罗地亚人民委员会"的创立纲领所强调的:"克罗地亚人民委员会将克罗地亚的解放和在其完整的民族和历史领土内重新建立一个克罗地亚主权国家作为首要目标……(在此过程中,克罗地亚人民委员会)拒绝任何形式的极权主义,包括左翼和右翼的极权主义。"末尾这句话显然是针对帕韦利奇及其支持者的。支持杰利奇的大部分人是持不同政见的城市知识分子和中产阶级专业人士,他们认为,帕韦利奇已经不能再作为政治领袖了。

"克罗地亚人民委员会"与神职人员的密切关系是其发展的关键。马切克和帕韦利奇都认为国家高于宗教。在马切克看来,这一立场旨在将居住在"历史上的克罗地亚土地"上的东正教徒融入克罗地亚"民族",无论他们是否自认为是信仰东正教的克罗地亚人还是塞尔维亚人。对帕韦利奇来说,更大的问题是将波斯尼亚的穆斯林及波斯尼亚的土地纳入克罗地亚国家,并且确保教会的利益始终服从于国家的利益。然而,对杰利奇和"克罗地亚人民委员会"来说,宗教(天主教会)是民族和国家不可分割的一部分。因此,"克罗地亚人民委员会"获得了侨民中的天主教势力的支持,特别是方济各会的支持。

"克罗地亚人民委员会"在招募新移民方面具有明显的优势,原因就在于杰利奇与海外神职人员之间的关系。对于大多数离开南斯拉夫的克罗地亚人来说,无论是移民、难民还是流亡者,他们融入西方的第一个阶段通常是接受天主教慈善组织"明爱"(Caritas)的帮助。表面上,"明爱"组织为新移民提供食物、药品、衣服、住所,并帮助他们找到新的永久居所;私下里,它们都是"克罗地亚人民委员会"的招募站,在意大利、奥地利、西德、澳大利亚等许多地方都存在。通常情况下,"明爱"的地区分支机构要么由"克罗地亚人民委员会"的主要成员来领导,要么由与"克罗地亚人民委员会"有密切联系的人领导。20世纪50年代早期的政治流亡者用自己的行动证明,他们至少在某种程度上已经认同克罗地亚独立,他们更容易被"明爱"所吸引,参加"克罗地亚人民委员会"，远离帕韦利奇。"明爱"澳大利亚分部甚至建立了一个秘密的准军事组织，称为"营"（Bojna）。根据澳大利亚方面的消息，该组织至少部分是由天主教会资助的。① 此外，在20世纪50年代前半期离开南斯拉夫的人中有相当一部分是学生、年轻学者或民族主义知识分子，他们中的许多人认为"克罗地亚人民委员会"就是20世纪20年代杰利奇领导的克罗地亚权利党青年组织的延续，这也使得"克罗地亚人民委员会"成为一个特别有吸引力的参政渠道。

作为战后克罗地亚移民分裂主义运动的最可行的领导人，杰利奇给帕韦利奇带来了相当大的麻烦。由于失去了海外的知识分子和神职人员的支持，可以说帕韦利奇指挥的是一个"有躯干无大脑"的运动。但是，杰利奇还无法挑战帕韦利奇对乌斯塔沙残余势力的号召力。许多在战争结束初期离开克罗地亚的人与20世纪50年代前半期离开南斯拉夫的人不同，他们不是城市知识分子或民族主义资产阶级，而是中下阶层和工人阶级。尽管战后第一波克罗地亚移民中有许多人在帕韦利奇不活跃的时期与持不同政见的分裂主义领导人产生了瓜葛，但大多数人最终在克罗地亚建国党成立后重归"元首"麾下。帕韦利奇仍然可以宣称自己是克罗地亚独立事业的旗手，因为他能得到大多数前乌斯塔沙成员的支持。不管帕韦利奇有什么失败，多数前乌斯塔沙成员都认为这位"克罗地亚独立国"的前领导人仍是对塞尔维亚人进行不妥协的斗争以争取克罗地亚自由的唯一的真正保证。

但是，这种说法很快就被证明是站不住脚的，因为发生了前乌斯塔沙高层维耶科斯拉夫·卢布里奇的"叛逃事件"。卢布里奇也被称为"德里纳河将军"，他可能是第二次世界大战期间乌斯塔沙制造的恐怖事件中最臭名昭著的肇事者。随着"克罗地亚独立国"的建立，由于对帕韦利奇的盲目忠诚和对"国家敌人"的残酷无情，卢布里奇迅速晋升。1941年7月，卢布里奇被任命为乌斯塔沙监视局第三局局长，该局的任务是建立、组织和管理"克罗地亚独立国"的集中营系统。在担任这一职务期间，卢布里奇还组建并指挥乌斯塔沙保卫军（Ustaša Obrana），这支队伍最初负责集中营的安全和处决囚犯，后来参与了乌斯塔沙针对切特尼克和游击队的行动。除了大规模处决塞尔维亚人、犹

---

① NAA, Series A6122 (A6122/2), Control Symbol 313, Item 279236, Doc.: "Section Officer 'B' Western Australia. 1. USTACHI Movement. 2. Croatian Welfare Assocation [sic]" (January 27, 1953), p. 1. quoted in Mate Nikola Tokic, *Croatian Radical Separatism and Diaspora Terrorism during the Cold War*.

太人和罗姆人，卢布里奇还处决了那些对乌斯塔沙政权构成"危胁"的克罗地亚人。

在战争刚刚结束的时候，卢布里奇是帕韦利奇最信任和最忠诚的信徒之一。他也是战后乌斯塔沙运动中最活跃的人物之一。"克罗地亚独立国"崩溃后，卢布里奇接管了"十字军"，在克罗地亚和波斯尼亚坚持了近5年。随后，南斯拉夫政府对"十字军"的镇压迫使卢布里奇流亡国外，但"十字军"的失败并没有影响他在战后移民分裂主义运动中的地位。1951年，帕韦利奇任命卢布里奇为新组建的"克罗地亚武装力量"的4名指挥官之一，负责协调和指挥乌斯塔沙在欧洲的所有活动，包括在南斯拉夫的秘密活动。卢布里奇还负责阻止"克罗地亚武器力量"欧洲分部的人员逃跑。在帕韦利奇看来，没有人比"克罗地亚独立国""最无情的清算者"更适合"说服"移民回到"元首"的阵营。如果卢布里奇能通过简单的辩论把那些抛弃帕韦利奇而支持杰利奇和"克罗地亚人民委员会"的人争取回来，那固然好；但如果这些人不服从，帕韦利奇对卢布里奇的命令是明确的：拒绝服从的人将"面临死亡的威胁"。对帕韦利奇来说，清算竞争对手并不是什么新鲜事。早在1933年，帕韦利奇就下令暗杀古斯塔夫·佩尔切克（Gustav Perčec），后者是乌斯塔沙运动的最初创始人之一，也是帕韦利奇的潜在对手。20世纪50年代，卢布里奇试图将知识分子和主要宗教人物拉回自己的阵营，但毫无进展，不过，这位前亚塞诺瓦茨集中营的指挥官至少成功地巩固了"元首"在普通士兵心目中的地位。

卢布里奇在帕韦利奇战后早期的政治活动中发挥了突出的甚至是奠基性的作用，这使得这位将军与"元首"的决裂更具破坏性。卢布里奇忠诚地甚至狂热地为帕韦利奇服务了整整四分之一个世纪，他最终得出的结论与杰利奇一致——"元首"已不再拥有领导克罗地亚独立运动的政治地位或智慧。然而，与杰利奇不同，卢布里奇认为问题恰恰在于帕韦利奇偏离了乌斯塔沙的基本原则。杰利奇从温和的立场攻击帕韦利奇，而卢布里奇则从正统的立场攻击这位"元首"。简单来说，卢布里奇认为自己比帕韦利奇本人更像"乌斯塔沙"，因此他比"元首"更有资格领导移民的分裂主义运动。

促成卢布里奇与帕韦利奇分裂的原因是卢布里奇与帕韦利奇在阿根廷的核心小圈子中的竞争，这个小圈子以维耶科斯拉夫·弗兰契奇为首，包括埃米尔·克拉伊奇（Emil Klaić）、斯雷奇科·普舍尼克奇克（Srećko Pšeničnik）、安德里亚·伊利奇（Andrija Ilić）。自1951年"克罗地亚武装力量"重组以来，这个小圈子一直在寻求消灭这个组织，希望把所有前乌斯塔沙士兵都编入由南美乌斯塔沙残余势力控制的"克罗地亚家园保卫者"（Hrvatski Domobran），但帕韦利奇不希望如此。维耶科斯拉夫·弗兰契奇的小圈子认为，实现这一目标的最大障碍是卢布里奇，因为帕韦利奇在军事方面都听从卢布里奇的建议，而且只要卢布里奇还身居高位，他的坏名声就会对海外的克罗地亚分裂主义运动不利。此外，卢布里奇的"武断、个性、自大和权力野心"进一步加剧了维耶科斯拉夫·弗兰契奇集团的反感。他们认为，这位前亚塞诺瓦茨集中营的指挥官是危险且无法控制的，应该被边缘化，对维耶科斯拉夫·弗兰契奇来说尤其如此，他把卢布里奇视为争夺乌斯塔沙运动"元首"地位的最大潜在对手。

在这场特殊的斗争中，帕韦利奇表面上没有支持任何一方。他明白，任何对卢布里奇的公开指责都可能导致失去前乌斯塔沙士兵，特别是军官的支持。但维耶科斯拉夫·弗兰契奇集团成功地在卢布里奇和帕韦利奇之间制造了矛盾。1954年6月28日是"维多夫丹日"，在这个对塞尔维亚民族至关重要的日子，帕韦利奇在布宜诺斯艾利斯的住所会见了南斯拉夫王国前首相米兰·斯托亚迪诺维奇（Milan Stojadinović）。两人达成协议，共同致力于推翻南斯拉夫联邦。协议的大部分内容都围绕"塞尔维亚人和克罗地亚人的和平分离"。[①] 作为妥协，据说帕韦利奇宣布放弃对"克罗地亚在德里纳河上的历史边界"的任何主张，这意味放弃德里纳河以西的所有土地。两人决定按照1939年《茨维特科维奇-马切克协议》的规定，以南斯拉夫王国时期克罗地亚省的边界为准。也就是说，帕韦利奇将克罗地亚所包含的大部分波斯尼亚领土让给斯托亚迪诺维奇，以换取塞尔维亚人永远放弃对未来独立的克罗地亚国家的任何领土要求。另外，也有传言称，帕韦利奇为了换取意大利对巴尔干地区新政治秩序的支持，愿意将伊斯特里亚的部分地区割让给意大利。[②]

卢布里奇的外号是"德里纳河将军"，这充分说明了这位民族主义者对德里纳河畔地带的使命感。帕韦利奇和斯托亚迪诺维奇之间的协议对卢布里奇而言简直就是一种背叛。在一封署名为"克罗地亚爱国者"的公开信中，卢布里奇抨击他的前导师帕韦利奇"再一次"将个人利益置于国家利益之上，他把帕韦利奇与斯托亚迪诺维奇的协议等同于第二次世界大战期间帕韦利奇和墨索里尼之间的协议。加入声讨队伍的还有"克罗地亚流亡政府""副总统"、波斯

---

① PAAA, Abteilung 7（Bestand B12）, Band 562, Dok.：1308/56. "Die Auseinandersetzungen im Ustaschen-Lager（Kroatische Emigration Juli–August 1956）"（September 14, 1956）, p. 3. quoted in Mate Nikola Tokic, *Croatian Radical Separatism and Diaspora Terrorism during the Cold War*.

② Ibid., p. 6.

尼亚穆斯林扎菲尔-贝格·库莱诺维奇。库莱诺维奇认为所有的波斯尼亚穆斯林尽管坚持伊斯兰信仰，但在种族上是克罗地亚人，因此是克罗地亚民族的一部分。和卢布里奇一样，库莱诺维奇要求任何克罗地亚主权国家的重建必须包含其历史和种族边界。这意味着未来的克罗地亚的地域是由几块领土包围着一个统一的波斯尼亚，其从亚得里亚海延伸到德里纳河，从萨瓦河延伸到科托尔湾。对他们两人来说，任何危及这一理想的人都是克罗地亚民族的叛徒。

帕韦利奇和斯托亚迪诺维奇之间的会谈是约瑟普·苏巴希奇（Josip Subašić）撮合的，后者是第二次世界大战前抵达阿根廷的克罗地亚移民，曾同情阿根廷左派。在西班牙内战期间，苏巴希奇曾是著名的反佛朗哥者和民族主义者，经常在他出版的报纸上歌颂共产主义。他与黑山裔阿根廷人爱德华多·武莱蒂奇（Eduardo Vuletich）是密友，后者曾是西班牙共和党的志愿者，曾任阿根廷劳工总联合会秘书长。大多数克罗地亚移民认为武莱蒂奇是"铁托式社会主义"的支持者，因此就有了传言，说阿根廷的左派铁托主义分子招募了苏巴希奇，以打入帕韦利奇的核心圈子。他在获得帕韦利奇的信任后，安排了帕韦利奇与斯托亚迪诺维奇的会面，从而败坏帕韦利奇的名声，增加克罗地亚移民的内部矛盾。

苏巴希奇撮合帕韦利奇和斯托亚迪诺维奇会谈的动机至今仍然笼罩在猜测、谣言和宣传之中。然而，不论其动机是什么，结果是一样的——这次会谈让卢布里奇掌握了欧洲克罗地亚移民分裂主义运动的领导权。在抨击帕韦利奇将波斯尼亚"出卖"给斯托亚迪诺维奇之后，卢布里奇开始攻击帕韦利奇和他在布宜诺斯艾利斯的小圈子。卢布里奇最严厉的指控涉及帕韦利奇在20世纪50年代中期阿根廷总统胡安·庇隆与天主教会的斗争中所扮演的角色。卢布里奇认为，帕韦利奇不仅领导了庇隆主义恐怖组织"民族主义解放联盟"（Alianza Libertadora Nacionalista, ALN），还在庇隆被开除教籍后组织"民族主义解放联盟"攻击教会。此外，卢布里奇声称，帕韦利奇提供了1500名克罗地亚士兵为庇隆服务，帮助他"与牧师革命的斗争"。这1500人组成了"庇隆主义外国人运动"（Movimiento Peronista de los Extranjeros, MPE），而该组织的秘书长是苏巴希奇。虽然卢布里奇与马切克、帕韦利奇一样，将国家置于宗教之上，但他也明白在移民中赢得神职人员支持的重要性。通过谴责帕韦利奇，卢布里奇在争夺克罗地亚分裂主义运动领导权的斗争中标榜自己与帕韦利奇、杰利奇的不同。

帕韦利奇与卢布里奇最亲密的盟友、"克罗地亚武装力量"澳大利亚分部的负责人斯雷奇科·罗弗之间的争吵，加深了帕、卢两人间的矛盾。罗弗与帕韦利奇的争吵是因为资金的使用问题。罗弗认为澳大利亚和新西兰克罗地亚移民提供的资金应该用于当地反南斯拉夫的活动，而不是中饱阿根廷那些年迈的、毫无用处的乌斯塔沙"老卫士"的私囊。帕韦利奇却认为，罗弗虚报账目，损害了克罗地亚的独立事业。作为回应，帕韦利奇对罗弗发起了一场抹黑运动。帕韦利奇指控罗弗是南斯拉夫政府的一名特工，应对1948年已被处决的57名"十字军"成员的被俘负有责任。按照帕韦利奇的说法，这次行动之所以失败，是因为罗弗向南斯拉夫当局出卖了"十字军"及此次行动的负责人博日达尔·卡夫兰。帕韦利奇声称，作为回报，南斯拉夫允许罗弗移民到澳大利亚，并于1950年抵达澳大利亚。

在所有这些争吵之后，卢布里奇与帕韦利奇分道扬镳。1955年9月，反胡安·庇隆的暴动将一切矛盾都揭开了。许多在阿根廷流亡的克罗地亚人都认为庇隆的垮台将会在阿根廷国内引发对"法西斯移民"的强烈反感，甚至有可能将帕韦利奇引渡回南斯拉夫。

1955年底，卢布里奇组织了"克罗地亚人民抵抗会"（Hrvatski Narodni Otpor, HNO），总部位于佛朗哥统治下的西班牙。"克罗地亚人民抵抗会"是一个准军事组织，效仿帕韦利奇的"克罗地亚武装力量"。实际上，"克罗地亚武装力量"的叛逃者构成了"克罗地亚人民抵抗会"的核心，只剩下南美洲的"克罗地亚武装力量"同帕韦利奇保持密切联系。

卢布里奇领导的"克罗地亚人民抵抗会"对帕韦利奇的威胁性甚至超过了杰利奇领导的"克罗地亚人民委员会"。卢布里奇和杰利奇一样，有一个明显的优势，那就是活动的基地在欧洲。尽管阿根廷为帕韦利奇提供了安全保障和支持，但阿根廷地理位置偏远，帕韦利奇不仅不能参与克罗地亚国内的活动，还难以为新的克罗地亚移民提供工作机会。同时，卢布里奇和杰利奇一样也与克罗地亚移民社区内的神职人员关系密切。通过攻击帕韦利奇在"民族主义解放联盟"中的角色，卢布里奇赢得了许多克罗地亚宗教移民的青睐，这些人主张的民族主义仍然是激进的，但对"元首"的幻想早已破灭，在美国的方济各会中尤其如此。是支持政治上更受欢迎但意识形态上更有问题的帕韦利奇，还是支持意识形态上更合适但政治上更模糊的杰利奇？美国方济各会中对此存在分歧，而在卢布里奇的得力助手鲁道夫·埃里克的鼓动下，许多美国的方济各会士开始将"克罗地亚人民抵抗会"视为更佳的选择。

但卢布里奇与杰利奇不同，他能够削弱前乌斯塔沙成员对帕韦利奇的支持。随着克罗地亚青年移民的增多，卢布里奇得到了更多年轻的克罗地亚分裂主义者的支持。年轻一代认为帕韦利奇太老、杰利奇又太温和，他们都不能有效地进行领导以对抗所谓的塞尔维亚共产主义势力。但卢布里奇不同，他不仅年轻——"克罗地亚人民抵抗会"成立时他才40岁出头——而且一如既往地好战且不妥协。对于许多年轻的乌斯塔沙极端主义追随者来说，卢布里奇是唯一有能力继续为克罗地亚独立进行不妥协斗争的领导人。因此，到20世纪50年代中期，卢布里奇在战后克罗地亚的政治性移民中已拥有与帕韦利奇、杰利奇相当的影响力。当然，卢布里奇还不能宣称自己已经是战后克罗地亚分裂主义运动的领导人，不过，帕韦利奇也不能继续以任何合法性宣称克罗地亚移民的分裂主义运动仍然团结在他的周围。

总之，20世纪50年代中期，帕韦利奇发现自己面临左翼和右翼两个方面的竞争对手。虽然武装斗争和政治暴力在很大程度上仍然是海外克罗地亚分裂主义者口号中的一部分，但内部争斗限制了他们的行动能力，最终的结果是极大地削弱了分裂主义运动。这意味着一种"新陈代谢"，不仅仅是组织上，还包括意识形态上。克罗地亚分裂主义运动的"新老交替"要到20世纪60年代才完成，到那时，其极端主义思想开始引发更多恐怖和暴力。

文明互鉴

塞尔维亚文学在中国

邱运华

摘要：塞尔维亚文学自五四运动时期开始传入中国，参与到中国新文学创立的思想和艺术建构进程中，因而备受鲁迅、茅盾等文学巨匠的重视。塞尔维亚文学的"被损害民族"和"弱小民族"的文学身份，与北欧、斯堪的纳维亚、东欧和俄国文学一起，共同成为中国进步文学的思想资源之一。20世纪80年代以来，塞尔维亚文学在中国引起全方位关注。其间，各种创作思想、艺术流派和手法，特别是安德里奇和帕维奇的作品，在中国文学的发展进程中获得了广泛共鸣和创作反响。

关键词：塞尔维亚；文学；中国

作者简介：邱运华，首都师范大学国别区域研究院首席专家、教授

塞尔维亚文学从五四运动时期最初传入中国，至今已有百年历史。塞尔维亚文学在中国的传播大致可以分为四个阶段：第一阶段是1921—1949年，主要是20世纪20年代新文化运动背景下，中国社会接受塞尔维亚文学，处于翻译和介绍阶段。第二阶段是20世纪50—70年代，当时两国文学处于相对隔绝的时期，也是裹挟在冷战和意识形态论争下的时期。第三阶段是20世纪80—90年代，这是塞尔维亚文学广泛引入中国和两国文学交流多样化的时期。第四阶段是21世纪的前20年，是两国文学交流进入更为繁荣、交流互鉴的时期。

一、五四运动时期新文学视野中的"被损害民族的文学"

20世纪初，五四运动的政治和社会主题决定了中国新文学的主题。1919

年，北洋政府与一众协约国在巴黎和会上签订了丧权辱国的"二十一条"，引爆了中国社会新的政治运动，也引发了新的政治和社会主题——反帝反封建。这一时期，进步文学紧扣这一主题，以此作为文学创作和文学译介的主题。围绕着反帝反封建主题，中国新文学大力介绍俄国、斯堪的纳维亚、东欧和南欧文学，以及亚洲、非洲文学。围绕新的政治和社会主题，引进了俄国反农奴制和反沙皇专制主题的文学，东欧（以波兰、捷克为主）民族解放主题的文学，斯堪的纳维亚反封建文学，以及非洲、亚洲和阿拉伯文学。在进步文学主题的板块里，塞尔维亚文学是作为"被压迫民族文学"而存在的。塞尔维亚经历过500年民族压迫，经历无数次起义以求得民族解放、国家独立，使之成为中国新文学的重点关注对象。但是，塞尔维亚文学并未成为各国进步文学的核心和重点，俄国、斯堪的纳维亚半岛及英法德等国的文学成为翻译介绍的重点。这与上述国家文学的总体成就斐然和大师杰作频出有关。

鲁迅首先将"弱小民族文学"这一概念引入中国文学之中，借引进同样饱受苦难的其他民族的文学以振奋中华民族的民心，由此也奠定了包括塞尔维亚文学在内的世界范围内备受帝国主义压迫民族的文学在中国新文学成长过程中的地位。在鲁迅看来，塞尔维亚文学就属于这一范畴。[①]

这一时期塞尔维亚文学在中国文学界的传播以翻译介绍为主。1921年，在茅盾先生主编的《小说月报》第12卷第10期"被损害民族的文学专号"[②]上刊登了沈泽民翻译的切多·米亚托维奇（Chedo Mijatovich）所著《塞尔维亚论》的第九章，并略加改编，形成《塞尔维亚文学概观》一文。同期，还有鲁迅的译作《近代捷克文学概观》和《小俄罗斯文学略说》、茅盾的译作《芬兰的文学》、周作人的译作《近代波兰文学概观》，以及鲁迅、茅盾等所译的芬兰、保加利亚、波兰等国家的文学作品多篇。在笔者近期所阅览的材料中，《塞尔维亚文学概观》是较早见诸中国文献的塞尔维亚文学材料，也是介绍塞尔维亚文学历史发展的典范文本。

对于中国接受塞尔维亚文学来说，《塞尔维亚文学概观》具有以下价值。一是建构起中国接受塞尔维亚文学的历史框架。它把塞尔维亚文学放在反抗土耳其统治暴力和争取民族自由独立的历史背景下，比较系统介绍了塞尔维亚民

---

① 鲁迅：《祝中俄文字之交》，载《鲁迅全集》第4卷，人民文学出版社，1991，第460页。
② "被损害民族的文学专号"即鲁迅在《祝中俄文字之交》里所说的《被压迫民族文学号》，见《小说月报》第12卷第10期，1921年10月出版。

族文化和文学的发展历史。二是在这一框架下，叙述了塞尔维亚文学发展的各历史阶段（包括口头文学、历史传说、民间文化勃兴与语言文字创造、启蒙时代、黑暗时代和民族解放新文学等阶段）的主要特征。三是建立了各历史时期文学大师的思想谱系，对重要文学家以及他们的文学史地位有了基于民族性和民主性的客观评价。例如，对塞尔维亚民间文学传统予以重视和高度肯定，对收集整理古代历史传说和口头文学的文学家圣·萨法（Saint Sava，1174-1236）予以肯定，对第一个用塞尔维亚普通民众口头语进行创作的马尔科·马鲁利奇（Marko Marulić，1450-1524）及其诗歌《圣孀女裘提丝的故事》（*The History of the Holy Widow Judith*，1521），对安德里亚·卡契奇·米奥希奇（Andrija Kačić Miošić，1704-1760）收集整理和创作的民间歌谣的成就［如《斯拉夫人民的佳话》（*Pleasant Conversation of the Slavonic People*）］，对第一个主张用民众口语和鲜活文字写作的多西泰伊·奥布拉多维奇（Dositej Obradović，1739-1811）都作出积极评价。特别是高度评价民间文艺大师武克·斯泰凡诺维奇·卡拉季奇（Vuk Stefannovic Karadzic，1787-1864）提出的用"活的文字战胜死的文字"的文学主张，强调他身体力行用塞尔维亚民间口语记录民间歌谣、谚语、故事、传说，编辑出版了《妇人的诗歌》和《英雄的诗歌》，编撰了第一部塞尔维亚语语法书和字典，倡导"说什么、写什么，写什么、念什么"，表现出强烈的民族精神和民主意识。

《塞尔维亚文学概观》共七章，一直介绍到19世纪末期的塞尔维亚戏剧家、短篇小说家。其中，"充满着塞尔维亚历史的，是异族压迫、内部的争讧，和人民的屡起屡仆地向压迫者的反抗"，[①] 始终贯穿奴役、反抗和抗争的主题，以此建构起塞尔维亚民族文学发展的主线主调。这个主线主调奠定了中国文学界对塞尔维亚文学的基本认知。需要指出的一点是，《塞尔维亚文学概观》一文里所概述的"塞尔维亚文学"，包括了现在克罗地亚的文学，特别是在土耳其统治时期杜布罗夫尼克地区的文学。应该说，文中的"塞尔维亚"指的是"民族"而不是"国家"。塞尔维亚文学的这种差异，要在冷战结束后的20世纪90年代初才变得一致。

1922年《东方杂志》第19卷第23期刊登了塞尔维亚作家米洛万·格里希奇（Milovan Glišić，1847-1908）的短篇小说《第一畦沟》（*The First Furrow*），

---

① 引自切多·米亚托维奇：《塞尔维亚文学概观》，沈泽民编译，载《小说月报》第12卷第10期，1921年10月出版。

由胡仲持翻译。① 小说描写了一位在战争中失去丈夫的塞尔维亚农家妇女拒绝依附亲戚，独自顽强坚韧地生活、劳动、抚育孩子长大成人的故事。小说主人翁体现出塞尔维亚民族坚韧、顽强和善良的品格。作者米洛万·格里希奇是塞尔维亚的"跋尔约华"（bourgeois）②，毕业于贝尔格莱德大学哲学系，曾担任过贝尔格莱德市国家剧院助理舞台监督。这篇小说是翻译成中文的第一篇塞尔维亚文学作品，尽管是从法文转译的，但主题主旨体现了中国文学界接受塞尔维亚文学的基本路线。

这一时期，对塞尔维亚文学的介绍是放在"南斯拉夫文学"和"巴尔干半岛文学"的框架下展开的。1923年4月，《小说月报》第14卷第4期发表了佩韦的译作《南斯拉夫的近代文学》。著名学者赵景深在《最近的世界文学》（上海远东图书公司，1928年版）中介绍了"南欧文学"，在其作品《作品与作家（文艺论述）》（上海北新书局，1929年版）中发表了《现代南斯拉夫的文学》一文，在其主编的《现代世界文学》（上海现代书局，1932年版）里收入了"南斯拉夫文学"。张我军在翻译的日本学者千叶龟雄的《现代世界文学大纲》（上海神州国光社，1930年版）里，介绍第一次世界大战前后的世界文学，其中介绍了巴尔干半岛文学。

20世纪20年代是中国新文学奠基并确立自身精神品格之际，包括塞尔维亚文学在内，俄国、波兰、希腊、法国、意大利以及北欧国家的文学，以来自民间底层、反抗强权的精神，参与到"五四"新文学的建构进程之中，值得我们深深怀念。

这一时期关于塞尔维亚的出版物，还有王家棫编译的《不能忘怀的人物》（桂林良友复兴图书印刷公司，1944年版），其中收有南斯拉夫作家阿达密克的《雅那斯舅舅的逝世》等短篇小说23篇。侍桁编译的《战争的插曲》（重庆商务印书馆，1944年版）里收有塞尔维亚作家B.巴拉兹的短篇小说《塞尔维亚之歌》。另外，石啸冲编著的《新南斯拉夫》（重庆读书出版社，1945年版）记述了南斯拉夫历史、王国的政治、国际关系和外交政策等内容，并附有南斯拉夫大事年表。

---

① 后收入《手与心》，胡仲持译，上海现代书局，1929年。
② 又译"布尔乔亚"，意为资产阶级。

二、隔绝与淡漠的三十年

新中国成立到1978年改革开放之间，由于社会主义阵营内部的意识形态之争，作为南斯拉夫社会主义联邦共和国成员之一的塞尔维亚的文学也被波及。20世纪50年代甚至爆发了中国文艺界与南斯拉夫文艺界的争吵，这直接影响了塞尔维亚文学在中国的出版。关于这个议题，著名学者洪子诚先生曾有专门论文予以研究，① 本文不再赘述。

20世纪50年代到70年代末期，塞尔维亚文学在中国翻译出版的最重要的著作有两部。一部是塞尔维亚著名戏剧家布拉尼斯拉夫·努希奇（Branislav Nušić，1864-1938）的剧作《大臣夫人》（屠岸译，中国戏剧出版社，1958年版）②。布拉尼斯拉夫·努希奇长期担任塞尔维亚国家剧院经理，1933年当选为塞尔维亚科学院院士。他的创作面非常广，戏剧、小说、散文、诗歌和评论均有优秀之作，其中现实主义风格鲜明突出，在塞尔维亚争取民族独立和反抗奥匈帝国的运动中，得到进步思想界和文艺界的高度评价。1981年，上海译文出版社出版了《努希奇喜剧选》（张文郁译），收录了《形迹可疑的人》《部长夫人》《金元先生》《博士》《死者》五篇作品。1985年4月，四川人民出版社出版的《南斯拉夫讽刺小说选》收录了他的短篇小说。可见，在改革开放后中国新文学探索道路的初期，努希奇的作品发挥着重要影响。这种影响主要在于其喜剧作品的社会讽刺性，对中国戏剧针砭时弊、批评官僚制度和揭露社会阴暗面提供了思想和艺术支撑。

另一部是《南斯拉夫短篇小说集》（人民文学出版社，1978年版），其中收入了拉查·拉查莱维奇（1851—1890）的《第一次和父亲上教堂》，鲍里萨夫·斯坦科维奇（1876—1927）的《娜斯嘉》，费尔科·彼得洛维奇（1884—?）的《一只鹌鹑》，伊沃·安德里奇（1892—1975）的《卖柴》《西巴桥》，乔凡·波波维奇（1905—1952）的《不可少的秩序》、塞多米尔·敏迪罗维奇（1912—?）的《搬家的一天》《小提琴》，安东尼·伊萨科维奇（1923—?）

---

① 洪子诚：《"透明的还是污浊的？"——当代中国与南斯拉夫的文学关系》，《海南大学学报》2021年第5期。

② 此书是按照南斯拉夫驻华大使馆提供的英文打字稿译出。

的《匙》等。这部短篇小说集收录作品的思路延续了"五四"新文学运动期间中国文学界对塞尔维亚文学的基本认识，即强调塞尔维亚文学面向社会底层生活、关注下层人民命运的现实主义传统，及其民族性、民主性的思想主题。

三、塞尔维亚文学在中国的黄金时期

20世纪80年代是塞尔维亚文学进入中国文学界的黄金时期。这一时期，中国文学面临的现实任务是破除文学僵化的局面。由此，南斯拉夫-塞尔维亚文学作为文学多样化的思潮之一被纳入中国新时期的文学思潮。在苏联文学的"社会主义现实主义"与美、法、英等国文学的现代主义之间，南斯拉夫-塞尔维亚文学和拉美文学作为风格、道路、手法多样化的文学而存在，为新时期中国文学增强生机活力发挥着结构性作用。在这一多样化效果的综合作用下，中国文学在20世纪80年代呈现出文学创作手法、风格和流派的多样化并行发展的良好局面。作为重要参照物的一种，塞尔维亚文学再次对中国文学的繁荣发展发挥了重要作用，并参与到新时期中国文学内容和艺术形式多样化的开拓创新进程中，对中国新文学的现代性走向发挥了引导作用。

这一时期，中国文学界接受塞尔维亚文学有以下四个特点：一是比较宽松，大量翻译出版了塞尔维亚的文学作品；二是比较客观地介绍了塞尔维亚的文学政策、理论和文艺思潮；三是对具体塞尔维亚作家、戏剧家和文学理论及其思潮的深入研究取得较大进展；四是塞尔维亚文学对中国作家、艺术家的创作起到了明显的影响。其中，张维训在《苏联与东欧文学-南斯拉夫文学专辑》中发表了《塞尔维亚文学简史》[①]一文。同一时期，该专辑还刊登有张达明、樊新民、胡真真的《南共联盟文艺方针政策文件摘录》，樊新民的《南共联盟与文学》，原学会的译文《南斯拉夫现代文学》（[苏联]瓦·米·齐莫菲耶娃撰）。《塞尔维亚文学简史》虽属编著，但全面介绍了从古代到20世纪50—60年代塞尔维亚文学发展历史的整体面貌，比较客观地呈现了塞尔维亚现代文学发展的基本格局。值得重视的还有对南斯拉夫文艺政策、思潮和理论的介绍，这是以往比较缺乏的视角。

对武克·斯泰凡诺维奇·卡拉季奇及其作品的翻译介绍，显示出中国文学

---

① 张维训：《塞尔维亚文学简史》，《苏联与东欧文学-南斯拉夫文学专辑》1980年第2期。

界对塞尔维亚文学接受的深度和广度。1983年12月，云南人民出版社出版了武克·卡拉季奇收集整理的《塞尔维亚英雄传奇》（程相文译）。该书分为四个部分："塞尔维亚王国的兴衰""科索沃战役""克拉列维奇·马尔科""塞尔维亚骑士和绿林英雄"，并附有程相文所写的《武克·卡拉季奇和南斯拉夫民间文学》一文。值得注意的是，内容包括塞尔维亚文学的《巴尔干民间童话》（和志宽、徐永平译，浙江文艺出版社，2000年版）、《南斯拉夫民间故事》（杨实、康瑞玉译，湖南少年儿童出版社，1990年版）等收录了流传在巴尔干地区的许多优秀民间文学作品，比如《药苹果》《青蛙姑娘》《大兵戏鬼记》和"马尔科故事系列"等，表现出塞尔维亚人民大众的优良品质和智慧。后来，塞尔维亚民间故事、传说和神话屡屡见诸中国出版的世界民间文学典籍里，成为学术研究的"常客"。中国学术界对卡拉季奇本人的研究也有所进展，例如李士敏的《艰苦奋斗，执著追求：纪念南斯拉夫文化巨匠武克·卡拉季奇诞辰200周年》（《国际论坛》1987年第4期）、严飞、刘鑫泉的《南斯拉夫文化史上的巨匠》（《人民日报》1985年7月28日）。武克·卡拉季奇是影响塞尔维亚民族文学发展走向的民间文化大师，他收集整理了民间谚语、歌谣、故事、传说等文学作品，为保存和传播塞尔维亚民族文学的基因作出了巨大贡献。他在塞尔维亚人民日常生活中的口语和词汇基础上创造性地研究建立了现代塞尔维亚民族的语言系统，树立了不朽的丰碑，他是塞尔维亚民族的骄傲。

这一时期对塞尔维亚文学史的中国式叙述也取得了很多理论成果。1985年7月，湖南人民出版社出版了《东欧文学史简编》（孙席珍、蔡一平编），其中辟有"南斯拉夫文学"一章，介绍了从古代到第二次世界大战时期的塞尔维亚、克罗地亚、斯洛文尼亚、波黑、黑山和马其顿的文学。其中，关于塞尔维亚文学，介绍了从中世纪萨瓦王子（1176—1236）的传记文学，科索沃战役后叶菲米雅的《拉沙尔之歌》和民间歌谣，17—18世纪的扎哈里耶·奥尔菲林（Zaharije Orfelin，1726-1785）及其作品《彼得大帝》和诗歌《塞尔维亚的啜泣》，多西泰伊·奥布拉多维奇的作品，以及民间文学大师武克·卡拉季奇、诗人约万·约万诺维奇·兹马伊（Jovan Jovanovic Zmaj，1833-1904）、戏剧家久拉·亚克西奇（Djura Jaksic，1853-1878）、理论家斯韦托扎尔·马尔科维奇（Svetozar Markovic，1846-1875）、短篇小说家拉扎莱维奇、小说家斯泰凡·斯雷马茨（Stevan Sremac，1855-1906）、文学理论家博格丹·波波维奇（Bogdan Popovic，1863-1944）和约万·斯凯尔里奇（Jovan Skerlic，1877-1914）、小说家博里萨夫·斯坦科维奇（Borisav Stankevic，1875-1927）、作家和戏剧家布拉尼斯拉夫·努希奇和文学大师伊沃·安德里奇（Ivo Andrić, 1892-1975）等及其作品，比较清晰地展示了从中世纪到 20 世纪上半叶塞尔维亚文学发展的脉络，对历史、民族、宗教、文化等影响其文学发展的复杂因素也有比较简略的论述。

1988 年 12 月，北岳文艺出版社出版了著名学者郑恩波教授的专著《南斯拉夫当代文学》，该著可以称得上 20 世纪中国介绍和研究巴尔干地区文学的代表作。其中，第二章"塞尔维亚当代文学"概述了 1945 年到 20 世纪 80 年代的塞尔维亚文学，分为"概述""塞尔维亚当代小说""塞尔维亚当代诗歌""塞尔维亚当代戏剧"四个部分，把塞尔维亚文学作为一个单独的部分来研究，系统介绍了塞尔维亚的诗歌和戏剧创作（以往中国文学界接触很少），并对其取得的成就和面临的问题作了客观分析，对中国读者系统和全面了解塞尔维亚文学具有重要的意义。除了这一著作，郑恩波还发表了一系列论文，[①] 包括对巴尔干地区整体文学的专题研究，无论从研究的深度还是广度来说，这些成果都可称为当代中国学者研究这一领域的代表作。

四、塞尔维亚现代文学的"双子星"

20 世纪 80 年代至今，塞尔维亚文学界对中国文学产生较大影响的作家，当属塞尔维亚现代文学的"双子星"伊沃·安德里奇和米洛拉德·帕维奇（Milorad Pavic, 1929-2009）。

伊沃·安德里奇是塞尔维亚文学大师，主要作品有散文诗集《黑海之滨》和《动乱》，长篇小说《德里纳河上的桥》《特拉夫尼克纪事》《萨拉热窝女人》（这三部小说并称为"波斯尼亚三部曲"）等。1961 年，他凭借作品《桥·小姐》获得诺贝尔文学奖，他也是第一位获得诺贝尔文学奖的南斯拉夫作家。他的重要作品在 20 世纪 80 年代几乎都有中文版，包括《德里纳河上的桥》（人民文学出版社，1979 年版；蒙文版，民族出版社，1984 年版）、《萨瓦河畔的战斗》（上海译文出版社，1980 年版）、《特拉夫尼克风云》（上海译文

[①] 例如：《南斯拉夫文艺界概况》，《外国文学动态》1985 年第 5 期；《南斯拉夫战争题材小说述评》，《外国文学动态》1988 年第 4 期；《塞尔维亚当代文学中的历史和批评小说》，《外国文学评论》1987 年第 4 期；《论〈德里纳河上的桥〉》，《外国文学研究集刊》第 11 辑；等等。

出版社，1988 年版)、《情妇马拉》（外国文学出版社，1988 年版）。这些作品的翻译出版引发了中国文学界的热烈讨论，并主要集中在思想内容和艺术表现力方面。到 21 世纪，国内还出版了安德里奇的《桥·小姐》（漓江出版社，2001 年版）、《波斯尼亚三部曲》（上海文艺出版社，2019 年版），以及他的传记《安德里奇传：1961 年诺贝尔文学奖得主》（时代文艺出版社，2012 年版）。

对伊沃·安德里奇作品的研究成果很多，比较早的论文有著名学者马家骏教授的《历史的见证，不朽的丰碑：［南］安德里奇的〈德里纳河上的桥〉》（《外国文学欣赏》1985 年第 2 期）、《评安德里奇〈泽科〉的叙述风格》（《外国文学评论》1987 年第 3 期），樊新民的《"艺术家是真理的报道者"》（《外国文学研究》1985 年第 3 期），李士敏的《伊沃·安德里奇及其著作》（《国际论坛》1989 年第 1 期）等。此外，硕博研究生都有对安德里奇进行专题研究的成果。值得一提的是，有外籍博士研究生的学位论文对安德里奇与老舍的创作进行了比较研究。[①]

马家骏教授特别强调安德里奇小说的叙述艺术。中国作家余华 2019 年为《波斯尼亚三部曲》的中文版写了一篇前言，也特别强调安德里奇的叙述的思想含义。他写道："伊沃·安德里奇用平铺直叙的方式通向波澜壮阔的叙述，他是这方面的大师。许多作家在叙述的时候都会在重要的部分多写，不重要的部分少写。伊沃·安德里奇不是这样，他在描写事物、人物和景物时的笔墨相对均匀。对于他来说，没有什么是重要的，也没有什么是不重要的，只有值得去写和不值得去写，他写下的都是值得的。我们不会在他的书中读到刻意的渲染和费力的铺张，他的叙述对所有的描写对象一视同仁，没有亲疏远近之分，又是那么地安静自然，犹如河水流淌风吹树响。用这样的方式写下不朽之作的作家不多，伊沃·安德里奇是其中的一个。"[②] 余华通过叙述这一手法，透视出安德里奇的思想和艺术特色，这是非常独特的观点，也是同为作家的心灵通感。

塞尔维亚现代文学的另一翘楚是米洛拉德·帕维奇。他的《哈扎尔辞典》（*Hazarski Rečnik*）开创了辞典小说的先河，于 1984 年问世，当年即获得南斯拉夫最佳小说奖。《哈扎尔辞典》最早被介绍到中国是《外国文艺》杂志 1994 年

---

① Anka Lazarevic, "Laoshe and Ivo Andric: An Analogy Study of Two Literary Canons," 复旦大学，博士学位论文，2012。

② 余华：《前南斯拉夫的伟大作家》，见《波斯尼亚三部曲》前言，上海文艺出版社，2019。

第 2 期上刊登了节译本，此后上海译文出版社 1998 年出版了中文版。值得一提的是，这部作品的中文版出版之前，就因 1996 年的中文小说《马桥词典》的名称和体例与之相似而引发争议。在中国学界，大家一致把《哈扎尔辞典》列为"后现代主义文学"或"魔幻小说"的代表作之一。北京大学张颐武教授表示："《哈扎尔辞典》的特异之处在于它不仅是表现一个故事，而且是试图以'辞典'方式表现一种文化。通过阅读此书，我们了解的是一种文化的特殊命运，给读者提供了无限的想象空间，其中蕴含着帕维奇对于'语言'本身的深入而独特的思考……这是一部真正奇妙的小说，想象力奔放，形式有大创新。词典小说是其形式的别出心裁，但对文明的思考是其核心。真正好的文学超越时空。"① 作家止庵在谈及年度最佳翻译小说时曾评价："1998 年的'最佳翻译小说'只能并列，它们分别是别雷的《彼得堡》、黑塞的《玻璃球游戏》和帕维奇的《哈扎尔辞典》。三部书均无法用一两句话概括，因为都太复杂，仿佛是三座迷宫。我们在别雷笔下迷失于心绪，在黑塞笔下迷失于玄想，在帕维奇笔下迷失于智巧。换个说法，别雷置身于陀思妥耶夫斯基和托尔斯泰所属的俄罗斯文明之中，黑塞置身于东西方文明之间，而帕维奇置身于整个人类文明的终点。"② 上海译文出版社社长韩卫东评价《哈扎尔辞典》时说："因为这部神奇的作品，中国的许多作家与历史学家开始对巴尔干地区，开始对塞尔维亚这个神奇的地方充满了向往和憧憬。这就是文学的魅力、文化的魅力。毫无疑问，帕维奇完全可与乔伊斯、马尔克斯、博尔赫斯、卡尔维诺、埃科这些当代文学大师比肩并立，因为他们同属于开创和探索小说无限可能性的文学先锋，而帕维奇则以他独创的辞典形式和天马行空般的想象力，讲述了一个曾经强悍的民族及其文明消亡的悲情传奇。《哈扎尔辞典》不同于以往的小说，它提供了通过阅读词条进入这部小说的世界的无限路径，因而给读者带来了颠覆性的、前所未有的阅读体验。"③ 可以说，《哈扎尔辞典》是 20 世纪末中国文学界最具影响力的外国作品之一，相关研究论文难以计数。《哈扎尔辞典》对中国作家创作的影响全面而深远，相对而言，帕维奇的其他作品如《君士坦丁堡的最后之恋：一部算命用的塔罗牌小说》（上海译文出版社，2016 年版）、《双

---

① 《〈哈扎尔辞典〉（阳本）书汇》，中国作家网，http：//www.chinawriter.com.cn/n1/2016/0627/c405069-28500893.html。

② 同上。

③ 《来自塞尔维亚的"先锋小说"如何影响中国文学界?》，上海世纪出版集团网站，http：//www.shsjcb.com/sjcb/bkview.aspx?bkid=270062&cid=801961。

身记：一部虔诚的小说》（上海译文出版社，2017 年版）、《风的内侧，或关于海洛与勒安得耳的小说》（上海译文出版社，2023 年版）等的影响就小一些。

五、开启中塞文学和文化交流的新世纪

近年来，塞尔维亚文学在中国的传播有三则新闻值得特别关注。第一，2023 年 6 月 6 日，塞尔维亚驻华大使玛娅·斯特法诺维奇女士受塞尔维亚总统亚历山大·武契奇委托，向中国作家陈丹燕颁发了塞尔维亚国家最高荣誉——总统金质勋章，表彰她为拉近两国人民之间的距离作出的贡献，同期获得奖章的还有著名学者马细谱教授。上海作家陈丹燕的电影导演处女作是中塞合拍的纪录片《萨瓦流淌的方向》，影片入围了 2024 年上海国际电影节"SIFF 狂想曲"单元。陈丹燕表示，希望中国观众能够通过电影了解到塞尔维亚人民坚毅、可靠的品质，也希望塞尔维亚读者能从她的文学作品中深入了解中国。陈丹燕的 26 段个人独白，串联起了《萨瓦流淌的方向》这部 93 分钟的纪录片——贝尔格莱德在几个世纪里饱经战火，被摧毁又重建了 40 次，那片大地上的民众依然热烈地生活着——将塞尔维亚被轰炸的历史影像资料和破败凋敝的建筑群形成古今历史对话，通过对多人的采访，对比展现这个多灾多难的民族乐观豁达的心态。陈丹燕的这一作品内涵丰富，它既是中国文学界接受塞尔维亚文学百年来的重大收获，也是转化和自觉创作的标志。①

第二，国内一批研究塞尔维亚文学的青年学者正在崛起。例如，彭裕超博士翻译了《塞尔维亚诗选》（作家出版社，2019 年版）和佐兰·米卢蒂诺维奇（Zoran Milutinović）教授所著的《克服欧洲》（Getting over Europe: The Construction of Europe in Serbian Culture，商务印书馆，2023 年版），显示出很高的专业水平，在学术界产生了积极的影响。《塞尔维亚诗选》选译了 12 位塞尔维亚诗人的 102 首诗，填补了中国学者选译塞尔维亚诗歌的空白，具有很高的学术价值。洪羽青博士撰写了《塞尔维亚语新经典》（《文艺报》2019 年 1 月 7 日）一文，推荐了伊沃·安德里奇、米洛什·茨尔年斯基、达尼洛·基什三位作家作为塞尔维亚语文学的代表，其中虽有个人兴趣和偏好的成分，但显示出

---

① 《〈萨瓦流淌的方向〉亮相上影节，看陈丹燕"书桌前的辽阔"》，上观新闻，https://www.sohu.com/a/684692892_121332532。

良好的审美鉴赏力和文学素养,其评价也客观准确。

第三,2015—2017年安徽文艺出版社集中推出了"塞尔维亚当代文学精选"丛书,包括5部作品:《科莫湖》(作者思尔江·瓦利亚莱维奇,陈燕琴译)、《竹书》(作者弗拉蒂斯拉夫·巴亚茨,彭裕超译)、《巴尔卡尼亚浴室》(作者弗拉蒂斯拉夫·巴亚茨,朱跃、许磊译)、《恐惧与仆人》(作者麦加娜·诺瓦克维奇,王振、王维译)、《开场白》(作者奥莉薇亚·杰尔凯茨,吕小梅译)。这样成系列地出版塞尔维亚的文学作品,在中国文学界是不常见的,也说明塞尔维亚文学对中国读者的吸引力在增强。

当前中国对塞尔维亚文学的研究,是从20世纪初期以接受其民族精神、独立意志为主旨,转化为对其文学艺术与社会思想思潮、宗教文化、民俗志、民族性等进行综合研究,以及与欧美现代思想、后现代文化进行比较研究。因此,塞尔维亚文学作品的存在方式和存在性质,已经不局限于文学艺术性质本身。这是人文社会科学交叉影响的结果,也是文学理论发展的结果。换句话说,塞尔维亚文学不仅仅起到了艺术的作用,还发挥着文化传播和宣传的功能。

塞尔维亚文学在中国传播的百年历史,有以下几个特点值得注意。一是20世纪初至50年代,塞尔维亚的历史主题与中国完全一致,即民族独立和国家建构的历史,也是抵御外族侵略的历史,而两国文学的主题高度契合这一历史线索。自50年代初开始,中国文学界对苏联文学的接受程度日渐深入,而南斯拉夫文学界则强调独立的文学认识,走出现代文学道路,由此产生了伊沃·安德里奇和米洛拉德·帕维奇这样的大师级文学家。不过,虽然苏联文学也产生了帕斯捷尔纳克、索尔仁尼琴这样的当代文学大师,但这一时期紧跟其后的中国文学却乏善可陈。当然,文学保持自身对民族文化和社会的独立意识,是其存在的前提条件。

二是塞尔维亚文学独特的感受社会、自然和人生的方式,对拓展中国文学的创作视界具有重要参考价值。中国文学拥有独特的感受自然、社会和人生的方式,这些方式长久积淀在文学艺术之中,对现代文学创作和文学思维产生着持久的影响力。在20世纪四分之三的时间内,中国文学接受俄国-苏联文学的影响,丰富了自己的文学感受力。但是,也应该指出,包括欧美文学在内,更遑论巴尔干文学、斯堪的纳维亚文学、非洲文学、拉美文学等,这些地区的文学及其感受世界的方式和内容并未对新中国的文学产生大的影响,甚至在相当长的时间段与其相隔绝。这自然造成了中国文学感受世界的能力和方式的单一化。这也凸显出了解和研究塞尔维亚文学等其他国家和地区的文学对中国文学的重要性。

三是20世纪80年代中国新时期文学百花齐放的局面，与包括塞尔维亚文学在内的多国多地区文学的大规模引入中国有密切关系。这一时期，隔绝已久的拉美文学、日本文学、非洲文学和西方文学带来了多样化感受世界的方式，为新时期中国文学的思想开放和艺术多元化提供了思想和艺术资源。布拉尼斯拉夫·努希奇、伊沃·安德里奇和稍后的米洛拉德·帕维奇的作品，正是在这一时代背景下进入了中国文学界，对新时期中国的戏剧和小说创作及其风格手法的多样化走向产生了直接影响。

四是陈丹燕执导的纪录片《萨瓦流淌的方向》对中国-塞尔维亚文学交流具有重大的文化意义。这是中国作家首次作为文化视角的主体介入塞尔维亚文学和文化发展的历史进程中，是以中国文学和文化的立场去审视和评议塞尔维亚文学和文化，这一立场改变了塞尔维亚文学和文化与中国的关系。五四运动时期，塞尔维亚文学作为"被损害民族"的文学进入中国；20世纪50年代，中国文学站在"正统"的立场上批判塞尔维亚文学；20世纪80年代，塞尔维亚文学作为风格、手法和艺术思维多样化的一种文学在中国传播……哪怕是模仿性的喜剧和小说创作，我们也并未深入到塞尔维亚民族文化的内部去体会其苦痛和彷徨，去切身感受历史和世界其他势力给他们带来的灾难。《萨瓦流淌的方向》的诞生改变了这一局面，这是一次值得记住的事件。

塞尔维亚文学伴随中国现代文学的兴起、发展和转型这一完整历程，一直作为一个特殊的朋友共同行进，这个过程也是塞尔维亚文学自身发展的历史。20世纪已经过去，21世纪也走过了近四分之一，那么，在塞尔维亚文学和中国文学之间还面临着哪些共同的问题？存在着哪些合作共赢的机遇呢？

目前，我们共同面对的最重要的问题是数字文化的挑战。数字文化正在改变我们的日常生活，也在改变我们的文学生活。因为有了网络文学，文学进入了全民创作的时代，每个人都可以随时参与到文学写作的行业中来。电脑和键盘改变了笔墨写作的方式，人工智能（AI）改变了写作的性质，翻译软件克服了不同语言间的阅读障碍，手机和平板电脑改变了阅读的习惯，文学的传播因信息技术变得越来越快捷，也因此和新闻一样出现了爆炸式的增长。此刻，我们的会议已经在世界各地成为新闻，但不幸的是，也许下一刻它就无人关注了，而文学亦是如此。这一切挑战着、改变着并成就着千百年来的文学之梦。时至今日，世界各国文学界正以不同的方式融入数字文化，应对文学从"书的文化"发展为"数的文化"这一变化。这一演变过程中，中塞文学界需要加强交流，携手前行，深化合作，实现共同发展和互利共赢。

（本文系作者2024年4月29日在贝尔格莱德"中塞文化交流论坛"上的演讲稿基础上修改而成，原题目是《让中塞文学之交筑牢友谊桥梁——塞尔维亚文学在中国》）

中国当代作家的巴尔干旅行写作
——以陈丹燕《捕梦之乡》《萨瓦流淌的方向》为例

郑以然

摘要：2016年，著名上海作家陈丹燕出版了《捕梦之乡：〈哈扎尔辞典〉地理阅读》一书，这是她与塞尔维亚著名作家帕维奇的隔空对话，也是中国作家对巴尔干的遥远国度带有文化自主性的探索。2023年6月11日，由中国与塞尔维亚合拍，由陈丹燕执导的纪录片《萨瓦流淌的方向》在上海国际电影节首映，陈丹燕同时也成为塞尔维亚的"旅游形象大使"。这既是她作为知识分子个体，其旅行哲学在实践上获得的极大认可，也是中塞两国在共建"一带一路"倡议下的文化经贸合作的反映，是官方话语体系中"中塞铁杆友谊"的具象化表现。此外，这也呼应了在文旅融合与社交网络发展的大背景下出现的巴尔干旅游热。

关键词：巴尔干；旅行写作；陈丹燕

作者简介：郑以然，首都师范大学国别区域研究院副研究员

旅行写作（travel writing）是近年来人文社会科学尤其是交叉学科关注的热点。两位学者彼得·休姆（Peter Hulme）和蒂姆·扬斯（Tim Youngs）注意到："旅行已经成为人文社会科学的一个重要主题，旅行写作的学术著作数量激增，文学、历史学、地理学和人类学等学科都克服了以前未能认真对待旅行写作的态度，并开始产生一系列跨学科的批评，使人们能够充分认识到旅行写作的全部历史复杂性……旅行所关心的话题超越了历史、地理、文学、宗教和

人类学，而与特定时代、地区的经济、社会、政治和环境议题呼应。"① 去某一地的旅行者来自不同国家，有不同的立场、视角和言说方式，因此也构成了对相同目的地的不同认知与记述。

关于巴尔干地区最著名的旅行文学，是英国著名女作家丽贝卡·韦斯特（Rebecca West, 1892-1983）的《黑羊与灰鹰》（Black Lamb and Grey Falcon: A Journey through Yugoslavia），其中文版共三册，厚达1134页。从它的中文副标题"巴尔干六百年，一次苦难与希望的探索之旅"就可以看出，它绝不仅仅是一部游记。此外，《巴尔干两千年》（Balkan Ghosts: A Journey through History）的作者、美国著名地缘政治专家兼记者罗伯特·D.卡普兰（Robert D. Kaplan）曾说："旅行写作是用来达成其他目的的，旨在教给人们历史、艺术或者政治。"②

康有为曾在20世纪初到访贝尔格莱德、索非亚、伊斯坦布尔，并在1908年写就了《突厥游记》，其中赞美了贝尔格莱德美丽的城市街景，也对人们的服饰和集市中那些与中国相似的部分感到有趣。作为政治家、思想家、社会改革家，康有为对当地的王位传承、民间高度军事化和青年土耳其党的立宪运动发表了自己的观点。尽管由于时间短暂和视野局限，他的观点未必准确，事后他自己也加以修改，但不可否认的是，这次巴尔干之旅也是中国晚清思想家、政治家"开眼看世界"的一次重要实践。在之后的100多年里，陆续有中国学者、作家、记者前往巴尔干地区，而直到最近10年，才复有重量级的作家将巴尔干地区以文学的方式呈现：余华多次到访并与塞尔维亚著名导演埃米尔·库斯图里察进行互动，毕淑敏出版了以"巴尔干"命名的游记，以及陈丹燕的文学与电影创作。

2016年，著名上海作家陈丹燕出版了《捕梦之乡：〈哈扎尔辞典〉地理阅读》（以下简称《捕梦之乡》）。2023年6月11日，陈丹燕执导的纪录长片《萨瓦流淌的方向》在上海国际电影节首映。由此，巴尔干的国度塞尔维亚，在中文世界以中国读者、中国观众更熟悉的方式呈现。2023年6月6日，陈丹燕获颁塞尔维亚国家最高荣誉——总统金质勋章。

---

① P. Hulme and T. Youngs (eds.), *The Cambridge Companion to Travel Writing* (Cambridge: Cambridge University Press, 2002), pp. I - X.

② Istvan Deak, "A World Gone Raving Mad," *The New York Times*, March 28, 1993.

一、《捕梦之乡》：作为《哈扎尔辞典》读者的探访

作家旅行的原始冲动之一，往往是一部文学作品，或另一位作家的触动。陈丹燕选择塞尔维亚，最开始是因为喜欢米洛拉德·帕维奇（Milorad Pavic）的小说《哈扎尔辞典》[①]，所以想去看帕维奇的家乡。她2014年第一次前往塞尔维亚时，已有对小说和作者的巨大兴趣作为内在驱动，也怀有很多疑惑想要得到解答，这让旅行成为一种有预设目的的探索。这场旅程也成为两种文化、两种文学传统、两位作家之间跨时空进行的深层次交流与碰撞。

陈丹燕的欧洲之行是她旅行文学中更具人文色彩的"一极"（与北极的自然之旅相比）。她称欧洲20世纪小说金字塔尖上的两部小说是爱尔兰乔伊斯的《尤利西斯》和塞尔维亚帕维奇的《哈扎尔辞典》，"这两部伟大的小说都诞生在动荡的时局中，《尤利西斯》诞生在爱尔兰独立运动中，《哈扎尔辞典》诞生在南斯拉夫解体的阴影渐渐逼近的岁月里，它们都带着强烈的历史地理的痕迹"[②]。因此，她选择了"地理阅读"的方式，在这两部小说基础上写就了两部新的作品——《驰想日：〈尤利西斯〉地理阅读》和《捕梦之乡：〈哈扎尔辞典〉地理阅读》。在陈丹燕的"地理阅读"中，一方面要从小说中追寻历史文化是如何形成的，另一方面要感受其中那些精微的细节。

陈丹燕在来贝尔格莱德之前，对这座城市乃至整个巴尔干地区都不甚了解。她说，与柏林、巴黎、旧金山相比，贝尔格莱德让她在心理上感觉"异常遥远"，觉得它"藏在大山的皱褶中"，全部的印象就只是"炮火连天"，这样的印象在中国人中具有一定的代表性。她自述，如果不是《哈扎尔辞典》，她

[①] 《哈扎尔辞典》是塞尔维亚作家米洛拉德·帕维奇（1929—2009）的第一部小说，在1984年出版，被评论界称为"21世纪的第一部小说"。帕维奇还是文学史家、诗人、翻译家、艺术科学院院士。他曾被提名为诺贝尔文学奖候选人，被认为可以比肩于博尔赫斯、卡尔维诺、科塔萨尔和埃科这样的当代文学大师。他的作品在世界各地享有盛誉。《哈扎尔辞典》1984年一经出版就获得了南斯拉夫最佳小说奖，后来被翻译成几十种语言。书中描述的哈扎尔族是一个神秘的游牧民族，定居于黑海与里海之间的陆地上。在公元8世纪或9世纪，发生了改变他们命运的"哈扎尔大论辩"，伊斯兰教的托钵僧、犹太教的教士和基督教的修士在可汗的夏宫里展开了惊天动地的辩论。最后，哈扎尔人遵照承诺放弃了自己原有的宗教信仰，而转信三大宗教，但这却给他们带来了灭顶之灾。到10世纪，彪悍强盛的哈扎尔族灭亡了。

[②] 陈丹燕：《捕梦之乡：〈哈扎尔辞典〉地理阅读》，浙江文艺出版社，2017，第209页。

可能一辈子也不会去贝尔格莱德和巴尔干。但《哈扎尔辞典》引导她来到这座城市，并"剧烈地爱上这座城市"，从一年去一次，到半年就要去小住一下。她为贝尔格莱德写了一部书，拍了她自己的处女作电影，"在上海家中想起它来，心中长出千万条微笑带来的皱褶"。

一方面，陈丹燕在巴尔干大地上的行走是感性的，她时刻在联想和验证着自己从小说中阅读到的塞尔维亚。在老底嘉（Laodikeia）古剧场，她会想起佩特库坦和卡莉娜（《哈扎尔辞典》中的人物）在剧场亲吻却被鬼魂吞没；在佩拉宫的茶厅里，她被幽暗的光线带回了1892年，而女招待苍白的手恍惚间仿佛有6根手指，是小说中魔鬼的标志。她"带着自己的身体走进小说环境里"，不仅通过阅读文字来想象这个世界，而且在具体的环境中更广泛地发动感官。她看到了摩拉瓦河谷中魔鬼画的湿壁画，闻到了波希米亚森林的芬芳，听到了修道院里的拜占庭赞美诗并为之汗毛直竖，尝到了只有在塞尔维亚才能吃到的喷香柔滑的黄油，像小说中的魔鬼贾比尔一样把脸浸没在冰冷的淡蓝色洗脸水中，她用所有的感官来体验这个书中的世界。

陈丹燕拿着手里的小说按图索骥，找到了土耳其的佩拉宫酒店，也就是帕维奇小说中的金斯敦。它旁边的加拉塔（Galata）石塔是"红书"作者之一勃朗科维奇老爷编纂《哈扎尔辞典》的地方，它的客房是其转世者、诺维萨德大学哲学教授苏克博士被杀的地方。但是，帕维奇运用作家"移山填海的权利"把酒店转了个向，以至于能在吃早餐的时候看到博斯普鲁斯海峡的蓝色海平面，而发现这一点的陈丹燕也因此得到了"侦探错版地图背后缘由的乐趣"。陈丹燕在那里住了半个月，又读了一遍《哈扎尔辞典》。她还和伊斯坦布尔大学历史系的教授交流，得知17世纪加拉塔石塔附近有一个旧书市场，有各种外国资料流传汇集于此。这位教授甚至设想，如果小说里的勃朗科维奇在这里得到辞典的残片会更为合理。

另一方面，陈丹燕又用知识分子的理性来解读小说背后宏大又精微的地理环境、人文氛围。在这种近距离的观察中，她对巴尔干的历史和社会从了解到熟悉，而小说中的故事与现实出现裂隙，甚至被证伪、推翻。正如书中的魔鬼贾比尔从水中抬起头站直身子后，发现他洗发的那个世界已经影踪全无，自己置身于300年以后的另一个时空，陈丹燕也游走在虚拟世界和现实世界之间。在湿壁画上，她寻找小说中魔鬼留下来的记号，结果她看到了17世纪奥斯曼士兵留在神像脸上的泥巴，19世纪匈牙利士兵刻下的名字，1850年有人用基里尔字母留下的字句……几百年的历史在眼前的方寸之地留下痕迹，而她也从中明白了帕维奇对塞尔维亚文字拉丁化的控诉。

在《哈扎尔辞典》中，哈扎尔公主主持着捕梦教派，而整部书的阅读体验也就如同一场大梦。帕维奇用编纂史书的口吻，将大量人物所处年代的考据堆在读者眼前，让人误以为自己看的是真正发生过的历史，梦与现实的界限变得模糊。正如书中所说："梦是魔鬼的花园，在这个世界上，所有的梦早已被梦过了。现在，它们只是在和现实交换，正像钱币转手换成票据，然而世上的一切也早已都被使用过了。"陈丹燕被这个梦境带到巴尔干，但在实地行走中，她从被动地感受逐渐变成主动地探索，偏离了帕维奇的叙事路线，而成为属于陈丹燕自己的具有文化自觉性的考察与思辨。

陈丹燕去看了《哈扎尔辞典》中的摩拉瓦河谷修道院。在小说中，这个修道院是17世纪魔鬼居住的地方，她的计划是"在一个修道院的小教堂里读完几页《哈扎尔辞典》，亲眼看看帕维奇迷宫里出现的现实世界的底色"。她也确实这样做了，亲眼看到了小说中提到的湿壁画，亲耳听到了帕维奇热爱的拜占庭式的布道和吟唱，这种"坐实虚构世界里的真实"似乎是"地理阅读"的某种理所当然。[1] 然而，她写道："作为旅行中的作家……我按照《哈扎尔辞典》里描写的修道院的线索来到河谷，但最终从旅途中显影的，并不是画修道院湿壁画的尼康·谢瓦斯特，而是斯特凡·拉扎列维奇。他的故事微轻而坚决地将我拉离《哈扎尔辞典》，开始主导我接下去的旅行。"[2]

于是，陈丹燕去了塞尔维亚中世纪统治者斯特凡·拉扎列维奇的出生地，沿着14世纪塞尔维亚大军出征科索沃的路线去了阿德里安堡（今土耳其埃迪尔内）的白石桥，到达土耳其的白城。陈丹燕特别记载了自己问路的经历，当她跟埃迪尔内的当地人询问"战争古道"时，所有人都指向去往伊斯坦布尔的道路，而没有人想到是去科索沃的战争古道。"原来，在塞尔维亚是血肉横飞的覆没，在奥斯曼的记忆里只是众多战争中的一次。"[3] 因此，当地并没有一座纪念碑，这场战争在记忆中也已经被淡忘。这就是陈丹燕对"地理阅读"的实践，"地理阅读还有一种可能，一本书将读者引向一片比小说故事考证本身远为辽阔的地理环境，那是小说诞生的背景，是养育小说作者的历史地理环境。地理永远会提供丰富的可能性"。[4]

---

[1] 陈丹燕：《捕梦之乡：〈哈扎尔辞典〉地理阅读》，第87页。
[2] 同上，第110页。
[3] 同上，第131页。
[4] 同上，第126页。

同时，陈丹燕还通过对小说作者帕维奇现实生活的寻访来探索作者的精神世界。陈丹燕去塞尔维亚时，帕维奇已经去世。她拜访了帕维奇的夫人，参观了帕维奇的家，翻阅了他记录灵感的笔记本。由于帕维奇关于"捕梦世界"的故事经常是在午睡后写作的，因此陈丹燕躺在他的床上看天花板，试图还原作者曾经的视角。她描述自己"在帕维奇家中一边读中文版的《哈扎尔辞典》，一边翻阅帕维奇写作《哈扎尔辞典》时的笔记本，而且看到了他在写作间隙为自己画的工作速写"。还有一次，她看到"帕维奇夫人正在外面起居室帕维奇写作的巴洛克小书桌前，手里捏着帕维奇留下的烟斗，用塞尔维亚语朗读着她丈夫小说中的捕梦者词条"。陈丹燕写道："我躺在帕维奇留下的大床上，仰面看着天花板中央的吊灯，觉得自己的身体轻轻漂浮起来，在塞尔维亚语的朗读声中。我想自己永不能忘记那个在贝尔格莱德一栋老公寓里度过的下午。"

　　同为作家，陈丹燕当然不会放过塞尔维亚的另一位作家、诺贝尔文学奖得主伊沃·安德里奇（Ivo Andrić）。她去了安德里奇常去的咖啡馆，点了一杯他常喝的"又烫又黑又浓烈"的招牌咖啡。这个生活在和平富足年代的上海女作家，只有亲身来到了巴尔干之后，才得以想象和参透安德里奇如何在轰炸声中写出自己的著作，以及帕维奇为何说自己生活在一个"必须拼命证明自己清白无罪的时代"，是"世界上最遭人恨的民族的最著名的作家"。她评述道，安德里奇描述的塞尔维亚青年的身份危机是一种"历史带来的绝境"，而帕维奇对塞尔维亚的历史认知则更为悲哀与孤立无援。

二、从《捕梦之乡》到《萨瓦流淌的方向》：作为"旅游形象大使"的跨媒体实践

　　如果说将塞尔维亚视为精神上的第二故乡是作家陈丹燕的个人情怀，那么成为塞尔维亚的"旅游形象大使"，则把陈丹燕对塞尔维亚的书写上升为一种集体想象，并成为两国亲密关系的象征。

　　知名作家不仅有更细腻的观察力与表现力，也能调动更多的资源，比普通旅游者更能深入了解与真实再现异国异地的人物与文化，让"田野调查式的旅游"成为可能。同时，其创作如果出色，也天然具有更大的社会关注度与影响力，从而对特定国家的文化在中国国内的传播起到积极影响。

　　陈丹燕成名于20世纪80年代，其"上海三部曲"和《独生子女宣言》等

作品广为人知。她自称"是中国作家中第一个走出国门的背包客",从事旅行写作将近 20 年。在塞尔维亚,除了直接拜访帕维奇的夫人,参观帕维奇的家,陈丹燕还认识了德拉甘·米伦科维奇(Dragan Milenkovic),他是塞尔维亚普鲁斯维塔出版社(Prosveta Publishing House)的总编和书店总经理,这家出版社出版了塞尔维亚所有重要的文学作品,包括诺贝尔文学奖得主伊沃·安德里奇的"波斯尼亚三部曲"和帕维奇的《哈扎尔辞典》。米伦科维奇也为陈丹燕的写作提供了很大的帮助:当陈丹燕找不到塞尔维亚的历史资料和地图时,通过询问米伦科维奇,"所有对照片内容的认证、所有有关塞尔维亚语和古基里尔文字的翻译,以及地理方位表述的再确认,甚至用古斯拉夫语演唱的修道院里晚祈祷圣咏内容的译解","都得到了详尽的确认与解释"。陈丹燕在书后的致谢中写道:"米(米伦科维奇)先生说,他所有的期待,就是帮助我这样一个亚洲人听清塞尔维亚的心跳。"从塞尔维亚回来写出了书稿的初稿后,陈丹燕和《哈扎尔辞典》中译本的译者之一南山进行了直接交流,并得到了他的认可和鼓励。此外,她还与塞尔维亚旅游局的工作人员、土耳其驻上海领事馆总领事等众多外国友人有着亲切友好的关系,这都是普通游客和读者难以做到的。

《捕梦之乡:〈哈扎尔辞典〉地理阅读》出版后,塞尔维亚旅游局于 2016 年 11 月授予陈丹燕"塞尔维亚旅游形象大使"的称号。2017 年,陈丹燕签约执导中国与塞尔维亚首部合拍片《萨瓦流淌的方向》。2023 年,这部 93 分钟的纪录片在上海国际电影节首映。同年 6 月 6 日,陈丹燕获颁塞尔维亚国家总统金质勋章,以鼓励她"通过文学作品和电影纪录片让中国人民更了解塞尔维亚"。同时,她的作品也被翻译成塞尔维亚语,以让塞尔维亚人民更了解中国。

陈丹燕成为塞尔维亚的"旅游形象大使",既是她作为知识分子个体,其旅行哲学在实践上获得的极大认可,也是中塞两国在共建"一带一路"倡议下的文化经贸合作的反映,是官方话语体系中"中塞铁杆友谊"的具象化表现。此外,这也呼应了在文旅融合与社交网络发展的大背景下出现的巴尔干旅游热。在互联网时代,旅游服务平台的强大功能让自助游、自由行的难度大大降低,一些文化资源丰富但旅游资源开发有限的国家和地区开始获得更多的关注。去一个相对"小众"的目的地,则能在社交媒体上获得很多积极的反馈和极大的心理满足。

不过,以巴尔干为目的地的境外旅游资源的开发面临着几大问题与挑战。一是中国人对巴尔干国家极度缺乏了解。毕淑敏曾提到,问起 10 个人克罗地亚的首都（萨格勒布）是哪里，10个人都不知道。①因此，若要吸引游客将巴尔干选为旅游目的地，就需要一个已知且具有强大吸引力的"触发点"，比如克罗地亚作为著名美剧《权力的游戏》的取景地之一，以此作为"触发点"就吸引了众多游客。二是目前选择去往巴尔干地区的游客，多为已有世界多国旅游经历的成熟型游客，他们对旅游质量要求较高，不满足于仅仅观赏自然风景，还希望对人文历史、风土人情都有深度的了解。然而，目前中国市场上几乎没有关于巴尔干文化的通识性读物。三是巴尔干地区成熟的旅游产品和线路相对缺乏，加之语言环境相对陌生、宗教民族状况复杂，且华人旅居群体相对较少，会令中国人产生一定的"畏难"情绪。

中国作家对巴尔干地区的旅行写作恰恰为这三大问题都提供了解决之道。尽管现在有各种旅行服务平台和《孤独星球》等旅行指南，但作家的旅行写作对于介绍域外文化和促进旅游仍然有着不可替代的意义。作家的旅行写作作为非虚构作品，一方面具有极强的文学性和可读性，另一方面又得益于作家已有的声望，更具有市场号召力。为此，知名作家游历异域的作品，能在更短时间内吸引到更多读者的关注，并形成大众对于某一地的初步印象。尽管陈丹燕基于《哈扎尔辞典》的"地理阅读"设置了不低的人文门槛，但她成为"旅游形象大使"这一事件本身却在更为广泛的大众基础上具有极强的话题性和吸引力。

在陈丹燕的《捕梦之乡》出版次年即2017年，塞尔维亚对中国游客开放免签，当年中国赴塞游客立刻翻了两番。2018年底，到访塞尔维亚的中国游客超过10万人次，同比增长98%。2019年，中国一跃成为塞尔维亚三大海外客源国之一。②我们无从知道有多少去往塞尔维亚的中国游客看过陈丹燕的作品，但在社交媒体上，确实出现了有游客的塞尔维亚游记以"捕梦之乡"这个被帕维奇和陈丹燕都用到的词作为标题。帕维奇和陈丹燕的作品在某种程度上成为对塞尔维亚的诠释和对这种诠释的诠释，并引导更多人前往巴尔干，完成自己的解读。

旅游热又反过来激发中国图书市场上密集出现了一批关于巴尔干地区的作品。2018年，罗伯特·D. 卡普兰的《巴尔干两千年》由北大出版社出版了中文版。2019年，丽贝卡·韦斯特的《黑羊与灰鹰》三卷本由中信出版社出版

---

① 毕淑敏：《巴尔干的铜钥匙》，湖南文艺出版社，2020，第33页。
② 《小众的塞尔维亚，成为欧洲游新爆款》，搜狐网，2023年5月18日，https://www.sohu.com/a/676612291_120537428。

了中文版。2020 年，湖南文艺出版社策划出版了毕淑敏关于巴尔干地区的游记。尽管这本游记的 22 篇散文游记（212 页）中只有前 5 篇（56 页）为巴尔干地区的游记（后面还有一篇提及马其顿），但全书仍命名为《巴尔干的铜钥匙》，腰封上还写有"还原'欧洲火药桶'背后的隐忍与伟大"的字样。不难想象，这是出版社看到了 2019 年巴尔干地区旅游市场迅速扩大的动向所做的商业策划。

由于现在中国国民出国旅行门槛降低，从网络获取信息也极为便利，且世界上任何一个角落几乎都有文字与影像的呈现，那些热点目的地更是在从文学作品、电影、纪录片到各大平台上的游记文章、照片、短视频中经常出现，因此对作家的旅行写作其实也提出了更高的要求。作者不能和普通旅行者一样只是浮光掠影地记录见闻，堆砌随手可查的历史故事。更具有价值的游记，或者语言考究，文字精致；或者见解独到，思考深刻；或者深入一地，如同人类学家做田野调查，见游客所不能见。陈丹燕在《我的旅行哲学》中写道："一个旅行者去看世界时，看到的其实是一个处处留下伤痕的世界。正是这样的世界，最终能久久留在旅行者心中，陪伴他经过自己生活中的艰难时世。"难怪她会爱上塞尔维亚，因为那里正是一片满目伤痕而激发怜惜的土地。

《捕梦之乡：〈哈扎尔辞典〉地理阅读》不同于传统的游记，这本书中有大量的照片穿插其中，甚至连续几页都是照片。在视觉驱动的时代，照片为读者和观众提供了直观的认识，旅游和摄影已经成为不可分割的两面。正如英国哲学家彼得·奥斯本（Peter Osborne）所说："当代社会没有摄影是不可想象的，同样，其中没有旅游也是无法被接受的。"陈丹燕不是专业摄影师，她甚至主张旅游的时候少拍照，但在塞尔维亚，她无法不拿起相机记录所见，而照片需要与下面的注文一起看才能得到完整的解读。

在《萨瓦流淌的方向》中，陈丹燕不仅是在寻访巴尔干动荡的过去，她更聚焦于塞尔维亚平静的当下。这部纪录片展现了书店老板米先生、策展人乌先生等普通但不平凡的塞尔维亚人的生活与精神世界。这是一个中国人讲述的塞尔维亚的故事。陈丹燕关于塞尔维亚书店的叙事，是用文字、照片、视频的方式共同进行的一种跨媒体叙事。美国麻省理工学院教授亨利·詹金斯（Henry Jenkins）关于"跨媒体叙事"（Transmedia Storytelling）作了这样的定义："跨媒体叙事代表了一个过程，在这个过程中，一个虚构文本的完整元素被系统地分散在多个传播渠道上，以创造一种统一协调的娱乐体验。理想情况下，每一种媒介都会对故事的展开作出自己的贡献。"这种叙事是进行时而不是完成时，这种过程的创造性由大众的创作来持续丰富。陈丹燕关于书店老板的故事在《捕梦之乡》中就已出现，而在《萨瓦流淌的方向》中得到了延续与扩展。

传说中，曾生活在巴尔干大地上的哈扎尔人用的镜子是用大块盐晶打磨而成，并分为快慢两种，快镜能在事情发生之前就将它提前照出，慢镜则能在事件发生之后将其重现。为了保证哈扎尔公主在熟睡时不受敌人偷袭，在她每次睡觉之前，盲人侍从会在她美丽双眼的眼皮上写上哈扎尔人的毒咒字母，任何看到这种字母的人会立刻暴毙而死。但有一天，公主刚刚起床还没来得及洗脸，粗心的仆人就将快镜与慢镜拿到了她的面前。公主平生第一次看到了自己眼皮上致命的字母，但立刻倒下死去了，她是在来自过去和来自未来的字母的同时打击之下与世长辞的……从哈扎尔王国的所谓史料到帕维奇的《哈扎尔辞典》，到陈丹燕的《捕梦之乡》的"地理阅读"，再到《萨瓦流淌的方向》这部纪录长片，塞尔维亚被一次又一次地转写和重新创造，在快镜和慢镜中照出不同的样貌。在当代中国作家的笔下与镜头下，巴尔干被重新凝视，并被赋予了新的意义。

学术史及研究动态

巴尔干学的发展历程、现状和前景

[克罗地亚] 白伊维（Ivica Bakota）

摘要：本文在探讨巴尔干学的名称、概念与范畴等问题的同时，阐述巴尔干学 100 多年来的发展历程，梳理目前的研究主题和焦点，指出 21 世纪巴尔干学面临的主要问题与挑战，并介绍中国巴尔干学的发展情况及其前景。

关键词：巴尔干学；东南欧学；巴尔干主义；跨学科

作者简介：白伊维，首都师范大学历史学院副教授、国别区域研究院研究员

一、巴尔干学的名称、概念和学科范畴

巴尔干学（Balkan Studies, Balkanology/ ie）也称"东南欧学"，或"巴尔干-东南欧学"（Balkan-Southeast Europe Studies）。巴尔干学是国别区域研究发展进程中最早且独特的跨学科领域之一。巴尔干学相关成果的诞生甚至先于国别区域研究方向的确立。在 100 多年的沿革中，这个跨学科的学术领域的研究范围和对象经过了历史学、社会学、政治学等领域的学术界的不断讨论。冷战后，巴尔干学已变成一个基于民族国家（nation-state）、从欧洲或全球之间互动影响的角度来思考和探讨东南欧区域政治、社会变化特殊经验的学术领域，并产生了不少的研究方向和主题焦点（topical foci）。

学术史及研究动态

巴尔干学的研究对象显然是"巴尔干"①,但是该地区的地理、文化、政治界限的定义从未明确,并处处经受各国政治或知识精英的否认,甚至它是一个地理上的区域还是一个"想象的共同体"(imagined community)的问题,还引发了学术界的讨论与争议。正因为如此,巴尔干学的"全称"包括更为"中立"的"东南欧学",但之所以如此,也不只是为了遵守"政治正确"。如果说"巴尔干-东南欧学"的名称体现了该学科的内部差别,那么它大致可以分为两个研究方向:一是基于历史决定论(historicism)的研究,二是批评理论式(critical theory)的研究。这两者互不排斥、彼此弥补,学者们的研究按照自己的专业背景往往各有侧重。可以说,倾向于跨学科、多学科(multi-disciplinary)的东南欧学与作为跨国研究(cross-country research)的巴尔干学之间有所差别。②前者的重点在于那些界限虽模糊却涉及具体的地理、历史、政治、经济等领域的研究,后者的重点在于领域虽不具体却涉及重要且特殊的问题的研究。从根本上说,如果没有基于历史决定论来研究具体领域的东南欧学这一"右脚",作为"左脚"的巴尔干学就是无本之木,只能并入仅以巴尔干为案例的东方主义、后殖民批判理论和一般的批评理论;而缺乏巴尔干学的特殊问题和核心问题,具体的东南欧学的研究对象将不得不瓦解,其涉及的政治、历史、经济领域易于破碎或膨胀,陷入"西巴尔干学"或"中东欧学"等概念。

冷战后,巴尔干学学界已经产生了不少核心课题和主题焦点。首先,是产生了作为多学科、跨学科的巴尔干学的核心课题,如巴尔干的民族主义、巴尔干融入欧洲一体化、巴尔干的战争与暴力、巴尔干的欧洲他者身份等。其次,是产生了更多的主题焦点,但其理论框架常常归属于语言学、历史学、政治学、社会学、哲学等,尤其是对巴尔干学"理论和实践"中所遇到的特殊性问题的研究。因此,在巴尔干学的发展进程中,很多是关于巴尔干特殊问题的研究。这一时期有些研究还称不上是跨国或跨学科课题,而是作为子学科逐渐变成跨学科的课题,即先产生"关于巴尔干的研究"(study about the Balkans),后产生"巴尔干学的研究"。根据这些研究方法和分类,有些课题或主题焦点

---

① 地理上,处于东南欧的巴尔干半岛由黑海、爱琴海、爱奥尼亚海、亚德里亚海、多瑙河、萨瓦河和索察河环绕,包括今希腊、北马其顿、阿尔巴尼亚、保加利亚、波黑、黑山的全部领土,塞尔维亚、克罗地亚的大部分领土,以及土耳其、罗马尼亚、斯洛文尼亚和意大利的少部分领土。

② 两者的区别主要在于本学科学术界的说法。以"东南欧学"为名的研究,一般强调经济、政治、历史等学科的跨学科或比较研究;以"巴尔干学"为名的研究,则常常是国别研究。本文不按照上述两种说法划界,而将两者都称为"巴尔干学"。

209

属于巴尔干学的"门外",如东南欧语言学问题,但又与巴尔干学存在交叉。从历史发展的角度来看,有些课题和主题焦点则属于巴尔干学的"门前",即谈到了巴尔干,但尚未诞生巴尔干学,如19世纪前关于巴尔干的游记等。因此,以下关于巴尔干学历史发展的叙述是以巴尔干为研究对象、以跨学科为方法且以"门内"的研究成果为重点,不考虑19世纪末期之前的研究。

二、巴尔干学的发展历程

巴尔干学的发展经历了语言学、历史学、社会学、政治学、哲学等大学科的主流理论交替或共同主导其研究议程的时期。主流理论在不同时期对巴尔干学的发展都作出了一定的贡献,奠定了该学科历史发展四个主要阶段,但也暴露出其自身的历史和理论局限性。虽然"门内"的巴尔干学就其历史发展的分期和阶段没有严格的划分,但随着四五种理论对巴尔干学的指导性影响及历史的普遍发展,可以将其划分为第一次世界大战前以语言学理论为主的第一阶段,两次世界大战之间以历史学为主的第二阶段,冷战时期以社会学和政治学为主的第三阶段,以及苏东剧变后以批评理论为主的第四阶段。影响巴尔干学发展的因素还包括研究机构、体制框架的发展和主题焦点的演变。因此,本文以下拟定的巴尔干学的四个主要发展阶段包括:从19世纪末到第一次世界大战的"浪漫主义"时期,两次世界大战之间的"实证主义"时期,冷战时期的"红色巴尔干"时期,以及苏东剧变以来的"现代主义"时期。

(一)"浪漫主义"时期

第一个将"巴尔干"作为一个学科是"巴尔干语学"(Balkanologie),是以语言学方法为主的"门外"研究,即大多数研究成果集中于本学科或国别研究,称不上是跨国或跨学科的研究。19世纪尤其是1848年"民族之春"以来,研究欧洲民族的诞生、发展和认同成为一个"逐渐走出通俗文学"的课题。作为奥斯曼、奥匈、沙俄三大帝国之间的多民族地区,巴尔干也是该研究浪潮的重要主题之一。按照当时的"浪漫主义"理论框架,各民族国家复兴及其认同问题与语言密切关联,语言标准化被视为"语言建国"(linguistic nation-building)①的进程,也影响了巴尔干"国别"(个别民族)和区域语言学的研究。其中,国别研究比区域研究受到的影响更为突出,学者们主要关注民族语言学(ethno-linguistics)和历史语言学(historical linguistics)。

这一时期,东南欧大城市的学校和中欧国家(以德语区为主)的学校开设了斯拉夫语言学或巴尔干语言学的课题和学科。鉴于"语言建国"的进程在东南欧国家和民族中的支配性影响,对语言的发展及其标准化的研究以国别研究为主。与此相关,东南欧各国家和民族的文学史和地理学也从国别视角开展研究,但暂未成为巴尔干学的经典主题。当时区域语言学研究最突出的成果是"巴尔干语言帮"(德语:Balkansprachbund)理论,即从东南欧几种斯拉夫语、阿拉伯语、希腊语、罗马尼亚语的案例中研究某区域不同语种的语言的共同点和语言趋同现象。到19世纪末期,巴尔干学中关于民间传说和习俗文学的研究随之而来,其主要推动力来自"浪漫主义"时代对文化主题中的"等级"的突破,民间文化由此成为"合法"主题。尽管如此,至19世纪末20世纪初,以民间文化为主题的巴尔干学研究在脱离国别范式及开展跨学科研究中遇到了典型的"幼稚病"的挑战,其中主要包括:跨学科方法导致研究成果科普化且易于陷入各种偏见,小报与科学写作风格共存,论证过于反映意识形态和政治上的片面观点。

(二)"实证主义"时期

过于集中于国别研究且跨学科研究不够成熟的巴尔干研究学界,在第一次世界大战前后开始追求区域比较研究,向跨国的视角突破。第一次世界大战后,巴尔干作为三大帝国之间交叉带的国际格局突然消失。三个单一民族的王国(保加利亚、罗马尼亚、希腊)得以延续,一个新兴民族国家(阿尔巴尼亚)和一个多民族王国(塞尔维亚人-克罗地亚人-斯洛文尼亚人王国,后来改名为"南斯拉夫王国")诞生,巴尔干在地缘政治领域地位的巩固促进了巴尔干的地理、地貌概念及其界限的形成。在这种情况下,几个当地的"巴尔干学之父",②如塞尔维亚地理学家约万·塞维伊奇(Jovan Cvijic)、罗马尼亚历

---

① 参见:Wladimir Fischer, "From 'Balkanologie' to 'Balkankompetenzen': Balkan Studies at an Historical Crossroads," *Kakanien Revisited*, 2009, 29 (10), p. 1。

② Diana Mishkova, "The Balkans as an Idée-Force: Scholarly Projections of the Balkan Cultural Area," *Civilisations*, Vol. 60, No. 2, Être ou ne pas Être Balkanique (Août 2012), pp. 39-64.

史学家尼古拉·约尔加（Nicolae Iorga）、保加利亚文学家伊万·希什马诺夫（Ivan Shishmanov）等学者发起了巴尔干地区跨国别的研究项目，引起了以民族主义为基础的语言学方面的极大争议。这类跨国别研究之所以产生重大影响，是因为超越了上一阶段的"民族浪漫主义"，超越了以民族解放斗争为基础的历史叙事和研究议程。后来，历史学界提出了巴尔干历史比较研究的议题，强调"中世纪原始民族国家建立—奥斯曼帝国占领—民族复兴"的基本范式，成为形成巴尔干民族国家共同的历史叙事的根本，[1] 也为基于实证主义的巴尔干学研究的产生和建构提供了合法性依据。

此外，伴随着这种史学从"浪漫主义"到实证主义的"关键转折"，巴尔干学的研究主题也得以扩充。到20世纪30年代，随着纳粹德国政治和经济的扩张，"以德语为主"的巴尔干学界对这种"大区域"（德语：Großregion）的经济意义的研究也开始盛行。[2] 虽然巴尔干学界继续重视国别历史研究，但上述关键转折逐渐对跨学科研究的发展产生了影响。20世纪30年代末，《巴尔干研究国际评论》（*Révue Internationale des Études Balkaniques*）强调重视巴尔干的历史和文化，初步推动了巴尔干学的多元化发展。在"巴尔干"成为不少期刊的主题和关键词的时期，"巴尔干"越来越带有"民族国家建国实验室"的含义。

（三）"红色巴尔干"时期

第二次世界大战后，除了希腊，在巴尔干学的西欧"核心"国家看来，所有巴尔干国家暂时都处于"铁幕"之后。随着冷战两极格局的形成，西方巴尔干学研究的学术机构开始对"红色巴尔干"（德语：Der Rote Balkan）的政治、经济和社会情况进行研究。[3] 这一时期，巴尔干学的发展与冷战时期社会学和政治学的发展密不可分。其间，社会学取代历史学、语言学等以前指导巴尔干学跨学科研究议程的科学，并得到了相当的普适性，也让"西方国家在'东方

---

[1] Diana Mishkova, "Regimes of 'Balkan Historicity': The Critical Turn and Regional Time in Studies of the Balkans before the First World War," in *"Regimes of Historicity" in Southeastern and Northern Europe, 1890-1945: Discourses of Identity and Temporality*, eds. Diana Mishkova, Balázs Trencsényi, and Marja Jalava (Palgrave Macmillan, 2014), pp. 21–23.

[2] 参见：Diana Mishkova, "Regimes of 'Balkan Historicity': The Critical Turn and Regional Time," *Studies of the Balkans before the First World War*, 2008, p. 3, note 3。

[3] Paul Lendvai, *Der Rote Balkan: Zwischen Nationalismus und Kommunismus* (Frankfurt/M.: S. Fischer, 1969).

阵营'的外围地区有了影响力"。① 同时，历史学所指导的巴尔干研究虽然带有"大国间的多民族交叉带"的烙印，但研究重点越来越转向现实意义，也反映出冷战时期巴尔干地区作为两大阵营之"边疆"的国际格局。受当时政治学研究的影响，巴尔干区域与概念的地理范围也经历了调整。

随着东欧地区地缘政治重要性的增强，西方学界把巴尔干学的政治、经济研究纳入东欧学科领域，使其成为东欧社会主义阵营研究的一部分。与此相关，冷战时期位于"红色巴尔干"之外的国家和地区，如希腊、土耳其逐渐被排除在研究之外。由此，"东南欧"这一术语不仅具有地理上的意义，其政治上的意义也越来越明显。冷战时期，巴尔干学的相关研究机构也进一步发展。在加强区域研究的趋势下，美国等西方国家的学校中设立了巴尔干研究的相关课题、研究所、院系等，作为"门内"的巴尔干学渐渐普及到各个学校的培养计划之中。这一时期，巴尔干学及其相关研究旨在以实用的知识反映现实需求，为外交家提供"救生包"——关于当地语言、文化、社会和政治知识的速成班。后来，研究在语言和历史研究的基础上进行了扩展和深化，试图在学科之间创造协同效应。作为结果，到20世纪70年代末80年代初，巴尔干学变得更为专业化，"门内"的"区分化"（compartmentalization）也越来越强，"浪漫主义"阶段那样的以国别研究为主的情况重新盛行，如塞尔维亚（语言）学、保加利亚（语言）学、阿尔巴尼亚（语言）学等东南欧国家和民族的语言和历史研究逐渐取代了跨国、跨领域的"巴尔干学"研究。科研领域也跟随了这种趋势，研究对象和主题更为集中地按照国别看待民族国家的历史与社会演变。同时，尽管有制度性的学科结构，学术界还是发展出几个独特的巴尔干学学派，促成了通过合作的体制机制成立巴尔干学、东南欧学的国际学术联合会及举办定期会议等。此外，冷战时期巴尔干学的主流研究已经开始以英语作为工作语言，英语的研究成果逐渐超越德、法等语言研究成果的总和。

（四）"现代主义"时期

随着苏东剧变及南斯拉夫的解体引发20世纪90年代一系列的战争，巴尔干学被纳入了不同领域的理论框架，其跨学科研究的重要性也日益增强。由于冷战结束，追求实用性的包括巴尔干学在内的国别和区域研究逐渐失去了国家的资助，很多相关的学术机构也关闭或缩小了规模。与此同时，很多东欧和东

---

① Paul Lendvai, *Der Rote Balkan: Zwischen Nationalismus und Kommunismus*, p. 3, note 3.

南欧知识分子前往西方，到西欧和美国学界中进修谋职，结果导致巴尔干学研究的去机构化和"时髦科学化"，许多巴尔干知识分子受到了后现代思想、文化研究、女权主义和后殖民理论的影响。由此，巴尔干学的主要学术争论从政治学、社会理论领域转向了文化研究（Cultural Studies）并体现了更具反思性的方法。其中，主流是通过解构"巴尔干"作为"欧洲（盟）他者"的概念，再到后殖民主义"土著"视角及其与区域之外关系的新方法。

虽然学者们对苏东剧变后巴尔干学的主要特征和分期有不同的看法，但是大部分学者都认为南斯拉夫解体间接促进了巴尔干学的复兴。这一时期，在前三个阶段主导科学理论的主流派继续共同塑造现代巴尔干学的情况下，一个新的学派在"东方主义"理论下开始重视巴尔干独特、共同、历史和"想象的"身份问题，与国际学术界的争论相呼应。启发该学派的包括20世纪90年代中期出版的基础性英文著作，如玛莉亚·托多洛娃（Maria Todorova）的开创性著作《想象巴尔干》[1]，维斯娜·戈兹沃西（Vesna Goldsworthy）的《发明鲁里塔尼亚（乡村国）：想象的帝国主义》[2]，米利察·巴基奇-海登（Milica Bakić-Hayden）的《嵌套的东方主义》[3] 等，这些研究把"巴尔干主义"（Balkanism）开拓为与"东方主义"相似的对殖民主义理论的批判性研究。后来，以巴尔干"想象的"和"阈限的"（liminal）身份为主题的研究迅速增多，成为巴尔干学跨学科研究的主导范式。重视民族、文化、地缘政治等关于身份的主题，直接源于苏东剧变后社会主义时期价值观的突然崩溃和前社会主义时期各种民族、宗教、传统身份的复兴。这种现象在巴尔干学"核心"区域的前南斯拉夫地区非常明显。20世纪90年代，经历了既复杂又不同的政治、制度、社会转型的前南地区各国，其官方或非官方发起的国家构建或民族国家身份重构研究项目在很大程度上出现了分歧和争鸣。以基于地理、文化等排他性差异为核心的身份，如何与前南地区的民族冲突和战争"同谋"？这类身份如何能够在解决冲突及冲突后的民族和解中发挥重要作用？上述问题是这一时期巴尔干学讨论的主要问题。

近30年来，巴尔干学的研究虽然存在去机构化的趋势，但学术成果大幅

---

[1] Maria Todorova, *Imagining the Balkans* (Oxford: Oxford University Press, 1997).

[2] Vesna Goldsworthy, *Inventing Ruritania: The Imperialism of the Imagination* (New Haven: Yale University Press, 1998).

[3] Milica Bakić-Hayden, "Nesting Orientalism: The Case of Former Yugoslavia," *Slavic Review*, 54, No. 4 (Winter 1995), pp. 917-931.

增加，研究对象和理论与主流的跨学科趋势交叉，其对主流后现代、后殖民、文化研究的影响也在一定程度上有所增加。因此，有些学者把巴尔干学发展的第四阶段再分为两个分阶段：第一个分阶段大约是从20世纪90年代初期到21世纪初，这一时期被称为"巴尔干复兴"（Balkan's return）的时代；① 第二个分阶段大约是从2005年至今，其围绕巴尔干融入欧洲（盟）一体化的进程，这一时期被称为巴尔干的转型时代。按照有些观点，巴尔干融入欧洲一体化进程，不仅将导致其作为战争地区、地缘政治上的"阈限"或"边缘"的地位实际瓦解，而且会使它作为欧洲"他者"的身份和意义上的"延异"（法语：differance）被逐渐淡化并与其欧洲身份交织在一起，从而可能带来一种"后巴尔干学"（Post-Balkan Studies）研究，乃至与近东研究和欧亚研究合并。

三、巴尔干学的研究主题和焦点

在19世纪末至21世纪初巴尔干学的发展进程中，在不同学科理论的指导下产生了"门内"特殊的研究主题和焦点。有些研究成果已经梳理了巴尔干学的研究主题，并按照关键词、引用率、交叉引用情况等对其进行了文献分析。② 由于文献分析的结果比较抽象，以下将结合文献分析和学术综述的方法，按照产生指导性影响的学科，梳理巴尔干学"门内"（跨学科、跨国）的研究主题和焦点。

（一）语言学类

虽然到冷战时期巴尔干学已经经历了三个发展阶段，但是专门在巴尔干学

---

① 参见：Dorian Jano, "Mapping Balkan-Southeast European Studies," *Southeast European and Black Sea Studies*, 2023, Vol. 23, No. 4, pp. 801-817。

② 以多里安·亚诺（Dorian Jano）的《巴尔干-东南欧研究测图》为例，该文按照关键词、引用率梳理了巴尔干学的代表性成果。根据该文所述，相关数据库中巴尔干学的成果17%来自历史学、12%来自政治学、10%来自区域研究、9.6%来自其他人文学科、9.5%来自经济学、8%来自国际关系研究、6%来自考古学、6%来自人类学、3%来自地理学、3%来自语言学、3%来自社会学、3%来自商学、2.5%来自社会科学，剩余其他研究领域占总数的2%以下。参见 Dorian Jano, "Mapping Balkan-Southeast European Studies"。

"门内"进行研究的成果仍然较少。① 在语言学方面，基于语言学的跨学科的先锋主题之一无疑是罗曼·雅各布森（Roman Jakobson）、尼古拉·特鲁贝茨科伊（Nikolaj Trubetzkoy）等语言学家为代表的"巴尔干语言帮"理论。② 这种跨学科、以比较分析方法为主的研究取向启发了不少比较语言学的研究，并帮助巴尔干各语言机构化，也促进了第二次世界大战后巴尔干学"门外"的语言学研究从巴尔干语言整体观向个体观的转向。

在随后的"语言建国"进程中，从国别视角对民族、单独语言文化区域（linguistic areal）的研究增多，其试图凭借语言的独立发展来论证一个民族或共同体独立的文化、社会历史发展。除了研究保加利亚语、斯洛文尼亚语等语言的机构化，这类研究的特征是"语言的巴尔干化"（克罗地亚语：jezična balkanizacija），即南斯拉夫语系中具有高度通用性的语言因政治、社会原因而出现分裂。这类研究的出发点可以说是南联邦时期克罗地亚语从克－塞语（Serbo-Croatian）文化、机构中的独立进程，也促成了20世纪70年代"克罗地亚之春"时期《克罗地亚语地位宣言》的发表及"门外"学术讨论的高峰。③ 南斯拉夫解体后，波黑语、黑山语（一定程度上也包括马其顿语）也走上了类似的道路，④ 而涉及官方语言"巴尔干化"的"门内"讨论高度受到政治的影响。到目前为止，这类研究引发了不少政治争议，主要涉及某种语言文化的"属性范围"，如16世纪的杜布罗夫尼克文学圈是否属于塞尔维亚文学之内，获得诺贝尔文学奖的伊沃·安德里奇（Ivo Andrić）是代表克罗地亚文学、塞尔维亚文学还是波黑文学，等等。可以说，这些学术争端主要缘于研究成果的

---

① 关于第二次世界大战后巴尔干学的机构化，详见：C. Jelavich and B. Jelavich（eds.）*The Balkans in Transition：Essays on the Development of Balkan Life and Politics since the Eighteenth Century*（Berkeley：University of California Press，1963），p. Ⅷ。

② 详见 Stanislaus Hafner,"Fürst Nikolaj Sergeevič Trubetzkoy（Trubeckoj）in Wien," in *Opera Slavica Minora Linguistica*, eds. N. S. Trubetzkoy. Stanislaus Hafner, Franz Wenzel Mareš and M. Trummer（Wien：Verlag der Österreichischen Akademie der Wissenschaften, 1988）, pp. Ⅸ-ⅩⅩⅩⅦ。比较系统的梳理巴尔干语言的著作，参见 K. Sandfled, *Linguistique Balkanique*（Paris：Champion, 1930）；Dorian Jano, "Mapping Balkan-Southeast European Studies"。

③ "Deklaracija o nazivu i položaju hrvatskog književnog jezika," https://www.enciklopedija.hr/clanak/deklaracija-o-nazivu-i-polozaju-hrvatskoga-knjizevnog-jezika.

④ 这种"语言的巴尔干化"最近也涉及"国家级之下"（sub-state）的共同体，如2021年塞尔维亚少数民族本耶夫奇人（Bunjevci）的官方语言问题，详见：《前南地区又多了一种官方语言》，首都师范大学文明区划研究中心微信公众号，2021年5月21日，https://mp.weixin.qq.com/s/jgqsY1TypC8DBD5m2mHY-A。

政治化和"门内"的跨学科研究方法不够到位。

(二) 历史学类

根据出版总量和研究前沿占比来看,巴尔干学最大的研究主题无疑是与历史学有关的题目。历史学及其附属的研究从巴尔干学诞生以来即是核心主题之一,并在巴尔干学100多年的发展中产生了不少的分支和研究焦点。在此简单梳理和概括这些主题及其焦点,介绍目前仍具有相当影响力的史学研究成果。

一个特殊的类型是个人游记或者个人编年史形式的出版物。近100年来,这些出版物一般是由在巴尔干地区旅游、任职或者长期观察巴尔干事务的记者、外交官等所谓的"专家"撰写的,是最早谈到巴尔干学专门问题的出版物。这些出版物在概括巴尔干的"生活"时常常陷入过于简单化的陷阱,在为西方读者"领会"巴尔干的"精神"的目标下常常提供过于极端的解释,因此20世纪90年代以来常常成为巴尔干主义学派批评的靶子,他们以此类出版物为例来解构巴尔干文化区域的本质主义及二元叙事的形成。

虽然这些出版物被当作现代巴尔干学批评的"案例",但它们也促进了巴尔干学核心问题的普及化。这类著作包括对马其顿的种族情况作了较全面分析的H. N. 布莱斯福德(H. N. Blaisford)的《马其顿的种族及其未来》[1]、丽贝卡·韦斯特(Rebecca West)的《黑羊和灰鹰:一场南斯拉夫之旅》[2] 等。值得注意的是,这类出版物是在英文世界介绍现代巴尔干战争和冲突的现状和渊源的书,其中罗伯特·D. 卡普兰(Robert D. Kaplan)的《巴尔干幽灵:一场历史之旅》[3] 被认为影响了克林顿政府,使其干涉了前南地区的冲突。此外,美国波黑战争特派员理查德·霍尔布鲁克(Richard Holbrooke)的《为了终结战争》[4]、英国作家和政治理论家蒂姆·朱达(Tim Judah)的《科索沃:战争与复仇》[5],以及英国作家、记者米沙·格兰尼(Misha Glenny)的《南斯拉夫的解体:第三次巴尔干战争》[6] 也是西方学术界研究现代巴尔干政治的著作。

---

[1] H. N. Brailsford, *Macedonia: Its Races and Their Future* (London: Methuen and Co., 1906).

[2] Rebecca West, *Black Lamb and Grey Falcon: A Journey through Yugoslavia* (Edinburgh: Canongate Books Ltd., 2006).

[3] Robert D. Kaplan, *Balkan Ghosts: A Journey through History* (New York: Picador, 2005).

[4] Richard Holbrooke, *To End a War* (New York: Random House, 1998).

[5] Tim Judah, *Kosovo: War and Revenge* (New Haven: Yale University Press, 2000).

[6] Misha Glenny, *The Fall of Yugoslavia: The Third Balkan War* (London: Penguin Books, 1996).

在巴尔干通史方面，出现了很多经典作品。例如，著名地理学家约万·茨维伊奇（Jovan Cvijić）1918 年出版的《巴尔干半岛：人类地理》[1]，结合了地理学和历史学的研究方法。希腊裔美国学者 L. S. 斯塔夫里阿诺斯（L. S. Stavrianos）1958 年出版了《1453 年以来的巴尔干》[2]，该书全面系统地梳理了拜占庭帝国衰落后巴尔干各民族的政治、社会和文化发展，在跨国别论述巴尔干共同史学的研究中引入了"民族复兴"和"民族国家构建"（nation-building）的话语，对整合研究巴尔干历史有着重要意义。塞尔维亚裔美国学者特拉伊安·斯托亚诺维奇（Traian Stoianovich）从文明区划视角研究巴尔干历史，对跨国和跨学科史学研究的开展作出了贡献。他 1963 年出版的《巴尔干文明研究》和 20 世纪 90 年代出版的四卷本著作《东西方之间：巴尔干和地中海世界》，汲取了法国年鉴学派兴起以来的史学研究新成果，具有教科书般的重要价值。[3] 美国学者芭芭拉·耶拉维奇（Barbara Jelavich）1983 年出版的两卷本著作《巴尔干史》[4] 全面系统地梳理了 20 世纪 80 年代以前巴尔干主要民族的建国历程、政治和外交关系，也是巴尔干通史研究的基石之一。近 20 年来出版的巴尔干通史著作，包括马克·马佐维尔（Mark Mazower）的《巴尔干简史》、斯特凡·帕夫洛维奇（Stevan Pavlowitch）的《巴尔干史，1804—1945》、玛丽-珍妮·卡里克（Marie-Janine Calic）的《大熔炉：东南欧史》等。[5]

此外，还有一些采用通史视角但时间范围较短的著作。例如，弗拉达·斯坦科维奇（Vlada Stankovic）主编的《1204 年和 1423 年君士坦丁堡被占领前后的巴尔干和拜占庭世界》[6]，可谓是对特拉伊安·斯托亚诺维奇的《东西方之间：巴尔干和地中海世界》的延续。关于中世纪的巴尔干，约翰·V. A. 法恩

---

[1] Jovan Cvijić, *La Peninsule Balkanique*: *Geographie Humaine* (Paris, 1918).

[2] L. S. Stavrianos, *Balkans since 1453* (Austin: Holt McDougal, 1958).

[3] Traian Stoianovich, *A Study in Balkan Civilization* (New York: Alfred A. Knopf, 1963); Traian Stoianovich, *Between East and West: The Balkan and Mediterranean Worlds*, 4 volumes (New York: Aristide D. Caratzas, 1992–1995).

[4] Barbara Jelavich, *History of the Balkans*, 2 volumes (New York: Cambridge University Press, 1983).

[5] Mark Mazower, *Balkans: A Short History* (New York: The Modern Library, 2000); Stevan K. Pavlowitch, *A History of the Balkans, 1804–1945* (New York: Longman Pub. Group, 1999); Marie-Janine Calic, *The Great Cauldron: A History of Southeastern Europe* (Cambridge, MA: Harvard University Press, 2019).

[6] Vlada Stanković (eds.), *The Balkans and the Byzantine World before and after the Captures of Constantinople, 1204 and 1453* (Lanham: Lexington Books, 2016).

(John V. A. Fine) 在20世纪90年代出版了两本书。① 此外，还有安德烈·杰罗利马托斯 (André Gerolymatos) 的《巴尔干战争：从奥斯曼时代到20世纪及以后的占领、革命和复仇》②、伊恩·杰夫里斯 (Ian Jeffries) 和罗伯特·拜德勒克斯 (Robert Bideleux) 合著的《后共产主义时代的巴尔干史》③等。总的来看，21世纪以来相关成果继续增加，而且英语之外的语言，尤其德语、俄语、法语方面都有代表性的通史著作。

在研究主题方面，"民族复兴""民族冲突"或"民族问题"等与民族有关的问题被视为与巴尔干历史具有"天然"关系。这种共识孕育着把巴尔干作为民族间冲突研究的"天然圣地"的观点。由于巴尔干民族国家的建立处在民族国家形成的晚期，其特征不像西欧式的国家与民族实现内部融合，而是涉及数量更多、人口更少的民族，因而大大取决于外部因素，即与其他民族之间的关系、大国的影响等。由此，巴尔干民族问题成为研究民族之间复杂性的典型案例。19世纪末20世纪初，巴尔干在西欧国家的研究视角下被作为"近东地区"，也在一定程度上促进了巴尔干与民族问题有着"天然"关系观点的形成。就像"近东问题"——阿以冲突在第二次世界大战后成为一个重要的国际问题，巴尔干民族问题也成为受实证主义影响的史学研究的经典主题。正因为如此，在巴尔干学中谈民族问题的研究比比皆是，而谈巴尔干却不提民族问题的研究却很罕见。在巴尔干民族问题研究已经成为巴尔干研究的一种转喻词的情况下，列出相关史学研究成果是多余的，以下简单介绍巩固这种转喻的"门外"的世界史研究成果。

以第一次世界大战为主题，尤其是关于第一次世界大战爆发过程和原因的研究是这类研究的一个重点。无论是现代还是当代、巴尔干区域内还是区域外，主流研究成果在一定程度上都以大国或第一次世界大战时发挥重要作用的国家的决策层对巴尔干局势的认知存在不足、偏差或缺失的叙事风格展开。值得一提的是，虽然这些主流研究成果没有直接把巴尔干称为"火药桶"，但其

---

① John V. A. Fine, *The Early Medieval Balkans: A Critical Survey from the Sixth to the Late Twelfth Century* (Ann Arbor: University of Michigan Press, 1991); John V. A. Fine, *The Late Medieval Balkans: A Critical Survey from the Late Twelfth Century to the Ottoman Conquest* (Ann Arbor: University of Michigan Press, 1994).

② André Gerolymatos, *The Balkan Wars: Conquest, Revolution, and Retribution from the Ottoman Era to the Twentieth Century and beyond* (Basic Books, 2002).

③ Ian Jeffries and Robert Bideleux, *The Balkans: A Post-Communist History* (London: Routledge, 2007).

将巴尔干描述为复杂、落后、无法控制的区域，甚至是"国际秩序的黑洞"，仍然强化了"火药桶"这一形象。① 在对巴尔干局势认知不足的情况下，这些研究对第一次世界大战爆发的原因进行了修正主义论证，即"小事"引发了随后一系列不可避免的"大事"。这类成果包括：克里斯托弗·克拉克（Christopher Clark）的《梦游者：1914年，欧洲如何走向"一战"》②，作者认为"一战"是欧洲各国合力上演的一场悲剧，所有的参与者都是一群懵懵懂懂、不知未来去向的"梦游者"；杰弗里·瓦夫罗（Geoffrey Wawro）的《疯狂的灾难：第一次世界大战的爆发和奥匈帝国的解体》③，该书提出奥匈帝国民族和语言的"神秘范围"及官僚主义、腐败和腐朽政体共同导致了对塞尔维亚宣战这一错误，并导致了帝国的崩溃；肖恩·麦克米金（Sean McMeekin）的《奥斯曼帝国的终结：战争、革命以及现代中东的诞生，1908—1923》④，该书在研究塞尔维亚、希腊等巴尔干国家与奥斯曼帝国发生的冲突时，虽然分析了多方面的原因，但还是将根源归结于民族之间的矛盾。

以南联邦解体后前南地区的连年战争和第二次世界大战中的巴尔干战场为主题的研究，对分析社会主义与民族主义之间的关系具有较大影响。其中，马克思主义学派对民族主义和社会主义之间的关系一般持有积极的态度。苏东剧变后，尤其20世纪90年代亨廷顿式的"文化决定论"学派流行后，社会理论家借用前南地区战争及其释放的"恶毒民族主义"论证民族问题大于阶级分歧。研究社会主义与民族主义之间矛盾的"门内"成果也不少。弗耶科斯拉夫·佩里察（Vjekoslav Perica）撰写的《巴尔干偶像：前南地区国家的宗教与民族主义》⑤一书提出，前南地区国家的社会主义意识形态只能在表面上掩盖多民族与多宗教互动产生的矛盾。与此相关，萨布丽娜·拉梅特（Sabrina Ramet）在她的《南斯拉夫的民族主义与联邦主义》⑥一书中强调，国家意识形态与民族

---

① 例如：Richard C. Hall, *The Balkan Wars 1912-1913: Prelude to the First World War* (London: Routledge, 2000)。

② Christopher Clark, *The Sleepwalkers: How Europe Went to War in 1914* (London: Allen Lane, 2012).

③ Geoffrey Wawro, *A Mad Catastrophe: The Outbreak of World War I and the Collapse of the Habsburg Empire* (New York: Basic Books, 2014).

④ Sean McMeekin, *The Ottoman Endgame: War, Revolution and the Making of the Modern Middle East, 1908-1923* (London: Allen Lane, 2015).

⑤ Vjekoslav Perica, *Balkan Idols: Religion and Nationalism in Yugoslav States* (New York: Oxford University Press, 2002).

⑥ Sabrina P. Ramet, *Nationalism and Federalism in Yugoslavia* (Bloomington: Indiana University Press, 1992).

文化带来的价值差异越来越突出。

奥斯曼帝国兴衰的主题与巴尔干历史的研究密切关联。整个巴尔干地区不仅地理上曾经被奥斯曼帝国占领过，而且大部分的巴尔干民族几乎在5个世纪里一直处于该帝国的统治之下。作为结果，巴尔干民族复兴时期各国史学在研究民族国家的建立时对奥斯曼文化遗产持有极为消极的立场。在这种国别"浪漫主义"史学及西方学术界关于奥斯曼帝国所谓"衰退论"的影响下，[1] 19世纪以来出现的一种奥斯曼帝国对巴尔干全面落后负有责任的"神话"得以流传，对巴尔干各国政治、历史、文化和社会发展甚至至今仍有深刻的影响。奥斯曼帝国的制度、社会结构、文化遗产被旨在实现民族解放的巴尔干新兴民族精英视为是落后的、暴力的和镇压性的。不过，后来这些观点受到了越来越多的批评，特别是随着赛义德的《东方主义》的出版及巴尔干主义学派的出现，史学家开始重新审视对奥斯曼帝国和伊斯兰文明历史评价中关于"腐朽-活力"和"落后-现代"之间的分歧。在巴尔干学界的跨学科研究避免国别史学对奥斯曼帝国的影响作出过于消极的评价，以及西方学界逐渐驳斥所谓的奥斯曼"衰退论"的同时，[2] 有些学者在其著作中重新探讨了奥斯曼帝国的"黄金时代"及其对巴尔干民族发展的影响。例如，哈利尔·伊纳尔季科（Halil Inalcik）的《奥斯曼帝国：古典时代》、斯坦福·肖（Stanford Shaw）和埃泽尔·肖（Ezel Shaw）的《奥斯曼帝国和现代土耳其史》、彼得·休格（Peter Sugar）的《奥斯曼帝国统治下的东南欧》，在为巴尔干学的跨国和超越国别史学限制的研究提供新动力和新方向方面奠定了良好的基础。[3]

---

[1] 主张奥斯曼帝国"腐朽"（decadent）影响的经典论点，详见：H. A. R. Gibb and Harold Bowen, *Islamic Society and the West: A Study of the Impact of Western Civilization on Modern Culture in the Near East* (Oxford: Oxford University Press, 1950)。

[2] 关于驳斥"衰退论"的学术讨论，参见：Bernard Lewis, "Some Reflections on the Decline of the Ottoman Empire," *Studia Islamica* 1 (1958), pp. 111-127; Suraiya Faroqhi, *Approaching Ottoman History: An Introduction to the Sources* (Cambridge: Cambridge University Press, 1999); Jane Hathaway, "Problems of Periodization in Ottoman History: The Fifteenth through the Eighteenth Centuries," *The Turkish Studies Association Bulletin* 20 (1996), pp. 25-31; Dana Sajdi, "Decline, Its Discontents, and Ottoman Cultural History: By Way of Introduction," in *Ottoman Tulips, Ottoman Coffee: Leisure and Lifestyle in the Eighteenth Century*, eds. Dana Sajdi (London: I. B. Taurus, 2007), pp. 12-14。

[3] H. Inalcik, *Ottoman Empire: The Classical Age* (London: Weidenfeld and Nicholson, 1973); Stanford J. Shaw and Ezel Kural Shaw, *History of the Ottoman Empire and Modern Turkey* (Cambridge: Cambridge University Press, 1977); P. F. Sugar, *Southeastern Europe under Ottoman Rule* (Seattle: University of Washington Press, 1977)。

南斯拉夫是巴尔干地区的核心国家，关于它的研究也是巴尔干史学研究中的重要主题。自第一个南斯拉夫国家（南斯拉夫王国）1918年建立以来，南斯拉夫一直吸引着研究者的兴趣，[①] 但相关研究成果的高峰出现在第二个南斯拉夫国家（南斯拉夫联邦）解体后的20世纪90年代。其中，关于南斯拉夫的民族问题和建国进程，在南联邦解体前，伊沃·巴纳茨（Ivo Banac）的《南斯拉夫的民族问题》、S. 斯肯蒂（S. Skendi）的《阿尔巴尼亚的民族复兴》、查尔斯·耶拉维奇（Charles Jelavich）和芭芭拉·耶拉维奇（Barbara Jelavich）的《巴尔干民族国家的建立》探讨了这一主题。[②] 在南联邦解体后，大多数的学者以南斯拉夫的建立作为政治实例来阐述民族冲突的渊源，以及南斯拉夫王国或南联邦在处理民族关系时的失误。在这些大多依靠"历史目的论"进行解读的一系列著作中，约翰·兰佩（John Lampe）的《作为历史的南斯拉夫：两个南斯拉夫国家》[③] 和德扬·久基奇（Dejan Djokic）主编的《南斯拉夫主义：失败主义的历史，1918—1992》[④] 对南斯拉夫的多民族社会和政治共同体作了比较全面的论述。"反主流"学派的代表作可以说是V. P. 加格农（V. P. Gagnon）的《民族战争的神话：20世纪90年代的塞尔维亚和克罗地亚》[⑤]，该书集中研究了1991—1995年克塞两个民族间的冲突。加格农摆脱了把冲突作为民族矛盾的结果的流行观点，认为该解释是西方政界和舆论不妥当地处理前南战争中的人道主义和政治危机时所宣扬的观点。南斯拉夫解体产生的政治、文化、人道主义等影响是一个特殊的研究焦点，相关著作包括苏珊·伍德沃德（Susan Woodward）的《巴尔干悲剧：冷战后的混乱和解体》、萨布丽娜·拉梅特的

[①] 除了南斯拉夫研究，还有涉及"巴尔干联邦"的研究，详见：Evangelos Kofos, *Nationalism and Communism in Macedonia* (Thessaloniki: Institute of Balkan Studies, 1964)。

[②] I. Banac, *National Question in Yugoslavia* (Ithaca: Cornell University Press, 1984); S. Skendi, *Albanian National Awakening* (Princeton: Princeton University Press, 1967); C. Jelavich and B. Jelavich, *Establishment of the Balkan National States* (Seattle: University of Washington Press, 1977).

[③] John R. Lampe, *Yugoslavia as History: Twice there Was a Country* (Cambridge: Cambridge University Press, 2000).

[④] Dejan Djokic (eds.), *Yugoslavism: Histories of a Failed Idea, 1918-1992* (Madison: University of Wisconsin Press, 2013).

[⑤] V. P. Gagnon, *The Myth of Ethnic War: Serbia and Croatia in the 1990s* (Ithaca: Cornell University Press, 2004).

《巴尔干巴别塔——南斯拉夫的解体：从铁托去世到米洛舍维奇下台》。[①] 民族冲突相关的其他历史事件也被不少通史著作、教科书和专著论及，其特征仍然是高度政治化和舆论战白热化，比如当地学者常常为本国官方史学的书写进行片面的研究，因而其跨国、跨学科研究的参考价值很有限，甚至常常遭到邻国官方史学的强烈批评和驳斥。这些争议的焦点一般涉及南斯拉夫历史上的重要事件，例如：黑山史学界内部关于 1918 年黑山并入塞尔维亚的讨论；克罗地亚和塞尔维亚史学界关于第二次世界大战时纳粹德国扶植的傀儡政权"克罗地亚独立国"管理的亚瑟诺瓦茨（Jasenovac）集中营中的塞族死亡者总数，以及 1945 年所谓的布莱堡（Bleiburg）"十字架之路"事件中的死亡者总数的纠纷；北马其顿和保加利亚关于第二次世界大战中马其顿创造马其顿语和民族认同等问题的争端；波黑穆族与塞族关于 1995 年斯雷布雷尼察（Srebrenica）屠杀的争议；等等。由于这些主题对现实政治的影响仍相当大，涉及较细的档案研究且主要由当地学术机构资助，所以研究的"国际化"还不够到位，跨学科尤其是跨国研究的成果不足，可称之为"浪漫主义"阶段研究的遗产之一。

与历史类有关的主题，还要提到近 40 年来盛行的所谓"前巴尔干"时期（pre-Balkan stage）的研究，即涉及巴尔干历史和地理上的概念诞生之前的史前和古代时期。虽然这些主题被视为属于古典历史，涉及人类学和考古学，但在巴尔干学跨学科交叉研究越来越多的趋势下，关于史前及古希腊和古罗马时代巴尔干定居点、移民、社会经济模式和该地区"地理空间"变化的研究也成为巴尔干学"门内"研究的重要参考。其中，20 世纪 80 年代关于新石器时代巴尔干地区的研究，包括约翰·查普曼（John Chapman）的《东南欧的温查文化》、蒂莫西·凯泽（Timothy Kaiser）和芭芭拉·沃伊特克（Barbara Voytek）的《新石器时代巴尔干地区的定居生活和经济变化》、露丝·特林厄姆等人（Ruth Tringham et al.）《奥波沃项目：新石器时代巴尔干地区社会经济变化研究》等。此后，米尔亚娜·斯泰凡诺维奇（Mirjana Stevanovic）的《黏土时代：房屋破坏的社会动力》和戴维·奥尔顿（David Orton）的《新石器时代巴尔干

[①] Susan L. Woodward, *Balkan Tragedy: Chaos and Dissolution after the Cold War* (Washington, D.C.: Brookings Institute Press, 1995); S. P. Ramet, *Balkan Babel: The Disintegration of Yugoslavia from the Death of Tito to the Fall of Milosevic* (Boulder: Westview Press, 1996).

地区的放牧、定居和年表》也加强了关于新石器时代巴尔干地区的研究。① 这个学派的研究开辟了从新石器时代至今的巴尔干通史研究项目的可能性,并扩展了巴尔干史学研究中历史和地理方面的边缘主题,如7—9世纪的"民族大迁徙"(The Great Migration of the People)与巴尔干古代历史的关联问题、希腊古代历史与巴尔干历史的关联问题等。

(三) 政治学类

政治学类的主题是现代巴尔干学的重要研究领域之一。如前所述,在"红色巴尔干"时期,社会学和政治学对巴尔干学产生了重要影响,使南斯拉夫、罗马尼亚、保加利亚、阿尔巴尼亚的政治、制度、外交关系成为研究的焦点。冷战时期西方国家的政治需求及科研资助政策,也促进了巴尔干学研究机构上的国别化,比较分析巴尔干国家的政治则成为"辅助研究领域"(ancillary research field)。② 此外,冷战带来的国际格局的变化使巴尔干学研究的地理范围不只是巴尔干,而是还包括东欧或者作为东欧一部分的东南欧。冷战结束后,西方国家政治学的研究范式开始转型,对巴尔干实用知识的需求和相关研究资助大幅减少,这些针对"陈旧"的政治、制度、经济的研究暂时被视为"兰花专业"(德语:Orchideenfächer)③,政治研究随之在资助、机构等方面面临危机与转型问题。

直到20世纪90年代末欧洲学术界对"后马斯特里赫特时代"欧洲一体化的研究增加,巴尔干学的政治研究才转向巴尔干融入欧洲一体化的大主题群。在2004年欧盟第五次扩大及2007年罗马尼亚、保加利亚入盟以来,关于巴尔干国家融入欧洲一体化的研究成果增加了几倍,其主要方法是从区域或国别视角考察研究对象是否符合当时流行的"欧盟扩大条件"(European enlargement

---

① John Chapman, *The Vinča Culture of South-East Europe* (Oxford: Bar Publishing, 1981); Timothy Kaiser, Barbara Voytek, "Sedentism and Economic-Change in the Balkan Neolithic," *Journal of Anthropological Research*, Vol. 2, Iss. 4, 1983, pp. 323-353; Ruth Tringham, Bogdan Brukner and Barbara Voytek, "The Opovo Project: A Study of Socioeconomic Change in the Balkan Neolithic," *Journal of Field Archaeology*, Vol. 12, No. 4, 1985, pp. 425-444; Mirjana Stevanović, "The Age of Clay: The Social Dynamics of House Destruction," *Journal of Anthropological Archaeology*, Vol. 16, No. 4 (1997), pp. 334-395; David Orton, "Herding, Settlement, and Chronology in the Balkan Neolithic," *European Journal of Archaeology*, Vol. 15, Iss. 1, 2012, pp. 5-40.

② 参见:Karl Kaser, "Balkan Studies Today," *Kakanien*, Vol. 20, No. 2 (2009)。

③ 指小众、仅有审美价值但没有"实用价值"的专业,如文学或艺术类专业。

conditionality）及其政治、经济和社会障碍。奥顿·阿纳斯塔萨基斯（Othon Anastasakis）2008年的《欧盟在西巴尔干地区的政治条件：转向更务实的方法》①一文开启了关于欧盟越来越高的约束性政治、经济、社会条件与巴尔干国家越来越不同和多元的符合性（compliance）之间的基本辩证关系研究，成为新的研究焦点。关于这种辩证关系，格尔加纳·努切娃（Gergana Noutcheva）撰写的《虚假的、部分的、强制性的符合性：欧盟在西巴尔干地区规范性权力的局限》②考察了塞尔维亚、波黑等巴尔干国家对欧盟规范性权力（normative power）的挑战。此外，这类研究成果还包括格尔加纳·努切娃的《欧盟对外政策和巴尔干国家入盟的挑战：条件性、合法性和符合性》、蒂娜·弗莱堡（Tina Freyburg）和索尔维格·里希特（Solveig Richter）的《国家身份同样重要：欧盟政治条件对西巴尔干地区的有限影响》、弗洛里安·比伯（Florian Bieber）的《构建不可能的国家？：西巴尔干地区的国家建设战略与欧盟成员国身份》和《巴尔干维稳主义的兴衰》等。③

关于安全的研究构建了比较独立的主题，其主要围绕巴尔干国家的安全关切、安全挑战等问题。冷战时期，关于巴尔干安全问题的著作一般以国别视角展开，焦点包括巴尔干国家与苏联的关系及其在两大阵营之间的角色。进入21世纪，安全领域最具指导性的主题可以说是巴尔干国家加入北约的进程。虽然巴尔干国家加入北约的目的在一定程度上与其加入欧盟的目的有重合，但是"入约"并不是整个地区的进程。各国对"入约"持有不同的政策与态度，因而影响了在安全领域对"入约"进程的分析。其中，相关研究一般使用国别视角，以国家的案例为主。除了关于塞尔维亚对"入约"的保留态度及其不"入

---

① Othon Anastasakis, "The EU's Political Conditionality in the Western Balkans: Towards a More Pragmatic Approach," *Southeast European and Black Sea Studies*, Vol. 8, No. 4, December 2008, pp. 365-377.

② Gergana Noutcheva, "Fake, Partial and Imposed Compliance: The Limits of the EU's Normative Power in the Western Balkans," *Journal of European Public Policy*, Vol. 16, Iss. 7, 2009, pp. 1065-1084.

③ Gergana Noutcheva, *European Foreign Policy and the Challenges of Balkan Accession: Conditionality, Legitimacy and Compliance* (London: Routledge, 2012); Tina Freyburg, Solveig Richter, "National Identity Matters: The Limited Impact of EU Political Conditionality in the Western Balkans," *Journal of European Public Policy*, Vol. 17, Iss. 2, 2010, pp. 263-281; Florian Bieber, "Building Impossible States?: State-Building Strategies and EU Membership in the Western Balkans," *Europe-Asia Studies*, Vol. 63, Iss. 10, 2011, pp. 1783-1802; Florian Bieber, "The Rise (and Fall) of Balkan Stabilitocracies," *Horizons: Journal of International Relations and Sustainable Development*, No. 10, The Belt and Road: Pledge of The Gragon (Winter 2018), pp. 176-185.

约"的安全挑战的分析,[①] 波黑、科索沃（临）的"入约"前景，以及已经"入约"的巴尔干各国的"入约"进程也是安全事务研究所、智库的报告和评估的重要内容。

安全主题还包括巴尔干国家的具体危机，如 2015 年来自北非的难民潮、2022 年乌克兰危机对巴尔干的影响、科索沃紧张局势等。值得一提的是，近十年来所谓"非西方国家"对巴尔干影响的研究越来越突出。尽管如此，后者的相关研究仍然以分析、评估、观察报告的形式为主，可以说还缺乏对这些现象进行全面系统研究的专著，而这些报告倾向于单方面对接研究对象，反映的往往是符合"征稿方"现实政治需要的观点，政治化和舆论战白热化仍然是其存在的主要问题。

（四）文化类

没有文化类研究，尤其是来自后殖民理论和批评理论的贡献，就没有现代巴尔干学的魅力。20 世纪 90 年代，关于"东方主义"的研究进一步发展，产生了所谓的"巴尔干主义"[②]，并成为学术讨论的焦点。和"东方主义"一样，"巴尔干主义"也是围绕着二元意识而构建的，核心问题包括现代（欧洲）与落后（奥斯曼帝国/巴尔干）、与欧洲核心地带的距离（中心/边缘）、欧洲启蒙思想与"东方专制主义"、基督教与伊斯兰教的区别等。其中，玛莉亚·托多洛娃的《想象巴尔干》是开创性的著作，她将"巴尔干主义"确立为对殖民地代表性的批判性研究，但与"东方主义"相比，"巴尔干主义"已经发展出独特特征。"巴尔干主义"就是在"西方主义"（Occidentalism）与"东方主义"之间的"徘徊之地"。一方面，它为西方本质主义的叙事提供"东方"或"对立面"的"基准"（benchmark）；另一方面，西方用它作为"反面"的话语，将巴尔干的负面特征"本质化"。米利察·巴基奇-海登的《嵌套的东方主义》引入"嵌套"（nesting）的概念展开探讨，认为其是巴尔干内部的"东方主义"的一种主观主义实践（subjectivational practice），即将作为"他者"的巴尔干其他民族定义为自己的"东方"，使其"东方化"；将自己定义为这

[①] Jim Seroka, "Serbian National Security and Defense Strategy: Forever Wandering in the Wilderness?" *The Journal of Slavic Military Studies*, Vol. 23, Iss. 3, 2010, pp. 438-460.

[②] "巴尔干主义"这个词的含义是多变的，有时它指的是关于巴尔干半岛的知识体系，有时指的是对这一话语的批判性研究。

些"他者"的"西方",使自己"西方化"。K. E. 弗莱明（K. E. Fleming）的《东方主义、巴尔干和巴尔干史学》一文阐明了上述差异,指出"巴尔干主义"和"东方主义"一样,可以作为一种二元对立的"表述体系"（system of representations）,即对东西方各自的特征进行预先区分,然后把这些特征打上"本质化"的标签,从而固化东西方之间的差异。①

以马克思主义理论出发,拉斯特科·莫奇尼克（Rastko Močnik）在他的文章《作为意识形态机制中的一种元素的"巴尔干"》② 中试图摆脱来自托多洛娃的"偏见",即因过于强调奥斯曼帝国的影响而对"巴尔干主义"陷入了经验主义的偏见。他在阐述"巴尔干主义"在全球化意识形态背景下的地位和作用时提出,对权力关系的先验分析可能是必要的,其不仅可以解释巴尔干"表述"的形成,而且可以为实证研究提供一个无偏见的方向。

同样旨在摆脱"巴尔干主义"的本质主义,斯拉沃伊·日热克（Slavoj Žižek）的《与否定同行：康德、黑格尔与意识形态批判》③ 为关于社会冲突的新理解开辟了道路,他认为以南斯拉夫内战为首的巴尔干民族主义冲突的爆发,应该归因于西方资本主义的内在逻辑。东欧剧变让西方着迷的原因是"民主的重塑"。东欧作为西方的"自我理想"（ego-ideal）而发挥作用,即东欧用所谓的"天真目光"（naive gaze）回望西方,着迷于西方的"民主"。西方从这个角度看待自己,认为自己处于一种可爱的、理想化的状态。此外,杜尚·比耶利奇（Dušan Bjelić）和奥布拉德·萨维奇（Obrad Savic）主编的《作为隐喻的巴尔干：全球化和碎片化之间》一书同样涉及心理分析,该书探讨了巴尔干作为"隐喻"（metaphor）的概念及巴尔干身份在当代文化背景下的意义,关注作为一种知识体系的"巴尔干主义"和对"巴尔干主义"话语的批判性研究。④

以批评理论分析过去的巴尔干文学研究也是一个研究焦点。维斯娜·戈兹

---

① K. E. Fleming, "Orientalism, the Balkans, and Balkan Historiography," *American Historical Review*, Vol. 105, No. 4 (Oct., 2000), pp. 1218-1233.

② Rastko Močnik, "'Balkan' kao element u ideološkim mehanizmima," (The Balkans as an Element in Ideological Mechanisms) in *Balkan kao metafora: Između globalizacije i fragmentacije* (Balkan as a Metaphor: Between Globalization and Fragmentation), eds. Obrad Savić, Dušan Bjelić (Beogradski krug, 2003), pp. 98-137.

③ Slavoj Zizek, *Tarrying with the Negative: Kant, Hegel, and the Critique of Ideology* (Durham, N. C.: Duke University Press, 1993).

④ Obrad Savić, Dušan Bjelić (eds.), *Balkan kao metafora: Između globalizacije i fragmentacije* (Balkan as a Metaphor: Between Globalization and Fragmentation) (Beogradski krug, 2003).

沃西的《发明鲁里塔尼亚（乡村国）：想象的帝国主义》不仅研究了当地文学作品如何构建巴尔干的形象，还考察了19世纪的英文作家和后来的电影制作人如何帮助塑造西方对巴尔干的看法。文学作品如何塑造巴尔干形象的特征，是近20年来不少著作的研究内容。① 可以说，巴尔干学中的文化（学）类研究关注了"巴尔干主义"下"庶民"（subaltern）的不同阶级、民族、性别身份，与此相关的研究常常与电影学、视觉和表演艺术研究交叉。

四、21世纪巴尔干学面临的主要问题与挑战

巴尔干学的（核心）研究方法、（专属）研究主题和研究对象是该学科长期以来主要讨论的问题。尽管巴尔干学正在全世界日益普及，有些研究方向还形成了先锋性的理论，但由于"地方性""跨国本质"和"跨学科的命运"，其还是被"大学科"附属的研究所边缘化。例如，关于欧洲一体化问题的研究近20年来一直指导着巴尔干学研究，后者还成为政治学、历史学、社会学和批评理论的所谓"范式间辩论"的舞台，并涵盖了政治、历史、文化、经济等多个领域的问题。鉴于这种研究现状，笔者认为巴尔干学主流研究面临着四项重要挑战。

第一，在欧洲一体化研究框架下，"巴尔干"的概念可能会失去其地缘政治意义。就像2004年欧盟第五次扩大（其中波兰、匈牙利、斯洛伐克等8个中东欧国家入盟）后，"东欧"的概念被视为冷战遗产而失去其地缘意义，或者不再代表以前的区域，而"搬到"了往东的乌克兰、白俄罗斯、摩尔多瓦，在巴尔干国家入盟后，"巴尔干"的概念也会失去其地缘政治意义。"西巴尔干"概念的流行就是一个明显的例子。"巴尔干"主要被看成是过渡性的概念，一旦这些国家入盟，那"巴尔干"就会消失，② 并被其他区域合作概念（黑海区、地中海区、阿尔卑斯-亚德里亚区等）所替代。"剩余"的巴尔干国家暂时被贴上了"西"的标志，等待着自己尽快入盟。然而，过了近20年，除克罗地亚外的西巴尔干国家还是没有入盟，它们中也出现了各种反对融入欧洲一

---

① Gayatri Spivak, *Outside in the Teaching Machine* (New York: Routledge, 1993), p. 56.

② Bieber Florian, "Of Balkan Apples, Oranges, Grandmothers and Frogs: Comparative Politics and the Study of Southeastern Europe," in *South East European Studies in a Globalizing World*, eds. Christian Promitzer, Siegfried Gruber, Harald Heppner (Wien: Lit Verlag, 2014), pp. 127–139.

体化的声音。不过，即便如此，欧盟与西巴尔干国家的关系一直都是欧洲一体化进程中的重要议题。在所谓西方对巴尔干的"文明使命"（法语：mission civilisatrice）的影响下，传统巴尔干学看待巴尔干的基调是"还算不上欧洲国家"，甚至民族冲突等所谓"巴尔干悠久特征"的问题也被认为在巴尔干"回归"欧洲时可以永久解决。这一"回归"的理由已被固化为巴尔干政治的基本目的论，来自巴尔干的不同的、与这个逻辑相异的、"违抗"的声音和现象都在一定程度上被边缘化了。同样，制约性与符合性辩证法之外的现象在过渡性"内部弹力"的概念下则被忽略了。结果是，欧盟第五次扩大之际入盟的乐观前景已成为过去时，西巴尔干国家有些持久且深度的问题仍被定位为是过渡性的，并被错误地视为是可以克服的。

第二，欧洲一体化研究以欧盟的规范性权力作为核心和综合性概念来超越历史学、社会学、政治学研究之间的区别，但掩盖了巴尔干的典型问题。按照这样的观点，尽管这些分类研究依然有重要性，但欧盟对西巴尔干国家的规范性权力为解决巴尔干的核心和综合性问题提供了一种普遍主义的新概念，其他研究则失去了全面掌握巴尔干核心问题的优先地位。欧盟规范性权力的主导性概念源于欧盟第五次扩大之前的乐观主义，其与一套"适用于一切"的理念相关，也可以称之为一种一元论的普遍主义。它的理论前提是模仿"欧洲化"的政治项目，即不充分承认并尊重巴尔干核心问题的多样性，试图寻找并建立共识，并常常基于上层力量，试图运用一个标准并将其强加于作为"他者"的巴尔干之上。因此，欧盟的规范性权力被有些学者批判为一种帝国主义和殖民主义的新版本。相比之下，那些对欧盟的规范性权力能够实现巴尔干"同质化"持有怀疑态度，并认为以这种逻辑并不能让巴尔干核心问题消失的研究和学派，虽然可能支持"完全欧洲化将解决一切问题"的单一概念，但也发现欧盟的规范性权力对巴尔干的核心问题掌握得不够深入。因此，不论在"已欧洲化"的巴尔干，还是在一种想象的"后巴尔干"（post-Balkan）区域中，巴尔干的典型问题依然会暴露出来。

第三，巴尔干学在融合区域研究与国别研究之间的差异方面面临挑战。区域研究与国别研究在研究方法上常常互建互构，而巴尔干学相关的区域与国别研究之间常常显示出对立的观点。这是一种巴尔干学发展所特有的情况：相对于受到浪漫主义、民族主义指导性影响的国别史学和文化研究，巴尔干学是在突破国别研究、建立"跨国"区域研究的基础上逐步形成的。尽管不少学者在"区域化的世界"这一转折时期看到了把巴尔干学从民族主义史学中解放出来的可能性，但他们更多的是将巴尔干研究作为一种"嵌套"的主观主义实践，即在使"他者""东方化"的同时使自身"西方化"，因而导致国别视角进一步边缘化。以克罗地亚的历史和文化研究为例，前南解体后，在反南斯拉夫、反巴尔干、反共产主义官方意识形态的影响下，该国史学界顽固地拒绝与"巴尔干"有任何联系，并借用区域史学研究宣扬克罗地亚是欧洲文明和"基督教的堡垒"（拉丁语：Antemurale Christianitatis）。近年来北马其顿、保加利亚、希腊等国史学界借用关于马其顿问题的跨国区域研究为国家利益服务也是一个例子。尽管如此，当今越来越多的巴尔干学者致力于国别研究方法的同时也研究区域问题，他们认为巴尔干区域并不仅仅是国别之间关系所产生的附加物，而且有着独立的动力与能动性。但是，在将区域的合作、思想与互动作为理论化的基础时，不论涉及"开放巴尔干"的区域合作框架还是更深的文化和社会交流概念，区域的本质都是无法排外的。因此，巴尔干学的挑战在很大程度上在于融合国别和区域研究方法与内部和外部知识论之间的深刻差异。前者在理论和方法上存在严重的不足且思想上存在狭隘性，而后者则过于匆忙地倾向于将巴尔干区域同质化和本质化，因而会重犯受到批判的"学术帝国主义"和"文化帝国主义"叙事的错误。

第四，巴尔干学在融合全球研究方面面临挑战。全球史和全球研究是对西方国际关系史研究中的普遍主义及其对非西方区域的系统性忽略所作出的反应。在全球研究视角下，区域研究指的是理解和分析其他地区或全球层面的发展，而非将全球性趋势和概念直接应用到某一地区。[1] 因此，"区域化的世界"的视角不是只关注区域内部如何互动，还关注区域之间的互动如何产生了全球互动和秩序，这种更具比较性视野的转向是全球研究的重要基础。巴尔干学在融合全球研究时的主要挑战，是突破自我限制的"嵌套"的例外主义。所谓的"巴尔干例外论"，会阻碍其与其他区域概念的交叉。然而，对与"南欧""东南欧""黑海地区""开放巴尔干""中东欧""近东""欧亚"等概念互动的忽视，只会削弱本区域与其他区域知识的比较性和连续性，不利于在现代"交叉史"（法语：histoire croisee）的视角下理解"区域化的世界"。后现代地理学将空间概念化为在一个由异质历史轨迹的偶然同时性密集组成的动态网络上

---

[1] 阿米塔夫·阿查亚、董贺：《全球国际关系学与国际关系理论的中国学派：两者是否兼容》，《世界经济与政治》2015年第2期。

交织着的不对称的权力关系。① 换句话说，依照"异托邦"（heterotopia）的概念，即以几个并置但不相容的空间来将巴尔干定义为一个与其他区域概念相互融合和重叠的"间质区"（interstitial zone）。② 因此，巴尔干学在融合全球研究时的挑战有三种：一是将巴尔干学理解为交叉区域很多的欧洲研究的一部分；二是将巴尔干从地理上扩展到欧洲大陆和亚洲大陆的一个交叉区域；三是将巴尔干学作为"第三世界"研究，使其与区域化的全球研究结合起来，成为一种欧亚学的研究方法和参考的模板。

五、结语：中国巴尔干学的发展前景

本文试图全面介绍巴尔干学的发展历程、研究主题及当前面临的主要挑战。巴尔干学100多年的发展历程主要分为四个阶段，越晚分期越明晰。由于前两个阶段的研究成果的数量和质量远不及冷战时期，因此也有学者把第二次世界大战之前巴尔干学的发展归为一个阶段，后来的发展则按两大转折点（20世纪70年代的机构化和90年代的复兴）进行划分。虽然这种划分方法有一定的道理，但笔者认为，巴尔干学中受民族主义影响的初步的国别研究，及其向跨国和跨学科的方向发展，对理解巴尔干学后来的发展十分重要。

巴尔干学的研究主题和焦点很多，但促进其"门内"研究发展和范式构建的研究主要源于语言学、历史学、政治学、文化和批评理论等学科。在语言学方面，关于民族国家语言的研究与当代语言作为"文化建国"基石的理念有着不可分割的密切关系。与此相关，国别和区域史学研究所重视的民族冲突、奥斯曼帝国遗产、南斯拉夫解体及其带来的政治和社会影响塑造了巴尔干学研究的核心问题，并形成了文化和批评理论关于巴尔干地缘政治、文化区域概念及其意义的主要研究焦点。

近20年来，关于欧洲（盟）与巴尔干关系的研究无疑是历史学、社会学和批评理论研究的重要议题，也是巴尔干学的重要挑战和未来的研究方向。其中，巴尔干地理和文化区域概念的"到期日"、巴尔干学核心问题的基本视角与研究方法、巴尔干学国别与区域研究之间的融合等都是重要的问题。

---

① Zrinka Blazevic, "Globalizing the Balkans," *Kakanien*, Vol. 22, No. 6 (2009), pp. 2-9.
② Michel Foucault, "On Other Spaces," *Diacritics* 16 (1986), pp. 22-27.

上述关于作为"间质区"或交叉区域的巴尔干的讨论，可以引入巴尔干学在中国的发展进行比较。作为一个处于巴尔干学核心问题之外的"第三方"及崛起中的世界大国，中国的区域研究视角没有关于巴尔干概念的偏见，以及"文明使命观"所带来的"近视"。

在共建"一带一路"倡议和中国-中东欧国家合作机制下，中国学者能更好地从"区域化的世界"视角观察巴尔干与其他区域的交叉与互动。随着中国提出构建人类命运共同体，尤其是近年来发起多项对外合作倡议，中国学术界更加重视对包括巴尔干在内的全球区域的研究。由此，关于中国在"区域化的世界"中的作用的研究项目和学术著作大幅增加，并率先从中国对外举措的角度重新审视世界各个区域。在区域国别研究兴起的背景下，中国的巴尔干学也得到了发展。与美国等西方国家在第二次世界大战后发展区域国别研究相似的是，中国的巴尔干学首先要弥补国内学术界在理论和实践上的不足，然后对巴尔干学的实用知识进行梳理，并加强机构建设和人才培养工作。

中国的区域国别研究反映出区域地理学和区域研究向后殖民区域研究的普遍转向，也面临"东方主义"概念化在日益全球化的世界中带来的挑战。因此，作为中国区域国别研究重要组成部分的巴尔干学面临的挑战是：在进一步脱离基于西方主观主义实践的区域研究的同时，重新探讨发展"南南""东东"或"东南"关系的所有可能途径，以便从根本上重新思考"非西方"的区域研究的可能性。

新中国成立以来
国内学界对阿尔巴尼亚的研究综述

王艺儒

作者简介：王艺儒，首都师范大学历史学院博士研究生

阿尔巴尼亚在地缘政治和共建"一带一路"倡议中对中国具有重要战略意义。随着 2023 年以来中阿两国互免签证政策的实施，两国在经济、文化等领域的交流与合作明显加强。基于上述背景，本文旨在梳理新中国成立以来中国学界对阿尔巴尼亚的研究状况，分析研究的主要成果与趋势，并试图探讨未来研究的方向。通过这一综述，希望为进一步深化国内阿尔巴尼亚研究提供学术和数据支持，加深我们对阿尔巴尼亚的理解，从而推动更广泛、更深入的中阿交流与合作。

一、国内学界对阿尔巴尼亚研究的简要历程和趋势

新中国成立以来，国内学界对阿尔巴尼亚的研究经历了多次重要发展阶段。笔者将其大概分为三个阶段：起步阶段、缓慢发展阶段、快速发展阶段。

（一）起步阶段（20 世纪 50 年代至改革开放初期）

20 世纪 50 年代到改革开放期间，中阿两国间的社会主义友谊促使国内学界关注阿尔巴尼亚。这一时期的研究主要尤其集中在阿尔巴尼亚的历史、政治制度、中阿的友好关系。

新中国成立初期，国内世界史研究基础相对薄弱，尤其是对巴尔干半岛的了解甚少。在这一背景下，对阿尔巴尼亚的研究主要依赖于苏联和少量阿尔巴尼亚译著以及其他外来文献。如梁天翻译的《新民主国家阿尔巴尼亚》（兆麟书店，1950年）、冯鹤龄翻译的《阿尔巴尼亚》（时代出版社，1950年）、翟松年等译的《苏联大百科全书选译：阿尔巴尼亚》（人民出版社，1953年）、汪同祖译的《阿尔巴尼亚人民的解放斗争》（世界知识出版社，1954年）、中国地理学会长春分会翻译小组译的《阿尔巴尼亚人民共和国》（新知识出版社，1955年）、吴洗译的《自由的阿尔巴尼亚》（世界知识出版社，1956年）、世界知识出版社的《阿尔巴尼亚的独立（1912年11月28日）》（世界知识出版社，1962年）等，[①] 都是篇幅几十页的小册子，概述了阿尔巴尼亚的历史、地理、政治体制等情况，为我们认识阿尔巴尼亚提供了大概轮廓。此外，樊集翻译的《阿尔巴尼亚史纲》（生活·读书·新知三联书店，1964年）[②] 详细考察了阿尔巴尼亚第二次世界大战结束前的历史，是本时期最有学术参考价值的译著。

除了译著，本时期仅有少量著作出版，如新华时事丛刊社编的《阿尔巴尼亚人民共和国》（新华书局，1950年）、苏耳可的《阿尔巴尼亚人民共和国》（世界知识出版社，1959年）和翟世雄的《阿尔巴尼亚》（世界知识出版社，1962年）。[③] 这些著作介绍了阿尔巴尼亚自然状况、行政区划、共和国成立前的历史、党和国家制度、经济和社会发展和阿尔巴尼亚的对外关系等内容，但是篇幅较短，仅有几十页到一百页出头。此外，阿尔巴尼亚劳动党中央委员会马克思列宁主义研究所的《阿尔巴尼亚劳动党历史》（人民出版社，1971年）中收集了阿尔巴尼亚劳动党对于阿尔巴尼亚重大事件的指示、评价与态度，对于研究阿尔巴尼亚政党历史的学者具有重要的参考意义。还有部分驻外记者等

[①] [苏] 米·列斯诺夫：《新民主国家阿尔巴尼亚》，梁天译，兆麟书店，1950；[苏] 法尔别罗夫：《阿尔巴尼亚》，冯鹤龄译，时代出版社，1950；[苏] 季米特罗夫：《苏联大百科全书选译：阿尔巴尼亚》，翟松年等译，人民出版社，1953；[阿] 霍查：《阿尔巴尼亚人民的解放斗争》，汪同祖译，世界知识出版社，1954；[苏] 埃·瓦列夫：《阿尔巴尼亚人民共和国》，中国地理学会长春分会翻译小组译，新知识出版社，1955；[苏] 斯米尔诺夫：《自由的阿尔巴尼亚》，吴洗译，世界知识出版社，1956；[阿] 克利斯托·弗拉谢里：《阿尔巴尼亚的独立（1912年11月28日）》，世界知识出版社，1962。

[②] [阿] 克利斯托·弗拉舍里：《阿尔巴尼亚史纲》，樊集译，生活·读书·新知三联书店，1964（1972年再版）。

[③] 新华时事丛刊社编《阿尔巴尼亚人民共和国》，新华书局，1950；苏耳可：《阿尔巴尼亚人民共和国》，世界知识出版社，1959；翟世雄：《阿尔巴尼亚》，世界知识出版社，1962。

写的纪行和实录，如陈适五的《阿尔巴尼亚十日》（世界知识出版社，1950年）和林里的《阿尔巴尼亚纪行》（世界知识出版社，1957年）。① 总的来看，它们虽然是篇幅不长的通俗性读物，但对于学术研究也有一定的参考价值。

同时，受国家政策的影响，出于政治宣传目的，发表了大量的通讯和讲话稿，如人民出版社编的《中阿战斗友谊万岁：我国领导人访问阿尔巴尼亚文件集》（人民出版社，1964年）和《中阿战斗友谊的新高峰：中国党政代表团访问阿尔巴尼亚文件集》（人民出版社，1966年）、内蒙古自治区革命委员会政治部编的《阿尔巴尼亚通讯》（内蒙古新华书店，1970年）、云南人民出版社编的《光辉的历程 伟大的胜利：阿尔巴尼亚通讯集》（云南人民出版社，1972年）②。同时，出版了大量阿尔巴尼亚领导人霍查的讲话稿件。③ 这些形式的材料不仅反映了当时中阿两国之间的政治和外交关系，也为学术界提供了初步的研究素材和信息来源。

在论文方面，笔者以"阿尔巴尼亚"为篇名，时间段设为 1949 年至 2024 年 9 月 24 日，在"中国知网"共搜索到 550 篇文章，其中 20 世纪 50 年代至改革开放初期的文章有 158 篇。这些文章主要是以《世界知识》杂志为主刊发的关于阿尔巴尼亚的内容，涉及阿尔巴尼亚的政党、阿南关系以及社会主义事业，如赵伊的《阿尔巴尼亚劳动党》，林陵的《南斯拉夫修正主义者怎样干涉阿尔巴尼亚内政》，刘奋之的《社会主义的阿尔巴尼亚在前进》，罗毅、郭玉琨、熊源杰的《英雄的人民光辉的胜利——庆祝阿尔巴尼亚解放二十周年》等。④

这一时期，中国对于阿尔巴尼亚的学术研究处于起步阶段，涉阿尔巴尼亚

---

① 陈适五：《阿尔巴尼亚十日》，世界知识出版社，1950；林里：《阿尔巴尼亚纪行》，世界知识出版社，1957。

② 人民出版社编《中阿战斗友谊万岁：我国领导人访问阿尔巴尼亚文件集》，人民出版社，1964；人民出版社编《中阿战斗友谊的新高峰：中国党政代表团访问阿尔巴尼亚文件集》，人民出版社，1966；内蒙古自治区革命委员会政治部编《阿尔巴尼亚通讯》，内蒙古新华书店，1970；云南人民出版社编《光辉的历程 伟大的胜利：阿尔巴尼亚通讯集》，云南人民出版社，1972。

③ [阿] 恩维尔·霍查：《在庆祝阿尔巴尼亚独立五十周年和解放十八周年招待会上的讲话（1962 年 11 月 29 日）》，人民出版社，1963；《阿尔巴尼亚劳动党中央委员会给全体党员、全国劳动人民和全体战士、军官的公开信（1966 年 3 月 4 日）》，人民出版社，1966；[阿] 恩维尔·霍查：《在阿尔巴尼亚劳动党第五次代表大会上关于中央委员会工作的报告（1966 年 11 月 1 日）》，人民出版社，1969。

④ 赵伊：《阿尔巴尼亚劳动党》，《世界知识》1956 年第 22 期，第 26 页；林陵：《南斯拉夫修正主义者怎样干涉阿尔巴尼亚内政》，《世界知识》1958 年第 24 期，第 17—18 页；刘奋之：《社会主义的阿尔巴尼亚在前进》，《世界知识》1961 年第 21 期，第 6—8 页；罗毅、郭玉琨、熊源杰：《英雄的人民光辉的胜利——庆祝阿尔巴尼亚解放二十周年》，《世界知识》1964 年第 22 期，第 4—7 页。

研究人员较为零星，甚至可以说鲜有专门做阿尔巴尼亚研究的人员。同时研究内容以及深度有待于进一步深化。

（二）缓慢发展阶段（改革开放以来到20世纪80年代末）

随着1978年改革开放以来中国奉行新的对外政策，寻求同美国和其他西方大国改善关系，阿尔巴尼亚大肆诋毁中国，中国停止对阿尔巴尼亚进行援助，中阿关系极度恶化。此阶段研究内容侧重于阿尔巴尼亚的历史、政治、对外政策等内容，值得一提的是随着对外开放，学者们的研究视野大为拓展，有学者开始关注阿尔巴尼亚学的发展。

这个时期有关阿尔巴尼亚的著作甚少，仅发现达洲和李代军的译著《恩维尔·霍查的阿尔巴尼亚》（人民出版社，1984年）[①]，此著作是南斯拉夫国家通讯社的12名记者基于事实和资料，特别是阿方的史料，介绍了阿尔巴尼亚自第二次世界大战以来的情况、阿南关系的曲折变化、阿尔巴尼亚现政权的内外政策，并对霍查本人进行了批判。此书带有明显的南斯拉夫立场，但是为中国学者全面了解阿尔巴尼亚提供了一定信息。

在论文方面，同上一阶段的搜索方法，搜索到此时段的相关文章88篇。经统计发现，与新中国刚成立时的情况相比，1978—1989年有关阿尔巴尼亚的发文数量虽然有所下降，但是发文刊物类型逐渐增多。这些论文主要发表在《苏联东欧问题》《国际问题资料》《今日苏联东欧》《社会主义研究》《当代世界社会主义问题》《国际论坛》等多个期刊。同时，学者们对阿尔巴尼亚研究的关注内容呈现多个层面，包括阿尔巴尼亚的历史、政治、社会、外交、语言和文学等多个方面。

除了关注阿尔巴尼亚时事动态的文章，[②] 此阶段研究有以下几个重点关注的方面。

关于阿尔巴尼亚民族及其民族的历史，有尹良的《阿尔巴尼亚关于自己民

---

① [南] 米伦科·巴比奇等：《恩维尔·霍查的阿尔巴尼亚》，达洲、李代军译，人民出版社，1984。

② 王洪起：《阿尔巴尼亚近况（中）》，《国际问题资料》1983年第4期，第28—29页；王洪起：《阿尔巴尼亚的多事之秋》，《苏联东欧问题》1983年第2期，第30—31页；金良平：《阿尔巴尼亚情况》，《世界知识》1983年第2期，第27页；杨章明、林瑶琴：《阿尔巴尼亚的社会状况和发展趋势》，《社会主义研究》1985年第6期，第43—48页；金良平：《阿尔巴尼亚：霍查逝世以后》，《世界知识》1985年第10期，第7页；段若鹏：《阿利雅上台后阿尔巴尼亚情况简述》，《党校科研信息》1989年第78期，第9—10页；王伯军：《阿利雅上台后的阿尔巴尼亚》，《今日苏联东欧》1988年第3期，第26页。

族的起源和形成问题的研究》、蔡祖森的《阿尔巴尼亚人民争取和维护民族独立的斗争（1912—1939）》、夏镇的《阿尔巴尼亚民族复兴时期的三支火炬》、伊丁的《阿尔巴尼亚通向独立的里程碑——普里兹伦同盟》和张振第的《阿尔巴尼亚的昨天和今天》等。[①]

关于阿尔巴尼亚的对外政策，姜琦、冯绍雷的《试论阿尔巴尼亚的孤立政策》[②] 考察了共产主义时期恩维尔·霍查的孤立的外交政策。此外，自1985年恩维尔·霍查去世后，拉米兹·阿利雅上台，国内学界尤为关注阿尔巴尼亚外交政策的变化情况，相关论文有王洪起的《阿尔巴尼亚对外政策的新变化》、潘金麟的《阿尔巴尼亚对外政策趋向松动》、华君的《从与联邦德国建交看阿尔巴尼亚外交动向》。[③]

关于阿尔巴尼亚的政治，王伯军的《阿尔巴尼亚的政治变迁》[④] 尝试解析"斯大林主义"模式下阿尔巴尼亚社会主义的经验与教训，田永祥的《阿尔巴尼亚政治体制初探》[⑤] 考察了阿尔巴尼亚的政治体制、存在的问题和发展趋势。

此外，夏镇的《阿尔巴尼亚学的研究和发展》[⑥] 是国内第一篇关注国外对阿尔巴尼亚研究的文章，作者认为阿尔巴尼亚学是研究阿尔巴尼亚的历史、语言、文学和文化的一门科学。此文章详细梳理阿尔巴尼亚学产生和发展的各个阶段，列出了有代表性的论文和专著，为深化我国国外阿尔巴尼亚的研究提供了参考。

（三）飞速发展阶段（20世纪90年代之后）

20世纪90年代之后，随着苏联解体、东欧剧变，阿尔巴尼亚政局出现动

[①] 尹良：《阿尔巴尼亚关于自己民族的起源、形成问题的研究》，《国际论坛》1987年第4期，第57—59页；蔡祖森：《阿尔巴尼亚人民争取和维护民族独立的斗争（1912—1939）》，《国际论坛》1989年第2期，第38—43页；夏镇：《阿尔巴尼亚民族复兴时期的三支火炬》，《国际论坛》1988年第3期，第55—58页；伊丁：《阿尔巴尼亚通向独立的里程碑——普里兹伦同盟》，《国际论坛》1988年第3期，第63—66页；张振第：《阿尔巴尼亚的昨天和今天》，《世界经济与政治论坛》1988年第8期，第26—31页。

[②] 姜琦、冯绍雷：《试论阿尔巴尼亚的孤立政策》，《今日苏联东欧》1984年第5期，第14—19页。

[③] 王洪起：《阿尔巴尼亚对外政策的新变化》，《国际问题资料》1985年第6期，第13—14页；潘金麟：《阿尔巴尼亚对外政策趋向松动》，《国际问题资料》1986年第23期，第26—28页；华君：《从与联邦德国建交看阿尔巴尼亚外交动向》，《瞭望周刊》1987年第39期，第8页。

[④] 王伯军：《阿尔巴尼亚的政治变迁》，《今日苏联东欧》1988年第4期，第16—19页。

[⑤] 田永祥：《阿尔巴尼亚政治体制初探》，《今日苏联东欧》1987年第3期，第20—24页。

[⑥] 夏镇：《阿尔巴尼亚学的研究和发展》，《国际论坛》1988年第4期，第49—52页。

荡，中国学者开始将研究重点转向该国的政治局势、政党、民族主义以及总结社会主义的经验和阿尔巴尼亚融入欧洲一体化进程等内容。

此阶段的相关重要著作和译著共有 6 部。2010 年马细谱和郑恩波的《列国志：阿尔巴尼亚》①是中国社会科学文献出版社的"列国志"丛书之一，其考察了阿尔巴尼亚的国土和人民、历史、政治、经济、教科文卫、对外关系，为我们全面了解阿尔巴尼亚的各方面提供了丰富的内容。2019 年邱强的《阿尔巴尼亚》②是大连海事大学出版社的"一带一路"国别概览丛书之一，内容涵盖了阿尔巴尼亚的地理、简史、政治、军事、文化、社会、外交、经济，阿尔巴尼亚的经济体制改革，阿尔巴尼亚的能源发展状况及存在的问题，阿尔巴尼亚的投资环境对中阿经贸合作的影响，阿尔巴尼亚的环境规制及对中阿经贸合作的影响，阿尔巴尼亚加入欧盟及对中阿经贸合作的影响，新时期中阿经济合作形式和合作前景的展望等，对于研究该国与丝绸之路或海上丝绸之路的渊源和历史以及中阿合作具有重要现实意义。

另外，1993 年阳果、云飞翻译的《霍查政治传记》③是一部以南斯拉夫的视角考察霍查生平的著作，丰富了我们关于阿尔巴尼亚领导人霍查的研究。2017 年柯静和马赛翻译的《阿尔巴尼亚历史与文化遗产概览》④是 33 位阿尔巴尼亚专家合力编写的有关阿尔巴尼亚历史与文化方方面面的介绍，内容丰富，其编辑认为此书是了解阿尔巴尼亚的一部小百科全书。

2008 年王洪起的《山鹰之国亲历》⑤是作者根据自己先后 4 次共 22 年在阿尔巴尼亚任新华社地拉那分社首席记者的经历编写而成，为我们提供了研究阿尔巴尼亚的重要材料。2018 年孔寒冰编的《从化学博士到驻华大使：阿尔巴尼亚校友塔希尔·埃莱兹口述》⑥是一部新颖的口述史，为我们展示了阿尔巴尼亚驻华大使见证下的中国发展、中阿关系以及阿尔巴尼亚人眼中的中国。

在论文方面，同上述学术期刊的搜索方法，共获取此阶段有关阿尔巴尼亚的论文约 304 篇。这些文章涵盖多个方面的内容，如阿尔巴尼亚的动荡政局、

---

① 马细谱、郑恩波：《列国志：阿尔巴尼亚》，社会科学文献出版社，2010。
② 邱强：《阿尔巴尼亚》，大连海事大学出版社，2019。
③ [南] 兹拉塔尔：《霍查政治传记》，阳果、云飞译，东方出版社，1993。
④ [阿] 阿尔弗雷德·达利皮、[阿] 根茨·米弗蒂乌主编《阿尔巴尼亚历史与文化遗产概览》，柯静、马赛译，外语教学与研究出版社，2017。
⑤ 王洪起：《山鹰之国亲历》，新华出版社，2008。
⑥ 孔寒冰编著：《从化学博士到驻华大使：阿尔巴尼亚校友塔希尔·埃莱兹口述》，北京大学出版社，2018。

外交政策的变化、政党、民族主义、宗教民族主义和阿尔巴尼亚加入北约等内容。

关于阿尔巴尼亚动荡的政局，有蔡祖森的《1993年阿尔巴尼亚外交综述》和《风急浪险的阿尔巴尼亚政局》、孙建蓉的《局势动荡的阿尔巴尼亚》和《阿尔巴尼亚新政府面临严峻考验》、王洪起的《阿尔巴尼亚局势趋于好转》和《急剧动荡中的阿尔巴尼亚》、于凤芝的《剧变后的阿尔巴尼亚》和《剧变五年后的阿尔巴尼亚》、董拜南的《急剧变化中的阿尔巴尼亚局势》、陈发奋的《阿尔巴尼亚动荡再起》、王义祥的《阿尔巴尼亚危机试析》、杨景明的《阿尔巴尼亚议会大选及其后的政局走势》、项佐涛的《阿尔巴尼亚政治转型三十年》等。[1]

关于阿尔巴尼亚外交政策的变化，有郁邑的《阿尔巴尼亚外交新变化》、蔡祖森的《阿尔巴尼亚内政外交的最新变化》、李季玉的《阿尔巴尼亚外交日趋活跃》、鲍世奋的《从阿苏复交看阿尔巴尼亚的变革之风》、鞠维伟的《阿尔巴尼亚在国际外交舞台上显示身姿》、范鸿达的《阿尔巴尼亚与伊朗断交，仅因遭遇网络攻击吗》、孙琦的《阿尔巴尼亚的联盟抉择（1946—1961）》、申文和唐妮的《阿尔巴尼亚的联盟抉择（1946—1961）——基于一种联盟理论

---

[1] 蔡祖森：《1993年阿尔巴尼亚外交综述》，《东欧中亚研究》1994年第1期，第55—58页；蔡祖森：《风急浪险的阿尔巴尼亚政局》，《苏联东欧问题》1991年第4期，第38—41页；孙建蓉：《局势动荡的阿尔巴尼亚》，《东欧》1997年第3期，第7—11页；孙建蓉：《阿尔巴尼亚新政府面临严峻考验》，《现代国际关系》1997年第9期，第36—39页。孙建蓉：《阿尔巴尼亚局势剧烈动荡》，《国际资料信息》1997年第4期，第8—11页；孙建蓉：《阿尔巴尼亚局势变化状况》，《国际研究参考》1991年第10期，第15—19页；王洪起：《阿尔巴尼亚局势趋于好转》，《瞭望新闻周刊》1997年第17期，第42—43页；王洪起：《急剧动荡中的阿尔巴尼亚》，《当代世界社会主义问题》1991年第4期，第55—64页；于凤芝：《剧变后的阿尔巴尼亚》，《国际社会与经济》1996年第8期，第6—7页；于凤芝：《剧变五年后的阿尔巴尼亚》，《当代世界》1995年第11期，第19—20页；董拜南：《急剧变化中的阿尔巴尼亚局势》，《国际展望》1991年第13期，第3—4页；陈发奋：《阿尔巴尼亚动荡再起》，《当代世界》1996年第8期，第17—18页；王义祥：《阿尔巴尼亚危机试析》，《今日东欧中亚》1997年第3期，第18—20页；杨景明：《阿尔巴尼亚议会大选及其后的政局走势》，《今日东欧中亚》1996年第6期，第19—21页；项佐涛：《阿尔巴尼亚政治转型三十年》，《国外理论动态》2019年第10期，第94—105页。

的历史分析》等。①

关于阿尔巴尼亚的政党，有蔡祖森的《阿尔巴尼亚主要政党简介》，孙建蓉的《阿尔巴尼亚社会党政府面临严峻考验》，陈发奋的《阿尔巴尼亚社会党东山再起》，孔寒冰、项佐涛的《阿尔巴尼亚社会党 2005 年大选失利原因分析》，于凤芝的《阿尔巴尼亚中左翼政权面临严峻考验》，桂展鹏、江本武、左辉的《阿尔巴尼亚劳动党执政地位丧失的内因探析》，徐冀宁的《阿尔巴尼亚劳动党丧失政权原因及启示》，王洪起的《阿尔巴尼亚社会党在野八年后重新掌权执政》等文章。②

关于阿尔巴尼亚的民族、宗教、民族主义，有孔寒冰的《阿尔巴尼亚人的"大阿尔巴尼亚"》《寒冰游走科索沃（之五）"大阿尔巴尼亚"：弱小民族的"强国"梦》、沈碧莲的《"大阿尔巴尼亚"问题》、陈振中和王彪的《"大阿尔巴尼亚"主义与科索沃问题》、葛宁的《阿尔巴尼亚及其跨国民族》、尹产良的《阿尔巴尼亚的少数民族》、黄陵渝的《阿尔巴尼亚的宗教》文章，③等从

---

① 鞠维伟：《阿尔巴尼亚在国际外交舞台上显示身姿》，《世界知识》2022 年第 22 期，第 46—47 页；范鸿达：《阿尔巴尼亚与伊朗断交，仅因遭遇网络攻击吗》，《世界知识》2022 年第 19 期，第 46—47 页；孙琦：《阿尔巴尼亚的联盟抉择（1946—1961）》，《学术交流》2017 年第 9 期，第 222 页；申文、唐妮：《阿尔巴尼亚的联盟抉择（1946—1961）——基于一种联盟理论的历史分析》，《俄罗斯研究》2017 年第 1 期，第 182—205 页；郁邑：《阿尔巴尼亚外交新变化》，《世界知识》1990 年第 21 期，第 11 页；蔡祖森：《阿尔巴尼亚内政外交的最新变化》，《苏联东欧问题》1990 年第 5 期，第 17—21 页；李季玉：《阿尔巴尼亚外交日趋活跃》，《瞭望周刊》1990 年第 21 期，第 44 页；鲍世奋：《从阿苏复交看阿尔巴尼亚的变革之风》，《国际展望》1990 年第 16 期，第 27 页。

② 蔡祖森：《阿尔巴尼亚主要政党简介》，《东欧中亚研究》1992 年第 5 期，第 93—96 页；孙建蓉：《阿尔巴尼亚社会党政府面临严峻考验》，《东欧》1997 年第 4 期，第 16—18 页；陈发奋：《阿尔巴尼亚社会党东山再起》，《当代世界》1997 年第 8 期，第 27—28 页；孔寒冰、项佐涛：《阿尔巴尼亚社会党 2005 年大选失利原因分析》，《当代世界社会主义问题》2006 年第 3 期，第 75—82 页；于凤芝：《阿尔巴尼亚中左翼政权面临严峻考验》，《当代世界》1998 年第 11 期，第 31—32 页；桂展鹏、江本武、左辉：《阿尔巴尼亚劳动党执政地位丧失的内因探析》，《福建党史月刊》2009 年第 10 期，第 50—51 页；徐冀宁：《阿尔巴尼亚劳动党丧失政权原因及启示》，《广播电视大学学报（哲学社会科学版）》2017 年第 1 期，第 81—85 页；王洪起：《阿尔巴尼亚社会党在野八年后重新掌权执政》，《当代世界》2013 年第 12 期，第 31—33 页。

③ 孔寒冰：《阿尔巴尼亚人的"大阿尔巴尼亚"》，《世界知识》2010 年第 21 期，第 64—65 页；孔寒冰：《寒冰游走科索沃（之五）"大阿尔巴尼亚"：弱小民族的"强国"梦》，《世界知识》2014 年第 22 期，第 66—67 页；沈碧莲：《"大阿尔巴尼亚"问题》，《国际资料信息》2001 年第 3 期，第 1—5 页；陈振中、王彪：《"大阿尔巴尼亚"主义与科索沃问题》，《当代世界》1999 年第 11 期，第 39—41 页；葛宁：《阿尔巴尼亚及其跨国民族》，《世界知识》1999 年第 9 期，第 32—35 页；尹产良：《阿尔巴尼亚的少数民族》，《国际论坛》1991 年第 3 期，第 9 页；黄陵渝：《阿尔巴尼亚的宗教》，《苏联东欧问题》1991 年第 5 期，第 71—74 页。

不同角度考察了阿尔巴尼亚的宗教、民族和民族主义等内容。

关于阿尔巴尼亚的国际关系,由于第二次世界大战之后霍查上台后奉行孤立的外交政策,所以此阶段的相关论文较少,主题多以中国对阿尔巴尼亚的援助和中阿联盟以及苏南冲突对阿尔巴尼亚影响为主,如郝承敦的《论40年代末期苏南在阿尔巴尼亚问题上的斗争》、郝承敦和赵淑玉的《论40年代末期苏南在阿尔巴尼亚问题上的斗争》、张盛楠的《20世纪50年代后期阿尔巴尼亚批判南斯拉夫缘由初探》《论20世纪中期阿尔巴尼亚两次反对南斯拉夫之差异》、张盛楠和郝承敦的《20世纪中期阿尔巴尼亚两次反对南斯拉夫共性之比较》、金重远的《阿尔巴尼亚和苏南、苏中冲突》、王洪起的《中国对阿尔巴尼亚的援助》、孔寒冰和张卓的《爱尔巴桑记忆——中国援助阿尔巴尼亚专家访谈录》《特殊年代的特殊友谊——1960年代中国对阿尔巴尼亚的文化援助》《无悔的青春——中国援助阿尔巴尼亚专家访谈录(三)》《我亲历的中国援助阿尔巴尼亚——中国前驻阿尔巴尼亚大使范承祚先生访谈实录》、成晓河的《意识形态在中国联盟外交中的作用:中国-阿尔巴尼亚联盟剖析》、埃莉诺·梅赫里和贺银垠的《毛泽东和阿尔巴尼亚:社会主义同盟的曲折及发展》等。①

关于社会主义的经验与教训,有叶皓的《中国与阿尔巴尼亚关系发展历程及其经验教训》、马乔·拉科洛里和孔寒冰的《阿尔巴尼亚社会主义发展的经验和教训》、萨利·拉姆·贝里沙和孔寒冰的《我对阿尔巴尼亚社会主义的看

---

① 郝承敦:《论40年代末期苏南在阿尔巴尼亚问题上的斗争》,《江西师范大学学报》1998年第1期,第50—55页;郝承敦、赵淑玉:《论40年代末期苏南在阿尔巴尼亚问题上的斗争》,《齐鲁学刊》1998年第3期,第60—65页;张盛楠:《20世纪50年代后期阿尔巴尼亚批判南斯拉夫缘由初探》,《枣庄学院学报》2015年第3期,第25—28页;张盛楠、郝承敦:《20世纪中期阿尔巴尼亚两次反对南斯拉夫共性之比较》,《临沂大学学报》2016年第2期,第113—118页;张盛楠:《论20世纪中期阿尔巴尼亚两次反对南斯拉夫之差异》,《济宁学院学报》2016年第5期,第58—65页;金重远:《阿尔巴尼亚和苏南、苏中冲突》,《历史教学问题》2000年第2期,第28—31页;王洪起:《中国对阿尔巴尼亚的援助》,《炎黄春秋》2008年第10期,第47—52页;孔寒冰、张卓:《爱尔巴桑记忆——中国援助阿尔巴尼亚专家访谈录》,《当代世界社会主义问题》2015年第1期,第79—94页;孔寒冰、张卓:《无悔的青春——中国援助阿尔巴尼亚专家访谈录(三)》,《当代世界社会主义问题》2015年第4期,第111—122页;孔寒冰、张卓:《特殊年代的特殊友谊——1960年代中国对阿尔巴尼亚的文化援助》,《当代世界社会主义问题》2015年第2期,第71—81页;孔寒冰、张卓:《我亲历的中国援助阿尔巴尼亚——中国前驻阿尔巴尼亚大使范承祚先生访谈实录》,《国际政治研究》2015年第2期,第135—146页;成晓河:《意识形态在中国联盟外交中的作用:中国-阿尔巴尼亚联盟剖析》,《外交评论(外交学院学报)》2008年第5期,第40—54页;埃莉诺·梅赫里、贺银垠:《毛泽东和阿尔巴尼亚:社会主义同盟的曲折及发展》,《毛泽东研究》2017年第3期,第113—122页。

法——阿尔巴尼亚前总统贝里沙访谈录》。①

关于阿尔巴尼亚融入欧洲一体化进程，胡志强的《欧盟西巴尔干政策与阿尔巴尼亚加入欧盟的进程及前景》②首次考察了阿尔巴尼亚入欧盟的背景、需达到的条件、目前遇到的问题以及可能的对策。

二、国内学者对阿尔巴尼亚研究的特点

通过梳理发现，自新中国成立以来，中国在阿尔巴尼亚研究方面取得了重大进步，且相关研究呈现出一定的特点。具体表现如下。

第一，研究成果不断丰富。近年来，中国学界对阿尔巴尼亚的研究成果显著丰富，尤其是从早期以译著为主，逐步发展到包括专著、学术论文和会议论文等多种形式。早期的研究主要集中在翻译外国文献，旨在让国内学者和学生了解阿尔巴尼亚的基本情况和历史背景。随着研究的深入，学者们逐渐开始发表原创性研究成果，尤其是专著的出版，这些专著不仅涵盖了阿尔巴尼亚的历史与文化，还探讨了其在国际关系中的地位与作用。这样的转变不仅丰富了中国学界对阿尔巴尼亚的理解，也使得研究内容更加系统和深入，为后续研究提供了坚实的基础。

第二，研究力量不断壮大。随着对阿尔巴尼亚研究的兴趣增加，相关的研究力量也在不断壮大。北京外国语大学阿尔巴尼亚研究中心是中国国内首个对阿尔巴尼亚开展全方位研究的非实体研究机构，2017年获得教育部备案成立。该中心致力于阿尔巴尼亚专业高层国际化人才培养。③另外，越来越多的高校和研究机构成立了东欧、中东欧和巴尔干研究中心和团队，阿尔巴尼研究者人员大量上升。这些团队不仅包括资深学者，也有大量年轻研究者，他们在相关领域发表了越来越多的学术论文，参与国内外学术会议，进行学术交流，如北

---

① 叶皓：《中国与阿尔巴尼亚关系发展历程及其经验教训》，《国际问题研究》2014年第6期，第41—50页；[阿] 马乔·拉科洛里、孔寒冰：《阿尔巴尼亚社会主义发展的经验和教训》，《江西师范大学学报（哲学社会科学版）》2017年第3期，第24—29页；[阿] 萨利·拉姆·贝里沙、孔寒冰：《我对阿尔巴尼亚社会主义的看法——阿尔巴尼亚前总统贝里沙访谈录》，《当代世界与社会主义》2017年第1期，第58—61页。

② 胡志强：《欧盟西巴尔干政策与阿尔巴尼亚加入欧盟的进程及前景》，《俄罗斯学刊》2023年第2期，第98—115页。

③ 徐刚等编《中国的中东欧研究（1990—2022）》，社会科学文献出版社，2024，第109页。

京外国语大学的柯静、北京大学国际关系学院的孔寒冰、新华通讯社的王洪起、中国社会科学院的蔡祖森和徐刚、曲阜师范大学历史学院郝承敦等。这种多元化的研究力量，有助于构建更加全面和系统的阿尔巴尼亚研究体系，推动相关学科的发展。

第三，研究内容日益多元化。中国学者对阿尔巴尼亚的研究内容日益多元化，已不仅限于政治、经济、外交等传统领域。学者们开始关注社会文化、民族问题、历史记忆、移民研究等新兴主题，拓展了研究的广度。例如，在民族问题方面，研究者们探讨了阿尔巴尼亚民族认同的历史演变及其在巴尔干地区的影响。此外，阿尔巴尼亚与中国的外交关系也成为研究的新热点，学者们通过比较研究，揭示了两国在历史、政治与经济合作上的异同。这种多元化的研究内容，体现了中国学界对阿尔巴尼亚研究的深入与广泛关注，为更全面理解阿尔巴尼亚及其在国际关系中的地位提供重要视角。

三、未来可深化研究的方向

第一，政治和社会转型。自苏联解体、东欧剧变以来，阿尔巴尼亚经历了显著的政治和社会转型，民主改革不断推进，但政治腐败、选举操纵和政府不透明对阿尔巴尼亚来说依然是挑战，困扰着国家的前进。未来的研究可以深入探讨阿尔巴尼亚的政党政治、选举制度，分析不同政党的角色和影响力，评估选举过程中的公平性和透明性。同时，民众参与政治的方式也值得关注，研究公民在推动民主改革中的作用。另外，借助比较研究，考察阿尔巴尼亚与其他东欧国家的民主化经验，可以为理解其特有的转型路径提供借鉴和启示。

第二，中阿合作。共建"一带一路"倡议为阿尔巴尼亚与中国的合作提供了新的契机，特别是在基础设施、贸易和投资领域。未来研究可以通过实证分析中阿合作项目的具体案例，探讨其经济效益和社会影响，评估这些项目如何推动阿尔巴尼亚经济发展、改善民生及促进区域一体化。尤其需要关注基础设施建设对地方经济的拉动作用和中资企业在阿尔巴尼亚的投资对就业和技术转移的贡献。此外，还应分析两国在合作过程中面临的挑战，如文化差异、政策协调等，提出切实可行的对策，以增强双方的互信与合作深度，为中阿关系的可持续发展奠定基础。

第三，历史与文化。阿尔巴尼亚拥有丰富的历史文化遗产，其历史的演变深刻影响了现代社会的发展。研究阿尔巴尼亚的历史,尤其是从古代伊利里亚文明、奥斯曼帝国的统治到近现代的独立斗争,可以揭示其国家认同和社会结构的形成与变化。未来可以着重研究独立和共产主义时期的政治、经济与社会变迁,探索这些历史阶段对当前社会的影响。同时,阿尔巴尼亚独特的文化传统,如民间音乐、舞蹈及宗教习俗,如何在现代社会中传承和发展,也是值得深入探讨的课题。这将有助于更全面地理解阿尔巴尼亚的社会身份及其在全球化背景下的文化定位。

第四,区域安全与外交。阿尔巴尼亚在巴尔干半岛的战略位置使其在区域安全中扮演重要角色。未来的研究可以分析阿尔巴尼亚在应对跨国犯罪、恐怖主义和非法移民等安全挑战中的政策与措施,评估其在区域安全架构中的作用。特别是要关注阿尔巴尼亚与邻国的关系及其外交政策如何影响区域稳定,研究该国如何通过多边合作提升安全防御能力。此外,探讨阿尔巴尼亚在欧盟及北约框架内的安全合作与政策协调,可以为理解其在国际安全体系中的定位提供重要视角,从而为中国政策制定提供有关区域安全合作的建议和战略规划。

中国的西巴尔干研究情况

马曼露

作者简介：马曼露，广东外语外贸大学西方语言文化学院塞尔维亚语专业讲师

"西巴尔干"（Western Balkans）是一个政治地理概念，由欧盟在 1999 年首次使用，当时是指地理上位于巴尔干半岛西部的 6 个国家，即除斯洛文尼亚之外的前南斯拉夫国家——塞尔维亚、克罗地亚、黑山、波斯尼亚和黑塞哥维那、（北）马其顿和阿尔巴尼亚。需要说明的是，科索沃地区自单方面宣布独立后，其国家地位虽并未获得所有欧盟成员国的认可，但仍被视为欧盟成员的潜在候选者，因此也被纳入西巴尔干地区的范畴。此外，因克罗地亚于 2013 年 7 月 1 日加入欧盟，所以其目前不再属于西巴尔干成员之列。[①] 西巴尔干地区因具有民族问题突出、国家间关系紧张、经济发展相对落后等共同特征，在融入欧洲一体化的道路上前进缓慢。

在"中国知网"内以"主题"搜索"西巴尔干"，截至 2023 年 12 月 31 日，可以搜索到 111 篇文献，其中包括学术期刊文章 68 篇、学位论文 29 篇、报纸文章 12 篇、学术辑刊文章 2 篇和特色期刊文章 1 篇。经过仔细阅览，笔者筛选出强相关的学术期刊文章 60 篇、学位论文 8 篇（其中博士论文 1 篇、硕士论文 7 篇），这些成果是本文的重点研究对象。需作说明的是，本文统计的是以"西巴尔干"区域作为重点研究对象的成果，一般不包括对于单一西巴尔干国家的研究。

[①] 在一些研究中，学者也会使用"东南欧"这一次区域称谓来囊括这些国家，因此在本文中，以"东南欧"为标题但实际研究西巴尔干地区的论文也被统计在内。

以学术期刊文章的"发表年度"看：第一篇以"西巴尔干"为题的学术论文于2004年发表；近20年来的前14年，年度发文量稳定在4篇以内；2018年年度发文量开始上升，直到2020年达到峰值，共发表10篇，后有减少趋势。从这些论文的"学科"分类看，被归类到"中国政治与国际政治"中的文献最多，其次是"经济体制改革"。从"文献来源"看，学术期刊中按发表相关文献的数量排序，依次为《世界知识》《欧洲研究》《欧亚经济》《俄罗斯学刊》和《国际论坛》等。从"研究机构"看，中国社会科学院俄罗斯东欧中亚研究所和中国社会科学院欧洲研究所是较为高产的学术单位。

在研究领域方面，从国际政治角度对该地区进行研究的成果数量最多，研究较为深入，追踪也较为连贯。从具体主题来看，按文献数量降序排列，讨论西巴尔干国家入盟问题[①]的论文最多，包括研究欧盟与西巴尔干国家关系的历史、现状与走向，[②] 梳理欧盟对西巴尔干地区的政策及其变化，[③] 重点追踪西巴

---

① 一般认为，该过程的目标是加入欧盟，接受其标准、机制和价值观。
② 左娅：《克罗地亚与欧洲一体化》，《欧洲研究》2006年第4期；孔寒冰：《欧盟与西巴尔干国家的互利与互动及其前景》，《欧洲研究》2014年第4期；胡勇：《"欧洲梦"与"欧洲化"：克罗地亚加入欧盟及其影响》，《国际论坛》2015年第6期；高歌：《离心与向心——2017年中东欧国家与欧盟的关系》，《当代世界》2018年第1期；王沙骋、王鹏飞：《欧盟共同安全与防务的新挑战——科索沃独立问题》，《沧桑》2011年第1期。
③ 孔田平：《欧盟的东南欧战略与东南欧的"欧洲化"》，《俄罗斯中亚东欧研究》2003年第3期；扈大威：《欧盟对西巴尔干地区政策评析》，《国际问题研究》2006年第2期；刘作奎：《欧盟对塞尔维亚和黑山政策评析——从"联盟"到"双轨"》，《欧洲研究》2007年第2期；翟金鸣：《科索沃危机后的欧盟西巴尔干战略》，硕士学位论文，山东大学，2007；张鹏：《对外援助的"欧洲模式"》，博士学位论文，中国社会科学院，2010；张鹏：《欧盟援助西巴尔干政策评析》，《欧洲研究》2014年第2期；左娅：《塞尔维亚接受国际援助的回顾及发展趋势》，《欧亚经济》2014年第5期；刘作奎：《延续与调整：欧盟对西巴尔干的国家构建政策研究》，《当代世界与社会主义》2019年第6期；卢晨阳、李博轩：《维谢格拉德集团在西巴尔干国家入盟问题中的角色探析》，《国际论坛》2019年第2期；关欣、连晨超：《利益、规范与认同——欧盟对西巴尔干地区扩大政策趋势转变及原因分析》，《欧洲研究》2020年第4期；徐凤江：《欧盟"改进的扩大程序"新在哪儿》，《世界知识》2020年第8期；李心航、严双伍：《欧盟西巴尔干扩大战略的调整及特点》，《湖北师范大学学报（哲学社会科学版）》2022年第1期；胡志强：《欧盟西巴尔干政策与阿尔巴尼亚加入欧盟的进程及前景》，《俄罗斯学刊》2023年第2期；彭重周：《地缘政治欧洲的"他者"重构对中国与西巴尔干地区关系的影响——以中国在巴尔干基建项目为例》，《欧洲研究》2023年第4期；赵晗：《规范的传播与内化：欧盟的西巴尔干扩大战略研究（2015—2022）》，硕士学位论文，外交学院，2023。

尔干国家在入盟进程中的进展、现实问题和前景,①包括"柏林进程"的进展、困难和前景②及对欧盟-西巴尔干峰会的追踪和分析。③

另外两大主题,一个涉及其他域外大国如美国④、俄罗斯⑤、土耳其⑥和中国⑦等对该地区的影响,⑧包括它们在该地区的政策差异⑨及它们在该地区的竞

---

① 朱晓中:《西巴尔干——目送欧盟列车驶过》,《世界知识》2004年第9期;朱晓中:《欧洲一体化与巴尔干欧洲化》,《欧洲研究》2006年第4期;柯静:《西巴尔干入欧盟前景分析》,《国际论坛》2007年第6期;张学昆:《欧盟的西巴尔干政策及西巴尔干国家的入盟前景》,《德国研究》2011年第1期;左娅:《克罗地亚入盟及其对西巴尔干国家的启示》,《俄罗斯东欧中亚研究》2013年第6期;鞠维伟:《中东欧国家对欧盟疫后恢复措施满意吗》,《世界知识》2020年第16期;彭斯瑶:《欧盟西巴尔干扩员进程减速探源:一种比较分析》,硕士学位论文,外交学院,2022;姜琍、张海燕:《乌克兰危机与中东欧国家融入欧洲一体化进程的推进》,《欧亚经济》2023年第3期;胡志强:《欧盟西巴尔干政策与阿尔巴尼亚加入欧盟的进程及前景》,《俄罗斯学刊》2023年第2期;高歌:《乌克兰危机以来的中东欧与欧洲一体化》,《俄罗斯东欧中亚研究》2023年第5期。
② 徐刚:《西巴尔干"柏林进程"的进展及其前景述评》,《欧亚经济》2020年第4期;徐凤江:《从索非亚峰会看"柏林进程"走向》,《世界知识》2020年第24期。
③ 徐刚:《欧盟-西巴尔干索非亚峰会:变与不变》,《世界知识》2018年第12期;徐凤江:《欧盟-西巴尔干峰会传递的政治信号》,《世界知识》2020年第12期。
④ 鞠维伟:《浅析美国对西巴尔干国家的影响力》,《欧洲研究》2016年第2期;王洪起:《美国如何维持在巴尔干地区的影响力》,《世界知识》2017年第7期。
⑤ 朱晓中:《俄罗斯在巴尔干的地缘政治利益》,《俄罗斯学刊》2016年第4期;朱宁:《试论俄罗斯对巴尔干地区政策的调整》,《国际研究参考》2018年第11期;于帛弘:《试析俄罗斯的西巴尔干政策》,硕士学位论文,外交学院,2022。
⑥ 王泽胜:《土耳其对西巴尔干地区政策的新变化》,《西亚非洲》2011年第9期;阿莱德·维拉奇科、张关林:《土耳其在巴尔干西部的作用》,《国外社会科学文摘》2017年第5期;张向荣:《正义与发展党执政以来土耳其的巴尔干政策新变化》,《西亚非洲》2021年第6期。
⑦ 马悟、达沃尔·伍切科夫斯基、波斯蒂安·乌多维奇等:《从社会文化认同的角度看西巴尔干国家对华发展经贸投资关系的态度——以斯洛文尼亚和黑山两国为例》,《欧洲研究》2015年第6期;田旭:《聚焦西巴尔干:"一带一路"倡议如何对接欧盟扩大战略》,《国际经济评论》2018年第5期;刘作奎:《"一带一路"倡议下中国对巴尔干地区的投资现状及影响——基于实地调研案例分析》,《欧亚经济》2019年第3期;毛兴嘉:《"一带一路"倡议下我国与西巴尔干地区教育合作探析》,《西部学刊》2020年第19期。
⑧ 阿纳斯塔斯·范格利、吴筱钰:《中国如何成功调整对西巴尔干地区政策?——对重要利益相关者的作用、经验和潜在影响的分析》,《欧洲研究》2015年第6期。
⑨ 严少华:《中国与欧盟的西巴尔干政策比较》,《战略决策研究》2022年第4期。

争与合作;① 另一个是对该地区的历史、转型现状和前景的持续性追踪分析,②包括地区内部问题（如塞克关系正常化③、马其顿国名问题和波黑国家机器运转正常化问题的推进）和区域内合作问题④（如西巴尔干国家内部自发的"迷你申根"⑤倡议⑥）。同时,学者们还关注了西巴尔干国家的社会福利制度转型⑦等问题。

使用中国国家图书馆网站的"文津搜索",以"西巴尔干"为关键词,检索到的图书共有2部专著,其中一部聚焦欧盟对西巴尔干的政策研究,⑧ 另一部以欧盟援助西巴尔干为例研究欧盟的对外援助。⑨ 此外,《巴尔干地区合作与欧洲一体化》⑩和《巴尔干联合思想与实践》⑪及其他学者的相关专著⑫都是关

---

① 赵静敏:《从科索沃独立看美俄欧在巴尔干地区的争夺》,硕士学位论文,新疆大学,2011;M.维特罗夫索娃、S.哈尼施、刘露馨、朱金志:《中国、欧盟和中东欧:一个未满足期待的三角关系?》,《国际论坛》2019年第2期;刘作奎:《欧盟和中国关系中的西巴尔干问题——场域理论视角下"对手"语境的形成与启示》,《欧洲研究》2021年第2期;方立博:《欧盟与中国在西巴尔干地区的权力塑造与竞争》,硕士学位论文,外交学院,2022;冯昱云:《实践地缘政治学视角下中欧的合作与竞争》,硕士学位论文,中国社会科学院大学,2023。

② 朱晓中:《巴尔干欧洲化:玫瑰与荆棘》,《世界知识》2004年第12期;徐刚:《西巴尔干地区:在建立秩序与陷入失序之间徘徊》,《世界知识》2019年第3期;徐刚:《西巴尔干地区形势新发展与短中期前景》,《俄罗斯学刊》2019年第2期;徐刚:《西巴尔干2019:"失去的一年"》,《世界知识》2020年第1期;徐凤江:《将影响2020年西巴形势的重要人物》,《世界知识》2020年第6期;徐刚:《西巴尔干2020:悲"喜"交加的一年》,《世界知识》2021年第1期;徐凤江:《从历史和现实视角看西巴尔干领土争端问题》,《世界知识》2021年第12期;徐刚:《西巴尔干2021:步履维艰的一年》,《世界知识》2022年第2期;徐刚:《中东欧国家政治转型的比较与评估——以克罗地亚民主化进程为例》,《欧洲研究》2021年第4期;解楠楠、胡卫东:《欧盟邻近区域战略逻辑与趋向:从规范导向到安全导向》,《世界地理研究》2023年第11期。

③ 徐刚:《塞尔维亚与科索沃谈判:背景、进程与展望》,《俄罗斯研究》2013年第5期。

④ 胡勇:《欧盟扩大视野下的东南欧地区主义与地区合作》,《俄罗斯东欧中亚研究》2015年第4期;徐刚:《西巴尔干次区域合作的演进与评估:以欧洲一体化为中心》,《俄罗斯学刊》2023年第5期。

⑤ 2019年10月,阿尔巴尼亚、北马其顿和塞尔维亚三国签署《建立西巴尔干"迷你申根区"的宣言》,旨在建立一个"巴尔干版"的欧盟申根区,以推进区域合作和改善地区经济。

⑥ 徐刚、马细谱:《"迷你申根",西巴尔干国家在联合自强?》,《世界知识》2020年第5期。

⑦ 徐刚:《西巴尔干国家社会福利制度转型评析》,《欧亚经济》2014年第5期。

⑧ 刘作奎:《国家构建的"欧洲方式":欧盟对西巴尔干政策研究》,社会科学文献出版社,2015。

⑨ 张鹏:《对外援助的"欧洲模式":以欧盟援助西巴尔干为例（1991—2012）》,经济科学出版社,2013。

⑩ 徐刚:《巴尔干地区与欧洲一体化》,社会科学文献出版社,2016。

⑪ 徐刚:《巴尔干联合思想与实践》,社会科学文献出版社,2022。

⑫ 白伊维:《前南地区社会转型与社会发展研究》,世界知识出版社,2020;郝时远:《帝国霸权与巴尔干"火药桶"》,社会科学文献出版社,1999。

于该区域研究的重要文献。

纵览国内20年来对西巴尔干地区的研究，可见其呈现出以下特点。

第一，研究热度较低。20年来，从围绕该地区的发文频次来看，中国学者对该地区的关注程度较低，长期以来每年发文量仅为个位数。从期刊文章和学位论文的发文情况看，第一个十年共有11篇文献，集中讨论了欧盟对西巴尔干地区的政策及西巴尔干国家入盟问题。它们使得对上述两个问题的研究较有延续性，但极少关注外部力量对该地区的影响。第二个十年的前五年共有14篇文献，此阶段学者们将更多的目光聚焦到外部力量对该地区的影响；后五年的发文量急剧上升，共有34篇，此阶段有学者持续追踪了该地区的内政外交，并有更多学者关注了欧盟针对西巴尔干地区的扩大战略，共建"一带一路"倡议下中国与该地区的互动，以及中欧国家在该地区的竞争与合作。

第二，研究领域较窄。或许因为"西巴尔干"是一个政治地理概念，所以中国学者在国际政治方面的相关研究的数量和深度远高于其他领域的研究，比如经济、社会和教育领域的相关著作仅为个位数。然而，我们知道，区域研究是以特定的地理区域或文化区域为聚焦对象的跨学科（多学科）社会研究。例如，经贸合作作为中国与中东欧国家合作的坚实基础和重要支撑，而西巴尔干地区又是一系列相关合作项目落地数量较多、较集中的地区，但从经贸投资方面研究该地区、该地区与大国的经贸关系或者大国在该地区的经济利益的著作很少。除政治、经贸外，其他领域研究西巴尔干地区的文献数量更少，目前只涉及该地区的社会福利制度及其与我国的教育合作。

第三，研究角度较单一。20年来，有相当数量的文献梳理了欧盟对该地区的政策，但少有文献从西巴尔干国家的视角考察它们对融入欧洲一体化进程的态度，并且对欧盟内部对西巴尔干国家入盟的差异化政策研究不足。此外，研究者们对于区域内国家间的互动关注较少，对于域外大国对该地区的影响及大国间的互动关注的时间普遍较晚。值得注意的是，国内学者很少着重研究中国对西巴尔干地区的政策。严格来讲，中国尚无专门针对该地区的政策，但中国在西巴尔干地区的投资对该地区的影响也鲜有专门的研究，并且大国间的互动更多的是局限在中国和欧盟之间。

作为以该地区作为研究对象的学者，我们应当认识到上述特点同时也是我们20年来在研究中可能存在的不足。因此，本文尝试提出以下未来可以努力的方向。

第一，应当进一步加强相关的学科建设和人才培养工作。对西巴尔干地区的关注度和相关发文量与研究人员总体上的基数和水平分不开。目前国内以该地区作为主要研究对象，掌握相关语言能力，同时受过某一专业领域学术训练的学者数量非常稀少，这也导致我们对于该地区或具体国别研究的广度和深度严重不足。目前，在"区域国别学"成为国家一级学科的背景下，我们应当加强西巴尔干地区相关的学科建设和人才培养工作，拥有更多数量、更高水平的学者，才能使我国的西巴尔干地区研究乃至区域国别研究拥有更旺盛的生命力，使相关成果的质量和水平取得质的提升。

第二，应当加强多学科、跨学科的研究方法。对西巴尔干地区的研究不应局限于国际政治和经贸领域，它应当是地理、历史、文化、民族、宗教等领域的融合，是历史与当下的交会，是本体与他者的碰撞。① 我们应该以更广的视角切入到西巴尔干地区各方面的研究中，才能使研究更加全面深入。此外，由于该地区是一个内部差异性超过共同性的区域，相关知识体系的构建需要放在西巴尔干地区的地理位置和地缘政治、大国关系和国际体系、多重民族主义三个框架之内。② 同时，我们的研究也需要与时俱进，应持续追踪西巴尔干地区的现实问题，让学术成果服务于国家的外交政策。

第三，应当进一步拓宽研究视角。欧盟扩大进程是一个互动的过程，我们也应该从西巴尔干国家的视角去考察其融入欧洲一体化进程的过程，并对欧盟各成员国在该过程中的角色和态度加以更加细致的研究。同时，我们不仅需要对区域内国家间的互动予以持续关注，基于该地区地缘环境兼具脆弱性与冲突性的特征，③ 我们还应当密切关注域外大国间在西巴尔干地区的互动。

---

① 徐刚：《巴尔干地区合作与欧洲一体化》，社会科学文献出版社，2016。
② 孔凡君：《巴尔干研究应避免陷入三个"误区"》，《中国社会科学报》2024年1月25日，第7版。
③ 解楠楠、胡卫东：《欧盟邻近区域战略逻辑与趋向：从规范导向到安全导向》，《世界地理研究》2023年第11期。

学术时讯

首届中塞文化交流论坛在塞尔维亚成功举办

首都师范大学国别区域研究院

2024年4月29日，首届中塞文化交流论坛在塞尔维亚共和国首都贝尔格莱德成功举办。本次论坛由国务院新闻办公室指导，首都师范大学与贝尔格莱德"一带一路"研究所共同主办，首都师范大学国别区域研究院承办，论坛主题是"中塞文化交流：历史、现在与未来"。来自两国政府部门、高校、智库和文化机构等单位的代表约50人与会研讨，配套活动还有中塞文化交流图片展。国务院新闻办公室国际联络局刘春香副局长作了现场指导，中国驻塞尔维亚大使馆汤达生参赞、塞方政府助理秘书长丹尼尔·尼科利奇、首都师范大学副校长马力耕和塞尔维亚诺维萨德大学校长代表出席了开幕式并致辞。开幕式由首都师范大学国际合作处韩梅处长主持，论坛期间首都师范大学和首都师范大学国别区域研究院分别与诺维萨德大学和塞尔维亚"一带一路"研究所签署了合作协议。

开幕式后，与会嘉宾围绕"中塞人文交流的历史脉络""'一带一路'：中塞人文交流新机遇"和"中塞文明对话：启示与路径"三个分议题展开研讨。研讨分别由首都师范大学国别区域研究院院长梁占军、塞尔维亚"一带一路"研究所所长拉利奇和尼什孔子学院院长高静主持。首都师范大学邱运华、刘文明、戴向明、李建军、陈慧稚老师到会参与了研讨。双方参会者的发言涉及历史、文化、考古、文学、艺术、科技、电影等不同领域，虽然角度各异但内容都很精彩，会议气氛十分友好，达到了人文交流的目的。

与会嘉宾一致认为，文化交流是中塞关系的重要组成部分，为促进两国人民的相互了解和友谊发挥了重要作用。塞尔维亚政府助理秘书长丹尼尔·尼科利奇表示，中塞两国有着"铁杆"友谊，双方通过全方位、多领域的合作互利互惠，而文化交流有助于增进双方理解，推动两国各领域合作行稳致远。塞尔维亚诺维萨德基萨奇文化中心主任、多媒体艺术家帕维尔·苏洛维认为，中国已成为世界经济增长的最大引擎，了解其文化对当今世界的影响及中国现代文化发展的新方向，对塞民众来说非常重要。塞电影制作人米利科·日沃因诺维奇（著名南斯拉夫电影《瓦尔特保卫萨拉热窝》的主人公瓦尔特的扮演者巴塔·日沃因诺维奇之子）以《塞尔维亚和中国通过电影编织爱》为题作了主旨发言，指出其父亲因电影《瓦尔特保卫萨拉热窝》与中国观众结下了深厚情谊，这种特殊情感至今影响了三代人。中塞携手发展是出于真挚友谊，他及家人对此有着强烈感受。诺维萨德文化中心网络主任维奥莱塔·杰尔科维奇多次到访中国，她认为，中国改变了自己的价值观，中国文化里有着鼓舞人心的积极力量，这源于中国几千年文化积淀下的古老遗产，其不但没有僵化，反而以创新的方式在不断发展。北京第二外国语学院国家文化发展国际战略研究院常务副院长李嘉珊教授表示，中塞文化贸易发展快速，两国2023年10月签署自贸协定之后，中塞文化产业在出版、演出、软件服务等核心文化领域上仍有较大的贸易合作空间，需共同努力推进双边文化贸易向深处发展。中央美术学院林存真教授指出，不同文化传承的独特性和丰富性为中塞文化交流和创新提供了广阔的发展空间和无限的可能性。深入挖掘两国传统文化的精髓，将其与现代设计理念相结合，将创造出更多具有民族特色和国际影响力的作品。

与会嘉宾高度关注共建"一带一路"倡议，盛赞其为国际社会提供了史无前例的公共产品。塞尔维亚总统金质勋章获得者、首都师范大学国别区域研究院首席专家马细谱教授与贝尔格莱德"一带一路"研究所所长、诺维萨德大学技术学院博扬·拉利奇教授不约而同，他们从中塞两国学者的不同视角出发，都认为塞尔维亚是积极参与共建"一带一路"倡议的榜样。拉利奇还表示，2023年在北京召开的第三届"一带一路"国际合作高峰论坛上提出了中国支持高质量共建"一带一路"的八项行动，这为塞尔维亚等共建国家在文化教育、高新技术、绿色发展等领域提供了崭新的发展机遇。贝尔格莱德大学政治学院教授、亚洲研究所主任德拉甘娜·米特罗维奇表示，共建"一带一路"倡议吸引了全球150多个国家共同参与，是历史上前所未有的合作倡议，给东南亚、非洲、东欧带来了实实在在的好处。无论西方国家如何质疑，都不能否认共建"一带一路"倡议的重要价值，一些西方媒体的负面报道经调查后都是无中生有的。

与会专家们认为，中塞文明互鉴的良好基础筑牢了中塞合作的根基。首都师范大学国别区域研究院院长梁占军教授表示，中塞两国有着共同的历史经历、互补的实际需求与相近的文化背景。中国文化讲"仁义"，蕴含着主持正义、不畏强权和同情弱小，也包含着济危救难、礼尚往来和知恩图报。塞尔维亚的建国史写满了对强权的不屈抗争、对朋友的真心信任，以及在大是大非问题上坚持正义，这些都是中塞双方互相理解的基石。塞尔维亚纪录片行业协会秘书长鲍里斯·米蒂奇表示，影视交流是两国文明互鉴的重要途径，有助于赋予两国友好政治关系更多的人文色彩。塞政府正积极推动中塞纪录片创新合作，促进两国文化紧密连接。首都师范大学国别区域研究院首席专家邱运华、北京外国语大学欧洲语言文化学院塞语教研室主任彭裕超分别从宏观回顾和微观个案的视角，介绍了塞尔维亚文学在中国的译介史，均认为两国虽远隔万里，但对彼此的心灵、精神和思想文化有着深度的共情，这与双方的百年文学交往史有着深刻的关系，也筑牢了中塞双方的友谊根基。

与会嘉宾认为，伴随着文化交流在中塞关系中的地位不断提升，"知华""知塞"人才的培养工作刻不容缓。北京外国语大学欧洲语言文化学院塞尔维亚籍博士后碧莲娜认为，只有通过对彼此国家语言文学的深入研究和探讨，才能真正了解对象国民众的心灵，进而真正实现"民心相通"。中塞两国应重视研究彼此语言和文化，培养更多专业领域的人才。中塞教育交流协会创始人兼会长田真表示，近年来中塞文化领域交流需求日益增长，但仍缺乏真正懂得中国的塞尔维亚人和真正懂得塞尔维亚的中国人。应以年轻一代的教育交流作为抓手，推动年轻群体成为两国文化交流的使者。

此次活动受到了两国多家重要媒体的高度关注。新华社、中央广播电视总台、《光明日报》等驻塞尔维亚的记者对论坛进行了现场采访报道，新华社播发消息通稿，人民网、中新网、凤凰网等国内网络媒体及时转载刊登，有关报道也登载于《人民日报》《光明日报》和《经济日报》上，央视新闻频道"朝闻天下"节目5月1日还播出了有关采访报道。截至2024年5月2日，新华社、《人民日报》、《环球时报》、中国网英文版刊载了新华社关于论坛的英文稿件，新华社还在其"脸书"和"推特"的官方账号上以英文发布了有关新闻。塞尔维亚当地影响力较大的网络媒体b92.com、novosti.rs、informer.rs等也以《重要的对话和多项合作协议的签署：首届中塞文化交流论坛举行》等标题进行了报道，time.rs等新闻聚合类平台也刊登了相关新闻。塞方报道认为，塞中学者在本次论坛上进行了深入的学术对话，极具启发性。文化传承和文化交流能够拉近不同国家之间的距离，是经济、学术和政治等领域合作的基石。受到中国人民喜爱的塞尔维亚演员巴塔·日沃因诺维奇的儿子出席活动也令论坛充满温情。首都师范大学国别区域研究院摘编了塞方与会嘉宾具有代表性的观点，通过微博、微信等社交平台进行了广泛推送。

本次论坛是首都师范大学国别区域研究院成立后在境外举办的第一次高水平的国际文化交流活动。论坛的举办恰逢习近平主席访问塞尔维亚前夕，其学术意义和现实意义不言而喻。

2023年布拉格第七届"巴尔干之声"国际学术会议综述

雷乐天

作者简介： 雷乐天，中欧大学历史学系硕士研究生

"巴尔干之声"（Balkan Express）是捷克科学院和捷克查理大学自2013年以来开始举办的巴尔干学国际会议（分别在2013年、2014年、2016年、2017年、2019年、2021年、2023年举办），旨在集中展示捷克和斯洛伐克学者对巴尔干尤其是对前南斯拉夫地区的最新研究成果，并且广泛邀请来自中欧和东南欧相关国家和地区学者与会，呈现出欧洲巴尔干学界的前沿学术动态。

第七届会议于2023年11月10日至11日在位于布拉格八区的查理大学人文学院举办，由查理大学人文学院、捷克科学院历史研究所及捷克斯拉夫、巴尔干和拜占庭学会（ČSSBBS）共同承办，会议的工作语言为英语。

本届会议的主题是通过"东方主义"（Orientalism）和"西方主义"（Occidentalism）概念[①]审视19世纪至今的巴尔干的历史与现实，理解巴尔干地区整合和瓦解的机制，东南欧区域、国家和欧洲身份认同的社会建构，以及塑造这些过程的话语。

本届会议还纪念了不久前逝世的捷克民族学家米丽娅姆·莫拉夫科娃（Mirjam Moravcová, 1931-2023）。会议共分为11组研讨会，来自德国、塞尔维

[①] "东方主义"一词由巴勒斯坦阿拉伯裔美国学者爱德华·萨义德创造，指称西方对东方的偏见。保加利亚裔美国巴尔干学家玛丽亚·托多洛娃（Maria Todorova）进而提出了"巴尔干主义"（Balkanism）一词，指称对巴尔干的污名化。"西方主义"在这里指对西方的刻板扭曲印象，它也存在于19世纪至今的巴尔干地区，在当代主要表现为巴尔干国家拒斥欧洲一体化进程，试图建立一个封闭的东正教文明圈。

亚、捷克、波兰、斯洛文尼亚、加拿大、英国、匈牙利、克罗地亚、塞浦路斯、奥地利、罗马尼亚、黑山的31位专家学者作了29场专题报告并进行了研讨。

第一组研讨会的主题是奥斯曼帝国及其遗产。德国耶拿大学讲席教授、历史学家乌居尔·厄兹詹（Uğur Özcan）介绍了19—20世纪之交奥斯曼帝国对境内长期存在的"血亲复仇"现象的调停机制。苏丹阿卜杜勒·哈米德二世统治时期（1876—1908年），奥斯曼帝国在各地设立了穆萨拉哈·德姆委员会（Musalaha-i Dem commissions），使巴尔干地区科索沃、斯库台①和马纳斯提尔（比托拉）②省不同部落、民族、宗教或教派的家庭和部族之间的敌对活动得到缓和。该委员会在巴尔干地区取得了一些积极成果，并为帝国其他地区的宗族冲突问题树立了调解样板，但也因出现各种滥权、腐败和失职问题而饱受争议。厄兹詹根据奥斯曼帝国档案文件，以德巴尔区（Debar Sanjak）③为案例，研究了当地穆萨拉哈·德姆委员会的职能、机构活动及其在当时所面临的困难。

塞尔维亚科学与艺术学院民族志研究所高级研究员布兰科·巴诺维奇（Branko Banović）、贝尔格莱德大学民族学和人类学系马尔科·皮塞夫（Marko Pisev）和米洛什·米伦科维奇（Miloš Milenković）探讨了西巴尔干地区的非物质文化遗产争议。奥斯曼文化对西巴尔干地区产生了深远的影响，但奥斯曼非物质文化遗产在该地区国家级非物质文化遗产名录中却占比极低。在黑山的国家级非物质文化遗产名录中，民间弦乐器"坦布里扎"（tamburitza）被纳入名录成为争议焦点。学者们认为，"坦布里扎"通行于巴尔干诸多文化之中，与其争论其国族归属，不如共享这一非物质文化遗产，进而使之成为弥合当地穆斯林和塞族之间长期分歧的桥梁。

捷克查理大学人类学研究所副教授伦卡·布迪洛娃（Lenka Budilová）和马雷克·雅库贝克（Marek Jakoubek）以保加利亚西北部一些农村作为案例，探讨了人口减少如何影响当地社群、当地人对此如何看待及如何应对农村人口流失问题。欧洲农村人口流失的现象普遍存在，20世纪90年代以来在东南欧尤为严重，这一问题一定程度上也预示着欧洲未来可能的发展方向。

第二组研讨会的主题是位于东西方之间的当代波黑。波兰罗兹大学国际与

---

① 位于今阿尔巴尼亚西北部。
② 位于今北马其顿西南部。
③ 德巴尔位于今北马其顿境内，与阿尔巴尼亚接壤。Sanjak又译桑贾克或旗，是奥斯曼帝国的二级行政区划单位。

257

政治研究学院研究助理卡塔日娜·瓦夏克（Katarzyna Wasiak）认为，虽然巴尔干地区从来都不是严格意义上的殖民地，但是殖民并不一定与地缘政治相关，也可以是一种基于文化压迫的"精神恐怖"。她探讨了波黑战争后的一代波黑人关于波黑战争的记忆和话语如何受到国际舆论影响，以及这种记忆和话语中的反西方因素。

查理大学文学院语言学博士研究生耶莱娜·博佐维奇（Jelena Božović）探讨了第二次世界大战后波黑的两种官方文字——拉丁字母和西里尔字母——之间的紧张关系。她从语言冲突学的角度分析了在线媒体数据中的常见话语，也对布尔奇科特区（Brčko distrikt）[①]的语言景观进行了田野调查。

第三组研讨会的主题是关于南斯拉夫的图像和叙事。斯洛文尼亚卢布尔雅那大学文学院副教授阿伦卡·巴尔图洛维奇（Alenka Bartulović）探讨了南斯拉夫地区对奥斯曼遗产的态度及其社会和政治影响，以及穆斯林与南斯拉夫政治实体之间的矛盾和融合过程，认为南斯拉夫对奥斯曼遗产投射的"东方主义"是一种产生于边缘地带的矛盾的"东方主义"。巴尔图洛维奇分析了克罗地亚裔南斯拉夫哲学家弗拉基米尔·德沃尔尼科维奇（Vladimir Dvorniković, 1888-1956）和斯洛文尼亚建筑家杜尚·格拉布里扬（Dušan Grabrijan, 1889-1952）的作品，认为这些作品不仅促进了南斯拉夫政治共同体的形成，还推动南斯拉夫在20世纪下半叶的不结盟运动中发挥了积极作用。

加拿大多伦多大学历史学系博士研究生安娜·赫兰（Anna Herran）透过1954年南斯拉夫末代国王彼得二世·卡拉乔尔杰维奇（Peter II Karađorđević）[②]为多伦多的捷克斯洛伐克国父马萨里克的纪念碑揭幕这一历史事件，分析了冷战期间南斯拉夫和捷克斯洛伐克在西方，特别是在加拿大的流亡群体关于"民主"的理解和叙事，以及这些表达呈现出的反共主义和对流亡所在国的忠诚。

贝尔格莱德大学文学院桑贾·卢基奇（Sanja Lukić）探讨了第二次世界大战结束到南斯拉夫总统铁托去世期间，美国《生活》（*Life*）和《时代》（*Time*）杂志关于南斯拉夫人的描述。这两份杂志题材广泛，内容涵盖南斯拉夫的政治、经济、宗教等问题，产生了广泛的社会影响。卢基奇联系这一时期的南斯拉夫-美国关系，认为两份杂志中一系列关于南斯拉夫人及其习俗和日常生活的描述和话语，可能构成"巴尔干主义"。

[①] 波黑的联邦特区，为波黑联邦和塞族共和国共有，设立于2000年。
[②] 1941年纳粹德国入侵南斯拉夫后流亡海外。

第四组研讨会的主题是欧洲和巴尔干身份认同。查理大学的博士研究生克拉西米拉·马尔霍莱娃（Krasimira Marholeva）从英国、保加利亚、捷克的视角分析了萧伯纳的喜剧《武器与人》（1894年）。《武器与人》的背景设置在1885年塞尔维亚-保加利亚战争期间，20世纪20年代在布拉格演出后，剧中关于保加利亚人的描述引发了激烈争论。

英国伦敦南岸大学表演学副教授埃琳娜·马尔切夫斯卡（Elena Marchevska）聚焦北马其顿剧作家德扬·杜科夫斯基（Dejan Dukovski）在21世纪初创作的戏剧中对欧洲化的质疑和挑战，探讨了戏剧如何被用作讨论欧洲归属感与巴尔干身份两者紧张关系的媒介。

英国曼彻斯特大学的奥蒂莉亚·伊利（Otilia Ilie）讲述了她的人生故事：从在罗马尼亚一个村庄度过童年，到获得索罗斯奖学金赴英留学，再到布鲁塞尔的欧洲议会实习的经历。在布鲁塞尔，她一直与"他者""来自巴尔干"等刻板印象作斗争。

第五组研讨会的主题是"西方主义"与反欧话语。匈牙利罗兰大学人文学院历史学博士研究生卢卡·内什科维奇（Luka Nešković）以俄国文学家陀思妥耶夫斯基的文集《作家日记》为切入点，分析了俄土战争时期（1877—1878年）在当时俄国政治中普遍存在的"东方问题"。作为俄罗斯文学中泛斯拉夫主义的代表，陀思妥耶夫斯基在《作家日记》中主张在俄国的庇护下实现斯拉夫的统一，这一预言至今仍然塑造着东南欧的政治和意识形态。

塞尔维亚科学与艺术学院巴尔干研究所研究员德拉甘·巴基奇（Dragan Bakić）探讨了南斯拉夫王国时期塞尔维亚激进右翼知识分子话语中的身份建构问题。这群知识分子包括弗拉基米尔·维尔马尔-扬科维奇（Vladimir Velmar-Janković）、弗拉基米尔·武吉奇（Vladimir Vujić）、斯韦季斯拉夫·斯泰凡诺维奇（Svetislav Stefanović）、弗拉基米尔·德沃尔尼科维奇（Vladimir Dvorniković）等人，他们受到斯宾格勒和陀思妥耶夫斯基思想的启发，相信西欧启蒙文化已经深陷危机，认为斯拉夫人是未来世界的主人。与亲法的塞尔维亚自由主义政治文化精英相反，他们明确主张"我们不是欧洲人"。

波兰雅盖隆大学斯拉夫研究所研究助理皮奥特尔·米罗查（Piotr Mirocha）采用基于语料库的话语分析，研究了2007—2017年塞尔维亚两家主流报刊关于欧洲危机的话语建构。自全球金融危机、欧元区债务危机和2015年欧洲难民危机以来，这两家媒体频繁将欧洲描述为"深陷危机"。研究展示了表面上中立的媒体报道在构建"欧洲深陷危机"（Europe-in-crisis）这一观念中的实际作用。

第六组研讨会的主题是波黑宗教与社会。德国法兰克福大学博士研究生罗莎·迈耶（Rosa Meyer）通过围绕萨拉热窝郊区的游乐场编写民族志，研究了波黑的萨拉菲（Salafi）[①]社群。同为母亲的迈耶与当地萨拉菲派父母建立了联系，由此介入到在大多数文献中被描述为封闭和激进的萨拉菲社群之中，揭示了这一群体的真实面貌。

独立学者弗兰齐斯卡·辛格（Franziska Singer）介绍了萨拉热窝20岁至35岁的穆斯林职业女性和学生在日常生活中的宗教实践，特别是其对欧洲与全球乌玛（Ummah）[②]的认同感。研究使用混合方法收集定性数据，包括半结构化访谈、民族志田野调查期间参与的观察以及社交媒体解读。研究发现，这些群体认为做"好人"比严格遵守教义更重要。

克罗地亚扎达尔大学民族学与人类学系研究助理马里奥·卡蒂奇（Mario Katić）比较了关于波黑乌索拉地区的孔吉洛圣母像（Madonna of Kondžilo in Usora region）和弗兰山凯扎拉的迪瓦·格拉博夫切娃像（Diva Grabovčevaon Kedžara, Vran mountain）等天主教圣地和朝圣地的描述和叙事，进而阐释了这些描述和叙事背后关于波黑穆斯林和东正教徒的"东方主义"观念。

第七组研讨会的主题是巴尔干地区的捷克因素。捷克皮尔森西波希米亚大学人类学系研究员加布里埃拉·法特科娃（Gabriela Fatková）考察了20世纪捷克摄影师费迪南德·布奇纳（Ferdinand Bučina）拍摄的喀尔巴阡山游记《山地行》（In the Mountainlands）中的"东方主义"意涵。她发现不同于典型的东方主义者将东欧人描绘成粗鲁和狡猾之辈的刻板印象，《山地行》将巴尔干描述为处于"正在走向我们的路上"和"尚未为文明做好准备"之间的某个状态。

查理大学人文学院达沃·帕维契奇（Davor Pavičić）考察了1848年至1918年捷克游记作品中的巴尔干形象。研究认为，游记作者的民族认同、所处的政治环境和文化观点之间存在显著的相互作用，导致对巴尔干不同地区的看法存在不同，这种差异通常取决于旅行者与当地斯拉夫文化元素产生共鸣的能力。

斯洛伐克布拉迪斯拉发夸美纽斯大学匈牙利语言文学系副教授帕沃尔·萨兹（Pavol Száz）探讨了在1903年伊林登起义、1908年波斯尼亚危机、第一次

[①] 萨拉菲主义是逊尼派穆斯林中一种宗教激进主义派别，主张效法先知穆罕默德及其早期追随者的生活和行事风格。

[②] 乌玛意为社群，全球乌玛指代世界穆斯林共同体。

和第二次巴尔干战争、萨拉热窝事件和第一次世界大战等背景下，捷克作家雅罗斯拉夫·哈谢克（Jaroslav Hašek）创作的讽刺小说、幽默小品等作品中关于巴尔干的内容。

第八组研讨会的主题是黑山文化、图像和宗教。独立学者德扬·巴特里切维奇（Dejan Batrićević）研究了杜克利亚（Duklja）公国政治文化繁荣时期的彩绘手稿。这批手稿创作于10—12世纪，最具代表性的作品包括《马里亚努斯抄本》《杜克利亚斯拉夫王国牧师》《圣弗拉基米尔的一生》《米罗斯拉夫王子的福音传教士》等。这些插图手稿的图形设计兼具东西方文化特征，对后世的黑山艺术产生了深远影响。

英国布莱顿大学博士研究生安娜·日夫科维奇（Ana Živković）通过考察19世纪早期的游记、海军和外交记述以及1878年柏林会议之前英国首相格莱斯顿的散文和诗人丁尼生的诗歌，探讨了19世纪英国文学中的黑山形象。这一形象可以被概括为"小民族对抗土耳其人的海洋"，这既与地缘政治局势相关，也有浪漫主义文学传统的感性因素。

捷克科学院历史研究所研究员弗兰蒂谢克·希斯特克（František Šístek）基于对历史资料的分析和实地研究，探讨了犹太教中的"假弥赛亚"萨巴泰·泽维（Sabbatai Zevi，1626-1676）在乌尔齐尼（Ulcinj）①的人生经历。泽维于1666年皈依伊斯兰教后，改名阿齐兹·穆罕默德（Aziz Mehmed），居住在乌尔齐尼堡垒，并于1673—1676年被奥斯曼当局放逐。其间，他接待访客、与追随者保持联系，成为鳏夫又再婚，最终去世并埋葬于此。几个世纪以来，他的坟墓一直是其秘密犹太追随者（dönme）朝圣的隐秘之地。希斯特克提出了一个假设，即乌尔齐尼有一个小型犹太追随者社群并在此已经生活了几个世纪，其成员可能是犹太追随者墓的守护者。

第九组研讨会的主题是帝国时代的欧洲和巴尔干。塞浦路斯尼科西亚大学兼任教授基里洛斯·尼古拉乌（Kyrillos Nikolaou）探讨了一位19世纪中叶的法国外交官笔下的色萨利（Thessaly）②地区及其人民。尼古拉乌的分析基于法国驻沃洛斯市（Volos）③副领事级别的外交官B.德·特拉马叙尔（B. de Tramasure）在1855年12月提交给法国外交部的一份未发表的110页的报告，

---

① 位于今黑山东南部，居民以阿尔巴尼亚族人为主。
② 位于今希腊中北部。
③ 色萨利地区的海洋门户，设有多国领事馆。

报告内容涵盖当地政治局势、司法、经济、治安状况等信息。尼古拉乌认为，在评估驻外使节报告的可靠性和准确性时，必须考虑其主观标准、刻板印象或偏见立场。

匈牙利罗兰大学文化史研究所助理教授克塞吉·毛尔吉特（Margit Köszegi）探讨了19世纪匈牙利的身份认同问题——与西欧相比是东方，与世界很多其他地区相比是西方。例如，匈牙利地理学会于1873年创刊《地理评论》，其将巴尔干地区作为匈牙利的"东方"和地缘政治的目标，表现出19世纪匈牙利民族的特殊地理位置及其与巴尔干地区的关系。

奥地利格拉茨大学的巴林特·瓦尔加（Bálint Varga）探讨了奥匈帝国1878—1918年占领波斯尼亚期间，帝国内部匈牙利人和捷克人关于"文明化"波斯尼亚的话语。这一话语是奥匈帝国的官方辞令，同时也被匈牙利人和捷克人借用。从19世纪80年代起，匈牙利精英和公众将"文明化"波斯尼亚视为值得自豪的帝国使命，到19世纪末甚至主张排除奥地利，实现对波斯尼亚的单独管辖；捷克人则对比先进的波希米亚大都市和落后的波斯尼亚，以期帮助波斯尼亚"融入欧洲"。

第十组研讨会的主题是19—20世纪的现代化和欧洲化。罗马尼亚西比乌卢奇安·布拉加大学博士研究生阿林·布尔莱克（Alin Burlec）的报告题为《探索现代化之路：1900年至1914年间排他性民族主义和罗马尼亚工人阶级》。19世纪下半叶，罗马尼亚工人群体中出现排他性民族主义。20世纪初，作坊主和中小型企业雇用的技术工人等试图推动立法，包括一项限制外国工人进入罗马尼亚的法律，旨在保护其经济利益免受外国人和罗马尼亚犹太人的侵害。

塞尔维亚近代史研究所高级研究员博日卡·斯拉夫科维奇-米里奇（Božica Slavković-Mirić）介绍了第二次世界大战前科索沃和梅托希亚城区的欧洲化和现代化进程。第一次世界大战前，塞尔维亚南部城市的景观大多停留在拜占庭、奥斯曼或巴尔干风格。两次世界大战期间，科索沃和梅托希亚的城市景观试图摆脱奥斯曼帝国时期的东方元素，但仍然保留着土耳其"集市"（čaršija）的痕迹。随着城市供水和污水处理系统的建成，电气化的普及，公园、学校和医院的兴建或修缮，住房卫生条件的改善，在第二次世界大战开始之前，这些城市已经成为传统与现代的结合体。

贝尔格莱德大学政治学院的瓦尼亚·彼得罗维奇（Vanja Petrović）和萨拉热窝大学的杰尔马纳·库里奇（Đermana Kurić）探讨了第二次世界大战后南斯拉夫由反法西斯妇女阵线（AFŽ）领导的"揭开面纱运动"。这一运动提倡穆斯林妇女不再穿着"东方"和伊斯兰风格的服饰。报告认为，这一运动及其后的法律禁令忽视了宗教妇女的传统偏好和身体自主权。

第十一组研讨会的主题是巴尔干地区的民主倒退和俄罗斯影响。奥地利格拉茨大学的雅库布·斯特帕纽克（Jakub Stepaniuk）根据2023年春季在贝尔格莱德和布鲁塞尔进行的实地考察期间对政策专家和机构代表的22次采访，探讨了乌克兰危机、西方对俄制裁、塞尔维亚-俄罗斯友谊、布鲁塞尔-贝尔格莱德-莫斯科三角关系、俄罗斯对塞尔维亚的实际影响等问题。

匈牙利科维努斯·马蒂亚斯学院研究员泰萨里·米克洛什（Miklós Teszáry）探讨了2014—2022年乌克兰危机背景下黑山-俄罗斯关系的变化。黑山一直是俄罗斯在西巴尔干地区的传统盟友，但近十年两国关系受到一些关键问题的影响，包括黑山2014年加入对俄制裁、2017年加入北约、2019年颁布削弱俄罗斯在黑山影响力的《教会法》等。

黑山语言和文学学院的博班·巴特里切维奇（Boban Batrićević）介绍了黑山境内关于乌克兰危机的亲俄宣传。虽然黑山政府与欧盟一道实施对俄制裁，但境内媒体、宗教组织、文化团体和政党的亲俄叙事十分普遍。这种叙事将西方描绘为"腐朽的"，将俄罗斯描绘为神圣的、有道德的，将冲突描绘为西方试图通过乌克兰摧毁俄罗斯和东正教，从而摧毁"传统的东正教信仰下的黑山"。

在会议的最后，澳大利亚皇家墨尔本理工大学教授、人类学家哈里兹·哈利洛维奇（Hariz Halilovich）作了主旨演讲，演讲聚焦波黑内战时期及其前后宣扬民族和宗教仇恨的波黑流行音乐和音乐家。哈利洛维奇认为，虽然音乐可以被用作社会团结的纽带，但是民族主义流行歌曲的歌词和符号长期以来都是民族主义象征和话语的组成部分，起到了煽动针对"他者"的仇恨和暴力的作用。

在会议结束后，旅居布拉格的歌手兼音乐家阿伊达·穆亚契奇（Aida Mujačić）还带来了一个文化表演节目。她用波斯尼亚语和拉迪诺语①演唱了几首来自其家乡波黑的传统歌曲，并向大家介绍了这些歌曲的历史和音乐起源。

本届"巴尔干之声"国际学术会议从历史、人类学、政治和文化的跨学科视角，分析了"东方主义"和"西方主义"的概念、实践和论述，进而为理解受到欧洲（西方）、俄罗斯、伊斯兰世界等多重影响的巴尔干地区，提供了更多创新视角。

---

① 又称犹太西班牙语，是塞法尔迪犹太人的语言。

征稿启事

《巴尔干研究》是首都师范大学国别区域研究院创办的学术辑刊。本辑刊的宗旨是创立致力于推进中国巴尔干学发展的学术交流平台，促进中外巴尔干研究最新学术成果的传播，推动中外巴尔干研究机构、研究人员之间的学术对话。

本辑刊侧重从历史与现实的双重视角来解读巴尔干的方方面面，内容主要分为三大类，包含历史研究、热点追踪和信息传递。辑刊同时收录中英文稿件，每年一辑。每辑都围绕一个主题征稿，主题的设定围绕巴尔干地区关注的问题和外界聚焦巴尔干的领域。

现面向广大致力于巴尔干研究的中外学者、专家征文。要求如下：

一、请围绕主题写作，文字精练，每篇稿件字数在8000—15000字。

二、关于论文格式，中文稿件请参照《中华人民共和国新闻出版行业标准》的编辑技术规范。

三、为便于审稿和读者阅读，中文稿件请提供300—500字的中英文摘要，英文稿件请提供1000词的英文摘要，并都提供3—5个关键词。

四、请写明作者的真实姓名、性别、出生年、籍贯、单位、职务、职称、通信地址、邮编、联系电话、联系邮箱等信息。

收稿邮箱：civillized@163.com

联系地址：北京市西三环北路83号首都师范大学国别区域研究院

邮编：100048

联系电话：010-68901620

联系人：李建军

首都师范大学国别区域研究院